桥梁建设与标准化
应用概论

林志鹏　著

光明日报出版社

图书在版编目（CIP）数据

桥梁建设与标准化应用概论 / 林志鹏著 .-- 北京：
光明日报出版社，2016.6
ISBN 978-7-5194-1060-5

Ⅰ.①桥… Ⅱ.①林… Ⅲ.①桥梁施工—标准化管理
Ⅳ.① U445.2

中国版本图书馆 CIP 数据核字 (2016) 第 137571 号

桥梁建设与标准化应用概论

著　　者：林志鹏	
责任编辑：李　娟	封面设计：信利文化
责任校对：张慧芳	责任印制：曹　净

出版发行：光明日报出版社
地　　址：北京市东城区珠市口东大街 5 号，100062
电　　话：010-67022197（咨询），67078870（发行），67019571（邮购）
传　　真：010-67078227，67078255
网　　址：http://book.gmw.cn
E - mail：gmcbs@gmw.cn lijuan@gmw.cn
法律顾问：北京德恒律师事务所龚柳方律师

印　　刷：北京朗翔印刷有限公司
装　　订：北京朗翔印刷有限公司
本书如有破损、缺页、装订错误，请与本社联系调换

开　　本：170 × 240　　　1/16	
字　　数：287 千字	印　　张：16
版　　次：2016 年 6 月第 1 版	印　　次：2016 年 6 月第 1 次印刷
书　　号：ISBN 978-7-5194-1060-5	
定　　价：45.00 元	

作者简介

　　林志鹏，男，1978年6月出生，汉族，福建省晋江人，2002年毕业于福建工程学院，大学本科，高级工程师。现任福建省第一公路工程公司第五分公司经理。主要从事施工现场管理和施工技术研究。创立了《三维放样法应用在预制梁场》理论方法，解决了T梁横隔板连接和桥面纵横坡度不平顺的问题。先后在《铁道科学与工程学报》和《交通世界》等刊物上发表论文多篇，主持和参与编写桥梁拼接缝工法和福建省公路局公路标准化指南。

前言

　　桥梁一般指架设在江河湖海上，使车辆行人等能顺利通行的构筑物。为适应现代高速发展的交通行业，桥梁亦引申为跨越山涧、不良地质或满足其他交通需要而架设的使通行更加便捷的建筑物，为人们出行提供了极大的便利。改革开放以来我国大跨径桥梁的建设进入了一个最辉煌的时期，在中华大地上建设了一大批结构新颖、技术复杂、设计和施工难度大、现代化品位和科技含量高的大跨径斜拉桥、悬索桥、拱桥、PC 连续刚构桥，积累了丰富的桥梁设计和施工经验，我国公路桥梁建设水平已跻身于国际先进行列。交通作为人类发展的重要保证，越来越引起当今人类的重视，桥梁作为其中的一种重要形式，也不断地发展进步，我国的桥梁建设者就积极开展从内陆建桥向跨海建桥的研究和谋划，现综述大跨径桥梁建设和发展情况。

　　本书针对我国桥梁建设的现状，其次分析桥梁标准化建设管理策略，接着论述了桥梁工程资料的标准化编制，然后分析了桥梁工程施工质量通病及防治措施，最后就针对桥梁施工技术发展趋势。

　　桥梁在我国国民经济发展过程中发挥了重要作用，标准化建设成为当前桥梁施工管理的重要参考依据，从而保证桥梁工程施工安全，提升施工质量，创造更多的经济效益和社会效益。本书在结合前人研究理论和实际桥梁建设情况，汇编而成，内容不乏问题和不足，请各位专家不吝指正。

目　录

第一章　桥梁工程概述

近年来，随着我国国民经济的发展，我国桥梁建设进入了一个全面发展的阶段。我国先后建造了近百座大跨度桥梁。近些年来，在建设"五纵七横"主干公路的同时，我国开始了跨海工程建设。这重大桥梁工程建造费用巨大，在国民经济和社会生活中起着十分重要的作用。

第一节　桥梁的组成和分类

一、桥梁的组成

桥梁组成部分的划分与桥梁结构体系有关。常见的梁式桥通常由以下部分构成，上部结构、下部结构及支座构成。不同的桥梁结构形式有不同的结构形式，只是略有差异。

（一）上部结构

指桥梁位于支座以上的部分。它包括桥跨结构和桥面构造两部分：前者指桥梁中直接承受桥上交通荷载的、架空的主体结构部分；后者则指为保证桥跨结构能正常使用而需要建造的桥上各种附属结构或设施。

桥跨结构的型式多样。对梁桥而言，其主体结构是梁；对拱桥而言，其主体结构是拱；对悬索桥而言，其主体结构是缆。

（二）下部结构

指桥梁位于支座以下的部分，也叫支承结构。它包括桥墩（pier）、桥台（abutment）以及墩台的基础（foundation），是支承上部结构、向下传递荷载的结构物。

桥梁墩台的布置是与桥跨结构相对应的。桥台设在桥跨结构的两端，桥墩则分设在两桥台之间。

桥台除起到支承和传力作用外，还起到与路堤衔接、防止路堤滑塌的作用。为此，通常需在桥台周围设置锥体护坡。

墩台基础是承受由上至下的全部荷载（包括交通荷载和结构重力）并将其传递给地基的结构物。它通常埋入土层之中或建筑在基岩之上，时常需要在水中施工。

（三）支座

在桥跨结构与墩台之间，还需要设置支座，以连接桥跨结构与桥梁墩台，提供荷载传递途径。除此之外，根据具体情况，与桥梁配套建造的附属结构物可能有：挡土墙、护坡、导流堤、检查设备、台阶扶梯、导航装置等。

（四）附属设施

附属结构或构造是指公路桥的行车道铺装，铁路桥的道碴、枕木、钢轨，伸缩装置，排水防水系统，人行道，安全带（护栏），路缘石，栏杆，照明等。

正桥与引桥：对规模较大的桥梁工程，通常包含正桥（bridge proper）与引桥（approach）两部分。

正桥指桥梁跨越主要障碍物（如通航河道）的结构部分。一般，它采用跨越能力较大的结构体系，需要深基础，是整个桥梁工程中的重点。

引桥指连接正桥和路的桥梁区段，其跨度一般较小，基础一般较浅。

在正桥和引桥的分界处，有时还会设置桥头建筑（桥头堡）。

跨度也叫跨径（span），表示桥梁的跨越能力。对多跨桥梁，最大跨度称为主跨（main span）。一般而言，跨度是表征桥梁技术水平的重要指标。

桥跨结构相邻两支座间的距离 L1，称为计算跨径。桥梁结构的分析计算以计算跨径为准。

对梁式桥，设计洪水位线上相邻两桥墩（或桥台）间的水平净距 L0，称为桥梁的净跨径。各孔净跨径之和，称为总跨径，它反映出桥位处泄洪能力的大小。

对公路梁桥，把两桥墩中线间距离或桥墩中线与台背前缘的间距，称为标准跨径 LK（也称之为单孔跨径）。当跨径在 50m 以下时，通常采用标准跨径设计。

对铁路梁桥，则以计算跨径作为标准跨径。

采用标准跨径设计，有利于桥梁制造和施工的机械化，也有利于桥梁养护维修和战备需要。

桥长：对梁桥，两桥台侧墙或八字墙尾端之间的距离 LT，可称为桥梁全长。它标志桥梁工程的长度规模。两桥台台背前缘（对铁路桥，指桥台挡碴前墙）之间的距离 L，可称为多孔跨径总长（公路）或桥梁总长（铁路）。它仅作为划分特大桥、大桥、中桥、小桥。

桥下净空高度：设计洪水位或设计通航水位对桥跨结构最下缘的高差 H，称为桥下净空（clear opening）高度。桥下净空高度应大于通航及排洪要求规定。

桥梁建筑高度与容许建筑高度：桥面（或铁路桥梁的轨底）至桥跨结构最下缘的垂直高度 h，称为桥梁建筑高度。公路或铁路桥梁线路设计中所确定的桥面（或轨底）高程与通航及排洪要求所规定的净空高度之差，为容许建筑高度。显然，桥梁建筑高度不得大于容许建筑高度。

二、桥梁的分类

如果说一座现代化高层建筑具有高耸挺拔的雄姿，则一座大跨度桥梁具有凌空宏伟的魅力。桥梁即使一种功能性的结构物，也往往是一座立体的造型艺术工程，是一处景观，具有时代的特征。大力发展交通运输事业，建立四通八达的现代交通网络，对于发展国民经济，促进文化交流，消灭城乡差别和巩固国防等方面，都具有非常重要的作用。特别我国实行改革开放政策以来，路桥建设突飞猛进的发展，对创造良好的投资环境，促进地域性的经济腾飞，起到了关键作用。桥梁工程不但在工程规模上约占公路总造价的 10% ~ 20%，而且往往也是交通运输的咽喉，是保证全线早日通车的关键。桥梁是人类在生活和生产劳动中，为克服天然障碍而建造的建筑物，也是有史以来人类所建造的最古老、最壮观、和最美丽的建筑工程，它体现了一个时代的文明与进步。下面就针对桥梁的分类展开论述。

1. 按桥梁使用的目的划分。

（1）通行铁路荷载的为铁路桥（由于列车行车速度高，且有更高的行车安全及舒适度的要求，近年来又延伸出高速铁路桥梁）。如：

青藏铁路拉萨河大桥

宜万铁路万州长江大桥

宣杭铁路东苕溪大桥

京沪高速铁路南京大胜关长江大桥

（2）通行公路荷载的为公路桥。如：

千岛湖大桥

澳门西湾桥

（3）修建于城市供汽车与行人通行的为城市桥。如：

重庆菜坝长江大桥及附属立交桥

城市立交桥

（4）通行铁路又通行公路的为公铁两用桥。如：

武汉长江大桥

南京长江大桥

九江长江大桥

芜湖长江大桥

（5）一般桥梁都设有人行道，但仅通行人的称为人行桥，在人行桥上设有防雨建筑的又称为廊桥。如：

綦江新彩虹桥

廊桥（广西程阳县风雨桥－永济桥）

（6）支承水槽、各类管道通过的为渡槽或管道桥。如：

渡槽

海南30万吨原油码头及成品油码头管道桥

2. 按跨越的障碍性质划分。

通常跨越江、河、湖、海等障碍物的建筑统称为桥梁。

（1）跨越峡谷时称为谷架桥。（如下图）

（2）跨越铁路，公路或多线公路半立交时称为跨线桥、立交桥。（如下图）

（3）通行船舶的江河，有时船舶通行时，桥梁需让出航道，可采用活动桥，这种桥梁可分为提升、平转、竖转等多种。

（4）临时使用时可采用便桥，亦称为拆装式桥梁，此种桥梁在军事上有十分重大的作用。便桥多以浮桥的型式出现，但浮桥也有永久型的。

（5）由岸边伸入水中的连通建筑物，如码头、泵站船只供油站的通道一般称为栈桥。

码头

栈桥

3. 按桥梁上部结构使用的材料划分

可列举为：竹索桥、藤桥、溜索桥、木桥、砖桥、石桥、混凝土桥（包括加入钢筋或加入预应力体系的混凝土结构）、钢桥、其他金属桥梁（如碳纤维桥）。又有以不同材料复合在一起的桥梁，复合结构是一个总称，可分为结合型结构及混合型结构两大系列。

最长的木桥——巨龙之尾

4. 既按桥梁结构形式分，又按使用的材料再分的方式是桥梁上最通用的方式。可划分为：

（1）梁式桥及刚构桥。这一大类是以可以承受轴向力，但主要是承受弯矩力的单元组成的桥梁。最简单的是一个单元，也可以由众多的单元组成。单元和单元之间有铰接、刚性连接、柔性连接、滑动连接等方式组成。总的结构体系和它的边界有固定支座、铰支座、活动支座及刚性连接等多种方式，因此组成了简支、连续桥梁，悬臂桥梁斜腿 V 型、T 型等刚构桥。

以上各类桥梁再按使用的材料再分时，又发展为混凝土、钢及多种复合型桥梁。

宜万铁路宜昌长江大桥

（2）拱桥。拱桥是以桥梁单元为主要承受巨大轴向压力的拱圈或拱肋组成的桥梁。这种型式的桥梁往往民不同形式的曲线型，如圆曲线、抛物线等，以达到拱圈或拱肋内的力矩最小，这种结构在拱脚处除产生竖向反力外，还产生很大的水平推力。所以一般对地基的要求很高。拱桥有各种不同的型式，再按使用不同的材料建造时，如石料、混凝土、钢等，将形成一个很大的拱桥家族。

重庆菜园坝长江大桥施工情景

（3）悬索桥。这是古代原始桥梁的一种结构类型，又是现代特大型桥梁最适宜的型式。它是由两岸的固定点通过作为提高之用的索塔将特制的以高强柔性材料制成有一定垂度的缆索为主要承重结构做成的桥梁。它的组成部分有锚墩、索塔、缆索、吊索及加劲梁等组件。通行车辆的桥面一般称为加劲梁，一般加劲梁多以钢结构制成。这种桥型在两岸需设有可以承受强大水平拉力的锚墩。由于主要受力构件受抗，高强钢丝的出现，使桥梁的蹦创造了世界纪录。也有预应力混凝土及结合型的结构，又加上不同型式的桥跨及桥型布置，也组成了一个庞大家族。

阳逻大桥施工情景

（4）斜拉桥。这是另一种以高强度柔性材料组成桥梁的结构型式。它由主塔、斜拉索、主梁组成。柔性的斜拉索由主塔的上部平均地斜拉到主梁的各个节间上，组成稳定的桥梁体系。斜拉索有辐射形、竖琴形、扇形及星形等形式组成美观的索面。这是继悬索桥之后，在长大跨度桥梁上最适宜采用的桥型。由于桥式布置及材料选用的不同，也组成了花样繁多的桥梁世界。

武汉长江二桥

（5）复合体系桥梁。在一座桥梁上同时采用两种以上的结构型式时，又出现了多种的组合。这是可以利用不同桥型的突出优点，组合在一起，达到的桥型选择。

悬索桥＋斜拉桥（美）

斜拉桥＋拱桥（中）

梁＋拱桥（德）

悬索桥＋拱桥（中）

4．按结构体系划分

（1）梁式桥——主梁受弯

梁式桥种类很多，也是公路桥梁中最常用的桥型，其跨越能力可从 20m 直到 300m 之间。公路桥梁最常用的大跨径梁式桥主要为预应力混凝土连续箱形梁桥，70 年代我国公路上开始修建连续箱梁桥，到目前为止我国已建成了多座连续箱梁桥，如一联长度 1340m 的钱塘江第二大桥和跨越高集海峡全长 2070m 的厦门大桥等，目前，我国预应力混凝土连续梁最大跨径为 165m（南京二桥北汉主桥）。由于预应力混凝土连续箱梁它具有桥面接缝少、梁高小、刚度大、整体性强，外形美观，便于养护等在构造、施工和使用上的优点，近年来已成为建成较多的桥梁。其发展趋势为：减轻结构自重，采用高标号混凝土。随着建筑材料和预应力技术发展，其跨径增大，葡萄牙已建成 250m 的连续箱梁桥，超过这一跨径，也不是太经济的。大跨径梁桥的上部结构大多采用箱形截面，是因为箱形截面有较大的抗扭刚度，箱梁允许有最大细长度，同 T 形梁相比徐变形较小。由于嵌固在箱梁上的悬臂板，其长度可以较大幅度变化，并且腹板间距也能放大，能适应各种使用条件，特别适合于预应力混凝土连续梁桥、变宽度桥，因此，箱梁能在独柱支墩上建成弯斜桥。

钢梁桥一般用于大跨径，尤其是桁架梁，用于特大跨径。最大的钢桁梁桥，是跨径 549m 的加拿大魁北克桥，为悬臂梁桥，公铁两用。

混凝土连续梁和连续刚构桥有了快速发展。

交通运输的迅速发展，要求行车平顺舒适，多伸缩缝的 T 型刚构已经不能满足要求，因而连续梁和连续刚构得到了迅速发展。

连续梁的不足之处是需用大吨位的盆式橡胶支座，养护工作量大。连续刚构的结构特点是梁保持连续，梁墩固结。既保持了连续梁行车平顺舒适的优点，又保持了 T 型刚构不设支座减少养护工作量的优点。

预应力应用更加丰富和灵活，部分预应力在公路桥梁中得到较广泛的采用。不仅允许出现拉应力，而且允许在极端荷载时出现开裂。其优点是，可以避免全预应力时易出现的沿钢束纵向开裂及拱度过大；刚度较全预应力为小，有利于抗震；并可充分利用钢筋骨架，减少钢束，节省用钢量。

体外预应力得到了应用与发展。体外预应力早在本世界 20 年代末就开始应用，70 年代后应用多了起来。体外配索，可以减小截面尺寸，减轻结构恒载，提高构件的施工质量；力筋的线型更适合设计要求，其更换维修也较方便。加固桥梁时用体外索更是方便。著名的美国 Longkey 桥，跨径 36m，即是采用了体外索。

大吨位预应力应用增加。现在不少桥梁中已采用每束 500t 的预应力索。预应力索一般平弯，锚固于箱梁腋上，可以减小板件的厚度，减轻自重，局部应力也易于解决。

无粘结预应力得到了应用与发展。无粘结预应力在国外 50 年代中期广泛用于建筑业，美国目前楼板中，99% 采用现浇无粘结预应力。无粘结预应力结构施工方便，无需孔道压浆，修复容易，可以减小截面高度；荷载作用下应力幅度比有粘结的预应力小，有利于抗疲劳和耐久性能。

双预应力，即除用预张拉预应力外，还采用了预压力筋，使梁的载面在预拉及预压力筋作用下工作。简支梁双预应力梁端部的局部应力较大，后来日本将预压力筋设在离端部一定距离的上缘预留槽中，而不是锚在梁端部，使局部应力问题趋于缓和。

国外还较多应用预弯预应力梁。预弯预应力梁是在钢工字梁上，对称加两集中力，浇筑混凝土底板，卸除集中力，这样底板混凝土受到预压，然后再浇筑腹板和顶板混凝土。有的国家如日本已有浇筑好底板的梁体作为商品供应。

箱梁内力计算更切合实际，对于箱梁，必要时需考虑约束扭转、翘曲、畸度、剪滞的内力。由于剪滞的影响，箱梁顶底板在受弯情况下，其纵向应力是不均匀的，靠箱肋处大，横向跨中处小。配筋时要用有效宽度。目前已按试验结果，将纵向应力按多次抛物线分布，得出实用结果。

箱梁温差应力的计算。箱梁由于架设方向及环境的不同，会承受不同的温差。温差应力必须考虑，在特定的情况下，温差应力很大，甚至超过荷载应力。因此，必须按照现场可能出现的温差，计算内力，加以组合，进行配筋。

按施工步骤计算恒载内力。按结构的最终体系计算恒载内力，往往并不是实际的内力。必须按照施工顺序，逐阶段地进行计算，在计算中考虑混凝土龄期不同的徐变收缩影响。这样，既得到了各施工阶段的控制内力，又得到了结构形成时的内力和将来的内力。施工方法丰富先进，近年来悬臂施工法中悬拼的应用有所增加。各节段间带有齿槛，涂环氧，使连接良好，并增大抗剪能力。可以缩短工期，特别是利用吊装能力大的浮吊时，可加大节段长度，则更能加快施工进度。国外悬拼最大的桥为跨径 182.9m 的澳 CaptainCook 桥。顶推施工法也处在不断发展过程，一开始是集中顶推，两则各用一个千斤顶推动，而且用竖向千斤顶以使水平千斤顶回程。以后发展成为多点顶推，使顶推力与摩阻力平衡，使顶推法可用于柔性墩，同时也不使用竖向千斤顶。在这以后，又有下列发展：用环形滑道，不必喂氟板；支座设在梁上，不需顶推后重行设置；拉索锚具可自动开启或闭锁。梁前进时锚定，千斤回程时自动开启；在横向中央设一个滑道，避免两侧滑道时必须两侧同步，特别适用于平曲线梁的顶推。

目前，顶推施工法不仅用于直线梁，而且用于竖曲线上的梁，以及平曲线上的梁。香港曾把顶推法成功地使用在处在切线、缓和曲线和 R=430m 圆曲线的梁上，把线形用最接近的圆曲线来模拟，其差值藉调整箱顶板的悬臂长度来补偿。同时因为超高的不同，箱梁腹板的高度也是变化的；在处于3%纵坡和竖曲线的梁，则使板底保持同一个纵坡而改变箱高。因此，箱梁几何尺寸、浇筑平台的模板系统大为复杂，但胜利建成，为顶推法提供了新的经验。

80 年代，逐跨拼装法在国外得到较多的应用。美国 LongKey 桥 101 孔，每孔 36m，用可移动桁架，用浮吊将梁块件放在桁架上就位，一次张拉，完成整孔，每周完成三孔。

用梁或桁架梁作主要承重结构的桥梁。其上部结构在铅垂向荷载作用下，支点只产生竖向反力。梁式桥为桥梁的基本体系之一。制造和架设均甚方便，使用广泛，在桥梁建筑中占有很大比例。

梁式桥是一种在竖向荷载作用下无水平推力的结构。

由于外力（恒载与活载）的作用方向与承重结构的轴线接近垂直，故与同样跨经的其他结构体系相比，梁内产生的弯矩最大。通常需用抗弯能力强的材料（钢、木、钢筋混凝土）来建造。

目前公路桥梁中广泛应用"预制装配式的钢筋混凝土简支梁"。

简支梁桥结构简单，施工方便，对地基承载力要求不高，跨径25m内多用。多跨梁式桥也使用"连续梁"。

为了节省材料，充分利用钢材抗拉强度的优势，通常做成"钢筋混凝土预应力梁"。

（2）拱桥——主拱受压

用拱作为桥身主要承重结构的桥。拱桥主要承受压力，故可用砖、石、混凝土等抗压性能良好的材料建造。大跨度拱桥则可用钢筋混凝土或钢材建造，可承受发生的力矩。

拱式桥的主要乘重结构是拱圈或拱肋。这种结构在竖向荷载作用下，桥墩或桥台都将承受水平推力和竖向反力。同时这种水平推力将显著抵消荷载所引起的在拱圈（或拱肋）内的弯矩作用。因此，与同跨径的梁相比，拱的弯矩和变形要小得多。

鉴于拱桥的承重结构以受压为主，通常就可以用抗压能力强的坞工材料（如砖、石、混凝土）和钢筋混凝土等来建造。

拱桥的跨越能力很大，外形也比较美观，在条件许可的情况下，修建坞工拱桥往往经济合理的。

拱式桥对下部构造和基础要求较高，要求下构（桥墩、桥台）和基础能够提供足够大的水平推力，而且具有足够的稳定性和耐久性。

拱桥，在桥梁的发展史上曾经占有重要地位，迄今为止，已有三千多年的历史，当今亦因其形态美、造价低、承载潜力大而得到广泛的应用，也是大跨径桥梁形式之一，跨径从几十米到四百多米。我国大跨度混凝土拱桥的建设技术，居国际领先水平。拱桥的受力特点为拱肋承压、支承处一般有水平推力，按其建造材料来分，可分为坞工拱桥、钢筋（骨）混凝土拱桥、钢管混凝土拱桥、钢拱桥等。

坞工拱桥最常见的为石拱桥，我国古代石拱桥建造就有很高的成就，如修建于公元606年的河北赵县安济桥，跨径37.4m，矢高7.23m，宽约9m，在跨度方面曾保持记录达 1350 年之久，且至今保存完好。圬工拱桥不便于实现工厂化施工，施工周期较长，相应的费用较高。同时，圬工材料尽管适合承压，但其自重相对于许用应力而言较大，因而不适于用作大跨度桥梁。

钢筋混凝土拱桥为拱桥的主要形式，它分箱形拱、肋拱、桁架拱。根据近年的实践，常用的拱桥施工方法有主支架现浇、预制梁段缆索吊装、预制块件悬臂安装、半拱转体法、刚性或半刚性骨架法。我国钢筋混凝土拱桥的发展趋势为拱圈轻型化，长大化以及施工方法多样化。刚建成的万县长江大桥为劲性骨架箱拱，跨径 420m，居世界第一。

（3）刚架桥——构件受弯压

也称刚构桥，上部结构和下部结构连成整体的框架结构。根据基础连结条件不同，分为有铰与无铰两种。这种结构是超静定体系，在垂直荷载作用下，框架底部除了产生竖向反力外，还产生力矩和水平反力。常见的刚架桥有门式刚架桥和斜腿刚架桥等。

刚架桥的主要承重结构是梁或板和立柱或竖墙整体结合在一起的刚性构架的结构体系，也称为刚构体系。梁和柱的连接处具有很大的刚性，连接可靠。在竖向荷载作用下，梁部主要受弯，而在柱脚处也具有水平反力，其受力状态介于梁桥与拱桥之间。

对于同样的跨径，在相同的荷载作用下，刚架桥的跨中正弯矩比一般梁桥的小。根据这一特点，刚够桥跨中的建筑高度就可以做得较小。在城市道路网中，遇到线路立体交叉或需要跨越通航河段时，采用这种桥型能尽量降低线路标高以改善纵坡并能减少路堤土方量。

从通航要求看，刚架桥也有有利的一面。当桥面标高已确定时，能增加桥下净空。缺点：施工困难、普通钢筋混凝土时裂缝多。使用：采用预应力钢筋混凝土。

T 形刚构是目前修建较大跨径钢筋混凝土桥曾采用的桥型。它是结合了刚架桥和多孔静定悬臂梁桥的特点发展起来的新颖结构。

对于普通钢筋混凝土 T 形刚构桥采用预制装配方法施工时，往往将跨径较大的梁分成三段安装，从而显著减少了安装重量。

刚架桥的主要缺点是：悬臂根部的负弯矩很大，用普通钢筋混凝土修建时不仅钢材用量大，而且控制混凝土裂缝的开展成为关键，因此，跨径就不能做得太大，通常只有 40～50m。

预应力混凝土的发展，使得 T 形刚构桥得到了很大的推广。特别是由于采用了悬臂安装或浇筑的分段施工方法，不但加速了修建大跨度桥梁的施工速度，而且也克服了要在江河或深谷中搭设支架的困难。

六、组合体系——几种受力的组合

根据结构的受力特点，由几个不同体系的结构组合而成的桥梁称为组合体系桥。如图是一种梁拱组合体系。

由于吊杆将梁向上（与荷载作用的挠度方向相反）吊住，这样就显著减少了梁中的弯矩；同时由于拱与梁连接在一起，拱的水平推力就传给梁来承受，这样梁除了受弯受剪以外尚受拉。

拱梁组合体系能跨越较一般简支梁更大的跨度。而对桥墩没有推力作用，因此对地基要求就像一般简支梁桥一样。下图是拱梁组合的另一种形式，把拱置于梁的下方，通过立柱对梁起辅助支承作用。

悬挂在塔柱上的被张紧的的斜缆将主梁吊住，使主梁像多点弹性支承的连续梁一样工作。

这样既发挥了高强度材料的作用，又显著减少了主梁的截面积，使结构自重减少而能跨越很大的跨径。

组合体系的种类很多，但究其实质不外乎利用梁、拱、吊三者的不同组合，上吊下撑以形成新的结构。

组合体系桥梁一般都可以用钢筋混凝土来建造，对于大跨径的桥梁以采用预应力混凝土或钢材修建为宜。

5. 按特殊的使用条件分：开合桥、浮桥、漫水桥

开合桥：桥梁上部结构可以根据需要而进行移动，以利于河中过往船舶通过的一种特殊桥梁。可分为竖旋桥，平旋桥，升降桥和回缩桥。当桥上交通不十分繁忙而河中船舶有少数要求净空很高时，为简短引桥长度，降低造价，可考虑建造开启桥。

世界上最大跨度的开合桥是美国"西西雅图开合桥"。1937年前，市区有铁桥多座，其中除旧大红桥为固定式铁桥外，其余均为形态各异的开合桥。科学家茅以升说："几乎全国的开合桥都集中在天津。"

天津的开合桥，代表了中国乃至世界上开合桥的发展历程。其开合方式有：旋转式、对开式、伸缩式、升降式多种。如金汤桥是旋转式；万国桥为对开式开合桥，该桥设计当时达世界水平，且造型优美，是天津一座标志性的桥梁建筑。万国桥历经八十个春秋，至今保存完好。

浮桥指用船或浮箱代替桥墩，浮在水面的桥梁。军队采用制式器材拼组的军

用浮桥，则称舟桥。浮桥的历史记载以中国为早。＜诗经·大雅·大明＞记载：
"亲迎于渭，造舟为梁"，记载周文王姬昌于公元前1184年在渭河架浮桥。东
汉光武帝建武十一年（公元35年），公孙述在今湖北宜都、宜昌间架设长江浮
桥。西晋武帝泰始十年（274年），杜预在今河南孟津附近的黄河架设河阳浮桥，曾
持续使用达800多年。在国外，波斯帝国居鲁士大帝于公元前537年在美索不达
米亚修建过浮桥；泽尔士一世于公元前481年为进军欧洲曾在赫勒斯滂（现为达
达尼尔海峡）建浮桥，以连接欧、亚大陆。

浮桥的结构形式有两种：传统的形式是在船或浮箱上架梁、再铺桥面。舟梁
合一的形式，或船只首尾相连，成纵列式，或将舟体紧密排列成带式。为保持浮
桥轴线位置不致偏移，在上、下游需设缆索锚碇。为与两岸接通，在两岸需设置
过渡梁或跳板。为适应水位涨落，两岸还应设置升降码头或升降栈桥。

浮桥可用于人行、公路、铁路。其构造并不复杂，架拆也方便，但维修费用
高。平时可用以应急救灾或作为临时性交通设施，战时可用以保障军队迅速通过
江河军用的制式舟桥，为增加其机动性，常用轻金属制成自行式的。

浮桥由于是漂浮于水面之上，固建设施工有一定不同。以前仅求方便，使用
船只搭建。现在的建设都需要有一定的视觉效果，固出现既有实用功能，有美观
大方，甚至可以作为景观的浮桥。广西泊盾建设实用与景观合体的浮桥，配合栏
杆，灯光等弄出形式各异的浮桥景色。使用色彩各异的浮筒拼装而成，并根据现
场环境，实际实用性变换各类造型。采用的是最环保的原材料，产品已达到食品
包装的标准，对水质无污染。从设计、生产、施工，到售后的"一站式"服务。
适用于所有水上环境。仅走人的小型浮桥，可以随水而上下浮动，感受水面行走
的乐趣。过车的中大型浮桥可以配合钢架，钢板，实现平稳安全的需求。

漫水桥：在次要的公路上，跨越常水位与洪水位高差较大而且不通航的河流，
同时洪水时间较短，交通允许暂时中断的条件下，桥梁标高可按常水位设计，洪
水时允许水流从桥面漫过。这种桥梁称为漫水桥。

它是劳动人民在长期的生产生活实践中，以传统石板架桥方式，作出的一种
适应山区溪流交通的选择。山区集雨面积广的溪流，晴天与雨时的水位悬殊，枯
水期与洪水期水况不等。漫水桥平时低低矮矮，石柱竖流，石板平铺，近贴水面，
上方有护条，下方有斜柱保护坚固桥身，如百脚虫过溪，因而有的地方村民形容
为"蜈蚣桥"。一旦发大水，水可从桥面漫过，它的名称就得之于此。桥身藏在
水流中化解了大水的部分冲击力，避免了山洪带来的树木杂草淤阻的危险，而其
造价比桥梁种类中其他"高个子"要便宜得多，可以时毁时建。

有些漫水桥为了让洪水顺利通过，特地设计成中间低两边高的凹形，避免给桥梁本身造成大的破坏。

第二节　我国桥梁工程发展现状

桥梁建设的发展最终体现在桥梁工程技术的发展上。回顾我国桥梁发展历程，桥梁工程的技术进步体现在以下几个方面。

（一）设计水平的提高体现在以下几个方面

（1）桥梁工程勘察技术的进步：GPS 和桥梁 CAD 集成系统的应用推广，有效地降低了设计人员的劳动强度，测设精度得到较大提高。（2）设计理念的变化：在桥梁设计中越来越重视资源节约、全寿命理念和桥梁美学设计。在这种理念指导下，建成了许多安全、经济、实用、美观的桥梁，如南京长江三桥、昆山玉峰大桥等。建造桥梁已经不仅是为了解决交通问题，而且也是为了满足人们对景观的要求和对建筑艺术的享受。（3）设计理论的完善：包含桥梁概念设计、结构分析、结构设计与优化的综合性理论得到不断完善。概念设计不断创新；结构分析已经从传统的线性的平面杆系分析改进为非线性的空间分析，并能仿真桥梁施工和运营过程；结构设计与优化理论在大量试验研究基础上得到了改进与发展。（4）设计技术（手段）的改进：目前，我国桥梁设计从方案到施工图设计均采用计算机，并研发了具有自主版权的桥梁 CAD 软件。（5）大跨度桥梁设计水平的提高：从设计上海南浦大桥开始至今，我国国家和地方的交通、市政、铁道、城建等设计院已成功设计了数以百计的大跨度桥梁，其中苏通大桥是世界上最大跨度的斜拉桥，上海卢浦大桥是世界上最大跨度的拱桥，西堠门大桥是世界第二大悬索桥，钢箱梁长度世界第一。

（二）施工技术的进步

近些年来，在大规模的公路建设，尤其是高速公路建设以及城市建设的带动下，我国桥梁施工技术得到了全面迅速的发展，整体施工水平得到了提高，一大批世界级的桥梁相继建成。事实向世界证明，我国桥梁施工技术已步入世界先进行列。我国桥梁施工技术的新发展具体体现在大跨度桥梁施工成套技术、城市长桥的预制和安装技术、海上长桥的施工技术、深水基础的施工技术等方面。

1. 大跨度桥梁施工成套技术　大跨度桥梁施工成套技术趋于成熟：我国自主

施工建成了包括以苏通长江大桥为代表的大跨度斜拉桥、西堠门大桥为代表的大跨度悬索桥、卢浦大桥为代表的大跨度拱桥等在内的所有大跨径桥型。斜拉桥主跨跨度世界排名前 10 位的大桥中，我国占 8 座。

（1）大跨度斜拉桥：自南浦大桥、杨浦大桥以后，我国掀起了一个斜拉桥建设的高潮，可以说我国已经系统全面地掌握了大跨度斜拉桥建设的技术。苏通长江大桥是其中的典型代表。（2）大跨度悬索桥：近些年来，一批大跨度悬索桥相继建成，显示着我国悬索桥建设水平步入世界前列。其中西堠门大桥，是这方面的典型代表。是舟山连岛工程的第四座跨海大桥，也是技术难度最大的特大跨海大桥。主桥为两跨连续钢箱梁悬索桥，主跨 1650 米，居国内第一，世界第二，概算总投资约为 23.6 亿元，09 年 11 月建成通车。（3）大跨度拱桥：中国素有拱桥之乡的美誉，以赵州桥为代表的古代拱桥在世界桥梁建造史上留下了辉煌的纪录。近十年间大跨度拱桥建设取得飞速进步，一批世界跨径的纪录诞生，拱桥的无支架施工技术日益成熟，卢浦大桥、重庆朝天门长江大桥，丫髻沙大桥、万县长江大桥是其中典型的代表。

2. 城市长桥的预制和安装技术 城市长桥的预制和安装技术不断完善：城市桥梁建设要求能够尽量少地影响城市交通，同时也需要缩短施工时间，尤其是现场施工时间。在这样的客观要求下，我国城市桥梁的预制和安装技术迅速发展起来。节段施工和移动模架施工是城市长桥预制和安装技术的代表性成套技术。

（1）节段拼装施工：桥梁节段预制拼装施工技术具有对环境交通影响小、对施工的地理位置要求低、施工工期短等优点，可基本实现无支架化施工，不影响现有交通，特别适合于对环境要求极高的城市桥梁的施工。沪闵高架二期工程于 2003 年 12 月建成通车。该工程主梁底面为弧形连续箱梁结构型式，立柱设计为树权型。每一跨由 9～11 个节段拼成，单个节段长 2.5～3m，主线节段梁宽达 25.5m，高 1.7～2.1m，最大重量 110t。在节段现场拼装施工过程中，主线节段采用上行式架桥机，部分匝道节段拼装采用下行式架桥机。架桥机采用 VSL1800t 拼装式架桥机。沪闵高架的架桥机施工方案大幅度减少了施工对桥下道路交通的影响，产生了良好的社会和经济效益。

（2）移动模架施工：移动模架作为一种新的施工工法由 20 世纪 70 年代挪威 NRS 公司首先设计使用，至今该工法已在挪威以及世界各地的各种桥梁上成功应用，在我国较早运用于厦门海沧大桥，随后南京长江二桥、武汉军山大桥均成功地运用过该工法施工。移动模架是以移动式桁架或者梁体为主要支承结构的整体模板支架，可一次完成一跨梁体混凝土的浇筑，适用于跨度不大（一般跨度小于 50m 为宜）的连续多跨简支梁或连续梁桥的施工。南京长江第二大桥（南汉桥）南、北引桥采用移动模架施工取得成功。

3. 海上长桥的成套施工技术　海上长桥成套施工技术从无到有：在海上建设大桥曾经是建桥人的梦想。进入新世纪，上海东海大桥、杭州湾大桥等跨海大桥相继开工。

2005 年，全长 32km 的东海大桥仅用 3 年就通车使用，创造了世界建桥史上的又一个奇迹。我国海上长桥建设克服了作业环境恶劣，受风、雾、寒潮、潮汐及海流影响大，可作业天数少、要求一次性设备投入大等困难，积累了丰富的经验，形成了海上长桥成套施工技术。

（1）东海大桥：东海大桥北起上海南汇区的芦潮港，跨越杭州湾的北部海域至浙江省小洋山上海深水港一期工程，总长约 32 km。全线可分为约 2.3 km 的陆上段、海堤至大乌龟岛之间约 25.5 km 的海上段、大乌龟至小洋山岛之间约 3.5 km 的港桥连接段。大桥按双向六车道加紧急停车带的高速公路标准设计，桥宽 31.5m，设计车速 80 km/h，设计荷载汽车—超 20 级，挂车—120 并按集装箱重车密排进行校验。

东海大桥主通航孔为跨径组合 73m + 132m + 420m + 132m + 73m 的叠合梁斜拉桥，基础施工是主通航孔施工的关键问题。主通航孔位于海上流速大、水深、浪高区域，为了给桩基和以后主塔及桥面零号段的施工创造一个小范围的稳定施工区域，给承台套箱围堰的定位创造一个安全的可靠系统，在海上施工过程中给各作业船提供一个靠舷平台，这个平台既要能抵抗台风季节的风力、波浪力等各种自然灾害的袭击，又能在容易架设的同时，施工完毕后能方便地拆除。主通航孔斜拉桥为双塔单索面叠合梁斜拉桥，每个主塔下有 38 根长 110m、直径 2 500 mm 的钢筋混凝土钻孔灌注桩。为了给钻孔灌注桩提供一个稳定安全的工作面，并给承台混凝土施工提供一个在海上环境下能干法施工，开发了整体钢结构承台导管套箱施工技术。

（2）杭州湾大桥：杭州湾跨海大桥起自嘉兴市郑家埭，跨越杭州湾海域后止于慈溪市水路湾，全长 36km，其中大桥长 35.67km。大桥工程包括北引线、北引桥、北航道桥、中引桥、南航道桥、海中平台、南引桥和南引线及交通工程等沿线设施。北航道桥为跨度 70 m+160 m+448 m+160 m+70 m 钻石型双塔双索面钢箱梁斜拉桥，南航道桥为跨度 100 m+160 m+318 mA 型单塔双索面钢箱梁斜拉桥。中引桥和南引桥除少数高墩外，均采用整体预制墩桥。预制桥墩高 7.5 ~ 17.4 m，重量 240 ~ 440 t。重量 300 t 以下桥墩采用驳船运输和吊重 500 t 浮吊吊装，300t

以上桥墩采用吊重1 000t固定式扒杆浮吊直接吊运安装（图5）。海上引桥上部结构全部采用跨度70m先简支后连续的预应力混凝土箱梁。梁总重2200 t，采用运架一体船运输和架设。

杭州湾跨海大桥按双向六车道高速公路设计，设计时速100km/h，设计使用年限100年，总投资约118亿元。杭州湾跨海大桥是目前世界上已建或在建的最长的跨海大桥，主体工程于2003年开工，2008年建成通车。

4. 大型桥梁基础的施工技术　大型桥梁基础施工技术不断创新。大型桥梁基础的施工技术可分为大型群桩基础施工技术、大型冻结基础施工技术以及大型沉井基础施工技术等。以江阴长江大桥为代表的沉井基础施工、润扬大桥为代表的大型排桩冻结法施工、苏通桥基础为代表的大型群桩基础施工，都是我国在大型桥梁基础施工方面取得的创新成果。

（1）大型群桩基础施工：桩基础是最为常用的桥梁基础形式，随着建桥技术的发展，目前我国已经掌握超大规模群桩基础施工技术，以苏通桥基础为代表的大型群桩基础工程已经成功实施。苏通长江大桥主5号墩为大桥南主塔墩，基础采用钻孔桩群桩基础，桩基为131根D2.8 ~ 2.5 m钻孔桩（护筒内径2.8 m），梅花形布置，按照摩擦桩设计，桩长114m。由于需要承受较大的水平力，考虑护筒与桩基共同受力，承台为哑铃形，在每个塔柱下承台为51.35m×48.1 m，其厚度由边缘的5m变化到最厚处的13.324m，顶部与塔柱的接触面垂直于索塔塔柱的中心线，两承台之间采用12. 65 m×28.1m系梁相连，系梁的厚度6m，承台设有4根备用桩位。苏通桥群桩基础施工克服了桥位地区气象条件差、水文条件复杂、基岩埋藏深及通航标准高等特点，通过4个月的艰苦奋战，大桥主5号墩的131根钻孔桩全部完成。

（2）大型地下连续墙及冻结基础施工：在江阴长江大桥经验的基础上建造润扬长江大桥，应该说上部结构的难度不大，主要的挑战来自基础工程。虽然地下连续墙施工在建筑工地是成熟的技术，但对于平面尺寸为69m×50m的巨大桥梁基础仍是一个挑战性的任务。运用信息化的施工方式，对连续墙体和周围土体的各种信息进行实时的监控和正反演分析，保证了基础施工的快速和安全。润扬大桥中使用的大型排桩冻结法施工，是近年来我国在大型桥梁基础施工方面取得的又一项创新成果。

（3）大型沉井基础：沉井基础是最为常用的大型基础形式，近十年间，我国沉井施工技术又得到了长足的发展。枝城长江大桥、九江长江大桥、江阴长江大桥等大桥工程中，均采用了沉井基础形式。江阴大桥北锚旋采用了空气幕沉井，沉井长 69m、宽 51m、高 58m，是当时世界上最大的沉井。沉井平面分 36 个隔仓，竖向自下而上共 11 节，第 1 节为钢沉井，高 8m；第 2 ~ 11 节，每节竖向高度 5m，系钢筋混凝土沉井。由于北锚碇沉井基础尺寸很大，又要求施工中不对土体有过大的扰动，更为保证施工中沉井本身的刚度，当第 2 节沉井浇筑达强度后，才同第 1 节沉井一起开始下沉。施工中，为了平衡下沉时各仓水位，每节沉井隔墙中有连通孔道；为控制下沉，在井壁内设有探测管和高压射水管；为穿过亚黏土层，井壁外设置了空气幕；为了了解沉井在整个下沉中井壁摩擦力、侧压力、基地反力和混凝土应力等相应数据，在沉井上布设有侧面摩擦阻力计、侧压力计、刃口反力计、应变计等。

5. 桥梁施工监控与集成管理技术

当前，基于 IT 技术、GPS 和 GIS 技术的桥梁施工监控与集成管理技术也得到了迅速发展。

（1）施工监控技术：近些年来我国桥梁施工监控技术迅速发展并日益规范，为大跨径桥梁的顺利建成提供了保证。以同济大学为代表的院校在积极配合实际工程开展桥梁施工控制的同时，积极在相关理论上开展研究工作，逐渐形成了比较系统的桥梁施工控制理论及其实务体系。在关键的参数识别问题方面提出新方法等，并在工程中得到应用。近年来，研究的重点逐渐转移到控制手段的自动化以及施工控制系统集成方面，一些半自动化的施工控制系统相继出现，一些专门服务于桥梁施工控制工作的程序也逐渐投入使用，我国桥梁施工控制水平在迅速提高。

（2）施工过程的集成管理：近些年，随着网络技术的飞速发展和计算机应用的普及，大型桥梁工程中实行施工全过程的集成跟踪管理方面有了显著的进步。在对施工过程集成管理应用研究前期，研究主要集中在引进国外先进的软件和成套管理方法上，但不久就发现，由于管理体系上的差异，国外项目管理软件在国内使用并不成功。在此基础上，国内一批软件公司进行了大胆的尝试，海德、同望等公司相继推出了充分考虑路桥工程特点、集成化程度比较高的项目管理软件，并在国内一些高速公路工程中得以应用，取得了较好的效果。近年来，将指挥部、施工现场的办公集成系统也逐渐集成进入项目管理系统。部分工程，如上海中环线、苏通大桥、东海大桥等还尝试利用 Internet 建立了项目门户网站，利用权限管理的方法，将面向公众的信息发布与项目信息管理集成起来，建立了公众与工程项目的沟通渠道，也提升了大型工程项目信息沟通的效率。

（三）桥梁工程防灾和减灾技术的改进

1. 桥梁的抗震理论与减灾技术　近十余年来，地球上发生的多次地震对桥梁抗震设计理论产生了巨大的影响，我国在桥梁抗震设计理论和减震隔震理论方面也进行了大量研究，取得了很大进展。这些进展主要表现在以下几方面：（1）大跨度桥梁抗震设计理论和设防标准。（2）梁式桥和高架桥抗震设计理论。（3）桥梁抗震规范的编写和修订。（4）桥梁减震、隔震。（5）抗震试验研究能力。

2. 桥梁的抗风设计理论及风振控制取得令人瞩目的成果：（1）三维桥梁颤振分析的全模态方法。（2）非线性空气静力稳定分析的理论研究。（3）二维颤振驱动机理分析及系统研究。（4）桥梁风振的概率性评价和可靠性分析。（5）数值风洞及其在桥梁抗风研究中的应用。（6）桥梁风振控制方法。（7）桥梁主梁断面的颤振导数和气动导纳的识别方法。（8）斜拉索风雨激振机理及其制振方法。

第三节　国外桥梁建设现状

桥梁工程已被确认为一门独立的科学技术，不再是仅凭桥梁设计者们智慧和经验的创造过程。它已发展成理论分析、设计、施工控制及管理于一体的系统性学科。由于科技的进度，一些相关的学科也渗透入桥梁工程领域中，发展了新的分支学科，如桥梁抗风、抗震、桥梁 CAD、桥梁的施工控制及桥梁检测技术等等。

桥梁墩台及基础技术不断发展。随着上部结构的迅猛发展，必然给下部结构提出更高的要求。自钢筋混凝土推广使用以来，桥梁墩台的结构形式趋于多样化。除了传统的重力墩台外，发展了空心墩、桩柱式墩台、构架式墩台、框架式墩台、双柱式墩台、拼装墩台及预应力钢筋薄壁等新型墩台，并日趋轻型、柔性化。高墩技术也有较大发展。与此同时，桥梁基础也在发展。50 年代以后，越江、跨海湾、海峡大桥的兴建以中国、日本为首大力发展了深水基础技术。如 50 年代在武汉长江大桥中首创了管柱基础；60 年代在南京长江大桥中发展了重型沉井、深水钢筋混凝土沉井和刚沉井；70 年代在九江长江大桥中创造了双壁钢围堰钻孔桩基础；80 年代后进一步发展了复合基础。在日本，由于本四联络线工程的建设，近 20 年来，其深水基础技术发展很快，以地下连续墙、设置沉井和无人沉箱技术最为突出。

　　桥梁设计风格的转变主要表现为以下三个方面：①由于计算机的出现和发展，为桥梁设计师们提供了新的设计工具，并已逐步取代了手工制图。桥梁设计师们的创造力与想象力在电脑上得已充分展现。②随着人类对地球生态平衡、自然环境及资源的日益重视，对桥梁工程提出了与周围环境想协调的要求桥梁的设计更加注重景观设计。③大跨度桥梁的发展，不仅要求对成桥状态进行设计，对施工阶段的设计也很重视，将施工方法与施工过程相结合已成为现代桥梁设计的一大特色。

　　桥梁工程使用的材料革新。土木工程发展史表明，材料的每一次变革都会带来土木工程的巨大飞跃。桥梁工程因此获得了一次又一次的发展机遇。公元前5世纪至公元前3世纪，砖出现于中国实现了土木工程的第一次飞跃，开始了砖、木结构的桥梁时代。19世纪波特兰水泥、现代钢材在欧洲的出现，实现了土木工程的第2次飞跃，桥梁工程获得了空前大发展，桥梁结构形式及规模有了突破。20世纪初叶，预应力混凝土的出现，实现了土木工程的第3次飞跃，开始了混凝土桥梁的结构时代。20世纪70年代开始，出现了碳纤维为代表的高级复合材料，首先被用于航空、航天等高科技领域，现正逐步渗透到桥梁工程领域之中。

　　当今的各种高新技术革命中，已计算机技术革命最为耀眼。自本世纪70年代第一台微型计算机的诞生，开辟了计算机新时代，从根本上改变了结构工程分析的历史，一门新的学科————计算结构力学得以产生。随着计算机技术的不断进度，促成了以计算机为辅助设计的桥梁CAD技术分支学科的形成。

　　预应力思想被喻为本世界中最为革命的结构思想。它源于1910年法国工程师金.弗来西奈设计建造的足尺试验拱桥（跨度72.5m）中。此后的后十年里被推广到混凝土结构中，形成了一整套预应力混凝土技术。在桥梁工程的建设中，发挥了重大作用，创造了巨大的经济与社会效益，其应用已遍及各种桥梁结构形式，不仅带动了中小跨度桥梁的迅猛发展，也促成了大跨度桥梁的进度。尤其在斜拉桥中，这种思想的发挥达到了顶点。此外，它也被用于桥梁工程的施工过程中，衍生出许多新的施工方法和工艺；而在旧桥加固领域里，也显示出很强的竞争力。当今由于预应力思想的结合，使得预应力混凝土已成为本世纪最主要的桥梁材料。

　　在本世界桥梁工程的发展历程中，预应力思想促进了桥梁结构形式的变革，而自架设体系思想带来了大跨度桥梁施工技术的变革，两种思想交相辉映。自架设体系思想是通过将结构离散成若干小的单元或构件，以便于预制或现浇，然后按特定的施工步骤进行拼装或浇注，已完成的结构部分就可以作为支撑体系参与下一阶段的施工，直到全部结构的完成。它体现了"化整为零、集零为整"的特点。这种思想在大跨度悬索桥、斜拉桥、拱桥及连续梁桥型的施工中得到灵活应用。在施工过程中，由于存在着体系转化受几何非线性、材料非线性因素的影响，施工期间结构的受力状态比成桥状态更为不利，于是提出了对施工阶段进行控制设计的要求。几经发展，施工控制技术已逐步成为一门新兴的桥梁工程分支学科。

桥梁社会设计竞赛的传统在 19 世纪就已在瑞士盛行，促进了当时瑞士桥梁工程的发展。两位世界级的桥梁设计师罗伯特.马亚尔和奥斯玛.安曼就深得这种传统的熏陶，前者创造出轻盈的薄混凝土拱桥，而后者设计了乔治.华盛顿、伟拉扎诺悬索桥。随后在国外的许多大型跨海工程中广泛地实行了竞赛制，如丹麦的大贝尔特工程，由于政治原因设计竞赛持续了 25 年之久，期间许多新的设计构思层出不穷，积累了丰富的桥梁结构设计经验。因而设计竞赛的实行一定程序上推动了桥梁工程事业的发展。施工管理桥梁工程的建设过程实际上也是施工组织活动的过程。18 世纪欧洲兴起花型建筑的热潮，开始出现设计与施工的分离。1956 年由国际咨询工程师联合会和欧洲建筑工程联合会共同发起对英国土木工程师学会制定的合同条款进行修改，颁布了"FIDIC"合同条款，后经历了三次改版。几十年来它已被世界各国土木工程界广泛接受和借鉴，给桥梁工程建设行业注入了新的活力，为确保桥梁的工程质量、加快工程进度、控制工程造价提供了可靠的保障。

如前所述，本世纪以来桥梁结构工程已发展成系统性的工程学科，主要框架已构筑完毕，但远未完善。可以预见未来的世纪，这些分支将得以独立发展成熟，同时也相互渗透。

为纪念这些伟大的成就，《赫芬顿邮报》盘点了世界上 12 座堪称奇迹建筑的桥梁，它们既是设计史上的奇迹，又是创造灵感的标志。

1. 米洛高架桥—"法国第一高桥"之称，桥塔总高 343 米，桥长 2460 米，宽 32 米。这座大桥的最高点比法国埃菲尔铁塔还高 23 米。米洛大桥采用斜拉桥形式，为四线道，桥梁采用七个悬臂单塔单索面支撑，桥面高 270 公尺，悬臂支柱最高处达 343 公尺，比巴黎艾菲尔铁塔还高；大桥总长 2460 米，整个结构耗费钢材 36000 吨，占大桥重量的四分之一，桥墩和桥塔采用混凝土建造。

米洛高架桥采用特制钢材为桥面，桥面由七座钢筋混凝土桥墩支撑，加上斜张钢索结构，能够承受最激烈的地震活动以及抵御各类极度严苛的气候条件，保固期长达 120 年，而非混凝土，减轻桥梁重量，施工方式采用预造法，就是先将桥面在亚尔萨斯工厂衔接成每块 32 公尺宽的钢材，共 2000 块，然后运到桥两端的山谷衔接起来，缓慢的悬吊到桥面预定段上方安装；桥梁采用白色也达到视觉上的轻量效果。

2. 英国盖特谢德千禧桥—绰号为"眨眼桥"，因为桥可以升起来让船通过，此时桥与上面的弧形拉索看起来就像一个巨大的眼睛。

3. 杭州湾跨海大桥—由中国自行设计、建造和管理的世界最长跨海大桥，是世界上建造难度最大的跨海大桥之一，全长 36 公里。该大桥是按双向六车道高速公路设计，设计时速 100km/h，设计使用年限 100 年，总投资约 118 亿元。大桥设南、北两个航道，其中北航道桥为主跨 448m 的钻石型双塔双索面钢箱梁斜拉桥，通航标准 35000 吨；南航道桥为主跨 318m 的 A 型单塔双索面钢箱梁斜拉桥，通航标准 30000 吨。除南、北航道桥外其余引桥采用 30～80m 不等的预应力混凝土连续箱梁结构。

杭州湾跨海大桥技术创新方面：

（1）杭州湾跨海大桥总体设计—杭州湾跨海大桥全长 36 公里，建设条件十分恶劣，为保证海上施工的安全和质量，必须将设计与施工综合考虑。经过国内外多次调研和专家咨询，制定了施工决定设计的总体原则，尽量减少海上作业时间，变海上施工为陆上施工，采用工厂化、大型化、机械化的设计和施工原则。

（2）大直径超长钢管桩设计、制造、防腐和施工成套技术—大桥钢管桩基础具有桩长、大直径、数量巨大的特点。桩长达 89 米，桩径为 1.5 米和 1.6 米，总计 5474 根。通过近一年多钢管桩基础施工，进度快，质量好，证明这一选择是正确的。其创新点是：超长整桩预制；内外螺旋焊接；三层熔融环氧粉末涂装；埋弧自动焊工艺；大直径不等壁厚焊接；牺牲阳极阴极保护。

（3）大吨位 70 米预应力箱梁整体预制和强潮海域海上运输、架设技术—其创新点是：对海工耐久混凝土配合比进行研究；70 米箱梁局部结构分析；真空辅助压浆技术；研制了大跨度、高平整度桥面施工振动桥设备；首次采用了早期张拉工艺并取得了良好的效果；自行设计制造了具有世界一流水平的 2400 吨液压悬挂轮轨式 70 米箱梁纵移台车。

（4）大吨位 50 米预应力箱梁整体预制和梁上运输架设技术—其创新点是：结合施工方案对大吨位整孔箱梁的关键结构进行优化；海工耐久性混凝土性能研究与实践；预应力管道真空压浆试验与实践；箱梁梁上运梁和架桥机架设的综合技术。

（5）海洋环境下混凝土结构耐久性研究—其创新点是：建立可靠的钢筋腐蚀电学参数和输出光功率变化判据；研制混凝土结构寿命的动态预报软件；制定

大桥混凝土结构耐久性长期原体观测系统设计方案，并配合工程进度实施。这项技术将填补国内空白。

（6）跨海长桥全天候运行测量控制关键技术研究—其创新点是：连续运行GPS 参考站，在杭州湾跨海大桥的成功应用及在实践中形成的规程和细则，弥补了中国跨海大桥这方面的空白；2012 年的规范没有适应几十公里长度跨海大桥投影坐标系建立的相应标准，根据杭州湾跨海大桥的特殊性加以了解，为制定相应规范提供参考；创造性地提出过渡曲面拟合法，使海中 GPS 拟合高程的精度达到三等水准的精度；用测距三角高程法配合 GPS 拟合高程法进行连续多跨跨海高程贯通测量，创造出一种快速海中高程贯通测量的方法；杭州湾跨海大桥在国内首次采用 GIS 技术研制成基于 B/S 模式的大型桥梁测绘资料管理系统。

（7）杭州湾跨海大桥河工模型与桥墩局部冲刷研究—2002 年 8 月，通过专家组鉴定，研究成果总体达到国际先进水平，其中实体模型中涌潮的模拟方法和试验技术以及分布式浑水生潮系统和沙量随潮变化的加沙系统方面达到国际领先水平。2004 年获得浙江省科技进步二等奖。

（8）灾害天气对跨海长桥行车安全的影响研究及对策—主要创新点是：确定车辆安全行驶风速标准；面向所有灾害天气类型进行研究；提出杭州湾跨海大桥的行车安全保障措施；基于气象监测系统、预报系统与道路管理系统多方面系统研究；制定不同灾害天气条件下道路交通控制标准；开发低造价传感器等数据采集设备；开发集数据传输、数据处理、信息发布的计算机软件。2012 年，已取得系列中间成果，其中报告推荐的风障方案即将付诸实施。

（9）跨海长桥建设信息化管理技术—其创新点是：对整体桥梁部位进行的结构分解，形成22949 个结构构件，并将采集数据的 625 张表与其相关联，提供一个完整的数据结构化检索方式；集成统一工程通讯及网络的组建，极大降低了基础网络建设成本；实现长距离的多点无线视频图像传输及回送。系统已完成软件开发并投入运行一年多，在工程实施中发挥了巨大作用。

以上科技创新已有 5 项通过交通部和交通厅的鉴定，其成果总体达到国际领先水平，为国内同类桥梁的建设提供借鉴。

（10）新型桥梁伸缩装置技术—采用了荣获国家技术发明二等奖的 LB 多向变位桥梁伸缩装置。其创新特点是：LB 单元式多向变位桥梁伸缩装置针对传统模数式及梳形伸缩装置存在的不足，特别是在悬索桥、斜拉桥桥梁的纵、横、扭转等多向变位功能上展开了广泛的研究与实践，本着"安全、舒适、经济、耐用、方便"的宗旨，成功研制的新一代桥梁伸缩装置，该技术处于国际领先水平。

4. 科罗拉多大桥—总长 2 公里，位于美国西部科罗拉多大峡谷上，玻璃桥向外延伸了 21 米，桥身离谷底 1200 米高，可同时承受 2 万人的重量。

5. 土耳其博斯普鲁斯大桥—是第一座跨越博斯普鲁斯海峡并连结亚洲与欧洲两大陆的跨海大桥，因此又名"欧亚大桥"。这是一座吊桥，海峡两岸每边有一个"门"字形的桥塔，水中不设桥墩。整个桥身用两根粗大的钢索牵引，每根钢索由 11300 根 5 毫米的钢丝拧成，西岸的桥塔重 6 万吨，东岸的桥塔重五万吨。如果桥上停满汽车，西岸的桥塔就会向里倾斜 86 厘米，东岸的桥塔会向里倾斜 90 厘米。大桥的桥面离海面 64 米，各种大型船只都可以在桥下通行无阻。

6. 加拿大联邦大桥—全长 13 公里为两线道的快速道路，速限 80 公里，使用了 65 个桥墩，为了让船只通过，水面与桥面的距离特别设拉高到 61 公尺，为了减少潮水和风的冲击力，还设计了 3 个转折弯道，因此联邦大桥并非笔直地横跨在海上。联邦大桥仅有双线车道，无分隔带，车道宽 3.75 米，并禁止超车，每侧有路肩，宽 1.75 米。通常速限是 80 公里每小时，所以以此速率行驶，过桥需 10 分钟。是世界上最长的建在冰覆水域上的大桥，被世人称之为"现代桥梁工程颠峰之作"。

7. 瑞士桑尼伯格大桥—在 20 世纪末国际桥梁和工程协会组织的"20 世纪 15 座世界最美的桥梁"评选中位列其中。这是一座有着超低高度主塔、曲线桥面高高耸立的四塔斜拉桥。主桥跨径为 526 米，最高桥墩为 62 米，桥面以上塔柱高 15 米，桥墩主塔轮廓呈抛物线形，梁高 0.8 米，混凝土柔梁矮塔斜拉桥。全桥墩、塔与主梁固结，显得简洁、精练。大桥与环境协调，山的稳重与桥的轻快，一刚一柔交相呼应，形成一道优美的彩虹。

8. 伊朗大桥—位于伊朗中部城市伊斯法罕，全长 132 米，距离河面很低，最具特点的是那 23 个具有伊斯兰风情的拱形桥洞。

9. 新加坡螺旋大桥—外观酷似人类 DNA 的构造，呈螺旋式伸展。采用不锈钢钢管建造的两条螺旋曲线相互缠绕，盘旋形成长达 280 米的核心结构。桥梁全长 280 公尺，宽 6 公尺，可同时容纳 1 万 6000 人。毗邻的汽车桥则长 303 公尺，宽近 40 公尺，设有三条双向车道。

无论是从桥面，还是从五个观景平台望去，螺旋桥都使城市的天际线更加壮观。双螺旋中的内螺旋用于支撑遮阳的多孔玻璃和不锈钢网状天篷。不锈钢表面可产生绚丽的夜晚照明效果，因为它们能反射桥体中内置的、用于增强设计美感的特殊灯具的光线。

10. 挪威金角湾大桥—现在落成的这座步行桥，共耗资 136 万美元，除扶手使用了不锈钢之外，完全采用木料建造。是仿造意大利画家、建筑师、工程师达·芬奇的原图设计的，被称为"桥梁中的蒙娜·丽莎"。这是达芬奇的建筑设计首次被付诸实施，这个设计在美学和设计学上都是经典的范例。

11．西班牙阿拉密洛大桥—是世界上最雅观的桥梁之一，整座大桥远观犹如一把竖琴，优雅美观。这座桥的结构非常独特，它没有一个桥墩，全长200米的桥身全由一个142米高、倾斜约58度的斜拉梁所承载，这个梁用13对钢链拉住桥身。原本在设计这个桥的时候，还有一条完全一样而对立在旁的桥。就是说，本来阿拉密洛大桥是一双的。但最后，存在着的只有原来的一半，没有了对称的一半。也正是现在的不平衡及缺失了视觉对称的双生，吸引了世人的目光。

12．韩国首尔汉江盘浦大桥—是一座双层梁桥，桥梁两侧的一万个喷泉成为主要的旅游景点。大桥的建造工程于1980年1月开始，1982年6月25日竣工，是韩国第一条上、下两层的桥梁，下层是一条潜水桥。盘浦大桥全长约1.2公里，在2008年12月14日完成了扩建工程。扩建工程除了把桥面扩阔以外，还在桥的两旁装设了一行长长的喷水柱，成为现时吉尼斯世界纪录大全中全世界最长的喷水桥。

第二章　桥梁设计标准化管理

在进行桥梁工程设计过程中，设计人员需要结合当地的自然条件和桥梁工程等资料进行全面的认证研究，运用最先进的成果和理论，体现设计者独特的理解，对设计目标上进行总体的把握，提升设计的针对性和有效性。随着社会经济的快速发展，建造桥梁规模越来越大，系统更加的复杂，具有越来越多样的功能，呈现出以下几方面的特点，需要巨大的投资，对施工技术水平要求比较高，对环境产生极为严重的影响，大大增加灾害发生的概率，需要投入巨大的人力物力和财力进行全面的维护。因此，在桥梁设计过程中，要保证桥梁结构的耐久性，提升防灾性，设计人员要充分估计到灾害出现的程度；设计人员要坚持抵御各种灾害设计的原则，构建完善的永久方案设计方案，保证桥梁工程的质量。在本节中，主要介绍国内外桥梁结构先进理念，主要包括桥梁抗风、桥梁抗震以及桥梁防船撞以及桥梁耐久性的理念，从而为我国桥梁工程结构设计提供借鉴和帮助。

第一节　桥梁抗风设计

对大跨和柔性的桥梁结构，设计人员不仅要做好静力设计分析，还要做好桥梁的防风设计，在通常情况，大跨径桥梁抗风性能设计主要包括风洞试验和数值模拟等环节。下面就如何做好桥梁的抗风设计展开论述。

（一）桥梁抗风分析

风属于地球中一种自然现象，当风吹的力量达到一定程度以后，就会对桥梁的稳定性产生非常明显的影响。在1940年，美国华盛顿州的大跨度悬索桥塔科马大桥在只有建成4个月以后，受到8级大风的影响，产生了剧烈的振动，导致倒塌。根据事故调查的结果，人们逐渐认识到风荷载动力的影响，桥梁抗风设计理论得到了前所未有的发展，形成了相对完善的桥梁抗风设计规范和原则。

1. 风的特性

在地球的周围，有一层厚度可达1000千米大气所覆盖，受到太阳辐射、水陆分布以及地球自转的影响，导致地表温度不均匀，从而使得大气中文具不均性，形成竖向对流和水平流动，在地球上产生了风。因为当空气变冷之后，质量会加重，产生下沉现象。当空气变热以后，重量减轻，就会上升，空气的流动从而产生了风。

2. 风产生的灾害

风灾具有普遍性，是地球上比较严重的灾害，风灾过后，会导致巨大的人员伤亡和财产损失，影响着人们的正常的生产生活。风灾发生频率很高，可以导致非常严重的次生灾害，并且持续的时间很长。根据大量统计的结果，与其他灾害相比，风灾发生的次数，导致死亡人员，造成经济损失都是最多。

3. 抗风的原则

在风吹动过程中，遇到障碍物时，能够把一部分的动能转化为作为这个障碍物的外力，被称为风荷载。当风遇到钝体截面的桥梁结构时，就会陈胜涡旋和流动的分离，从而产生十分复杂的空气作用力。当桥梁结构的跨度超过200米以上，在风的作用下，就会产生静力和动力两种特性。

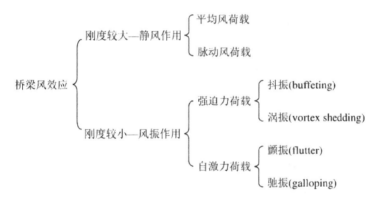

桥梁结构风荷载和效应

在风的动力作用下，导致桥梁风致振动，在这种情况下，就会反过来影响空气流动，从而形成风与结构的相互影响。如果空气力受结构振动影响较少，空气作用力就会产生一种强迫李，导致桥梁结构出现有限的振幅强迫振动。如果空气力受到结构振动影响较大时，受振动结构反制约空气作用力，从而导致桥梁结构产生发散性的振动。根据我国《公路桥梁抗风设计规范》内容，在进行抗风设计过程中，要满足以下规范要求，第一，在桥梁设计使用时间内，在最大风速的条件下，整个桥梁结构不能出现毁坏性的发散性振动。第二，在设计风荷载等共同作用下，要保证整个桥梁的刚度和强度，要避免出现静力失稳的问题。第三，对结构非破坏性风致振动的振幅避免影响到行车安全，保证行车的舒适度；第四，在设计过程中，要通过气动措施、结构措施以及机械措施等提升桥梁结构整体的抗风能力。

（二）静风荷载

在户外的物体，都会或多或少受到气流的影响，在气流经过非流线型桥梁结构中，就会产生静风荷载。如图所示。

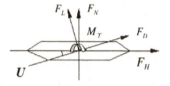

F_D 和 F_H 代表静风荷载阻力分量，F_L 和 F_N 分别代表静风荷载升力，M_T 代表静风荷载升力矩分量。

$$F_D = \frac{1}{2}\rho U^2 H C_D \text{ 或 } F_H = \frac{1}{2}\rho U^2 H C_H$$

$$F_L = \frac{1}{2}\rho U^2 B C_L \text{ 或 } F_N = \frac{1}{2}\rho U^2 B C_N$$

$$M_L = \frac{1}{2}\rho U^2 B^2 C_M$$

$\rho = 1.225\text{kg/m}^3$，U 代表设计风速，B 和 H 代表结构竖向和侧向的投影宽度，C_L 和 C_D 代表风轴方向的升力系数和阻力系数，C_n 和 C_h 代表体轴方向的升力系数和阻力系数，C_M 代表升力矩系数。在计算机过程中，设计风速会受到基本风速、场地粗糙度以及离地高度的影响，因此，进行桥梁设计过程中，要尽量选择基本风速小的地区。在通常情况下，如果基本风速条件相同，地表粗糙度越大，平均速度救护越小，但是阵风风速就会越大。随着高度的增加，平均风速也会增加，而脉动风速会随着高度的增加就会减少。

1. 主梁和拱肋

在主梁和拱肋设计过程中，截面形式和结构设计对静风荷载产生非常明显的影响。根据实际设计的情况，桥梁的截面形式越接近流线型，就会产生较小的静风荷载，反之则就会越大。在桥梁使用过程中，静风荷载结构尺寸主要包括主梁的高度和和宽度，其中宽高比越大，则静风荷载就会越小，反之则静风荷载就会越大。

对拱桥而言，包括两片或者两片以上的拱肋，对作用拱肋上的静风荷载在通常情况下，可以忽略升力矩分量，剩余的阻力分量和升力分量主要取决于最外侧拱肋和高度的外轮廓形状，并且就整座桥而言，不同位置的拱肋受到的阻力和升力也是不同的。因此，为了有效的减少静风荷载，主要采用提高外侧拱肋的外轮廓宽高比，或者实现桥梁截面的流线化，保证桥梁结构的稳定性和安全性。

2. 桥墩和桥塔

在通常情况下，桥梁的桥墩和桥塔主要采用竖直构件，风产生的力量会沿着高度方向截面变化。与此同时，由于竖直构件截面长宽比与主梁相比非常小，因此，可以忽略升力和升力矩分量，在设计过程中，要重点考虑到阻力分量。由于桥墩和桥塔几何形状不同，产生的静风阻力系数也就会不同。

截面形状	t/b	桥墩或桥塔的高宽比						
		1	2	4	6	10	20	40
风向 □b t	≤1/4	1.3	1.4	1.5	1.6	1.7	1.9	2.1
风向 □b t	1	1.2	1.3	1.4	1.5	1.6	1.8	2.0
风向 ▭b t	≥4	0.8	0.8	0.8	0.8	0.8	0.9	1.1
◇ 正方形 或八角形 ○		1.0	1.1	1.1	1.2	1.2	1.3	1.4
○ 12边形		0.7	0.8	0.9	0.9	1.0	1.1	1.3
光滑表面圆形 若 $DV_0 ≥ 6m^2/h$		0.5	0.5	0.5	0.5	0.5	0.6	0.6

随着桥墩和桥塔高度不断增加，就会大大增加桥梁的静风荷载，为了保证桥梁的稳定性，设计人员要考虑到墩柱或者塔柱的外形和静风荷载。

3. 主缆和拉索

在悬索桥中，主要施工主缆和吊索，其中是流线型的圆截面，仍然会受到静风荷载的影响。随着社会经济的发展，当前大跨度悬索桥主缆主要包括钢丝束股，然后再根据若干束股编程一根主缆，在通常情况下，钢股丝数主要包括61.91.127等，从而组成相对稳定的正六边形，极大地便利了施工，可以有效减少束股之间的孔隙率，从而减少主缆截面外径。

在斜拉桥设计过程中，主要采用钢索，主要由高强度钢筋、钢丝以及钢绞线组成。对大跨度斜拉桥而言，主要包括平行钢丝锁和钢绞线两种形式，由于平行钢丝锁孔隙率比较小，那么在相同强度下的外径就会比较小，而相对阻力也会比较小，反之，则会变大。

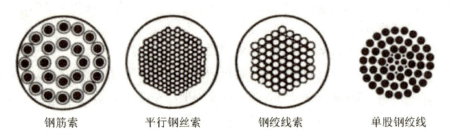

钢筋索　　　　平行钢丝索　　　　钢绞线索　　　　单股钢绞线

（三）风速振动设计

对桥梁而言，受到桥型、跨径以及施工材料的不同，就会产生不同形式的风致振动。对大跨度斜拉桥而言，在风的作用下，会产生迟振、颤振以及抖振等风致振动。因此，为了桥梁设计过程中，设计人员要不断提升桥梁的抗风性能，最大限度的降低风致振动。

1. 主梁的颤振和迟振

颤振，简单的说，就是桥梁产生一种破坏性的纯扭转或者弯曲的自激的振动，当风速达到临界风速时，振动救护在气流的反作用下不断吸收能量来克服结构中自身的阻尼，从而大大增加振幅，导致桥梁结构出现破坏。而驰振就是破坏性横风向弯曲的发散自激振动，出现这种现象主要由于升力曲线的负斜率引起的。在通常情况下，桥梁颤振稳定性标准主要是颤振检验风速是否达到临界的风速。根据《公路桥梁抗风设计规范》规定，颤振临界风速估算公式能够有助于设计人员分析颤振临界风速的主要因素。

$$V_{cr} = \frac{5}{\sqrt{\pi}} \eta_s \eta_\alpha \frac{\sqrt[4]{mI_m}}{\sqrt{\rho b}} f_t$$

根据颤振临界风速估算公式，在通常情况下，影响临界风速的主要原因包括主梁的截面形状、功角效应系数、主梁等因素。其中对阻尼比较大和流线型比较好的截面，颤振临界风速比较高。－3°或者＋3°攻角的颤振临界风速低于0°攻角。在设计过程中，设计人员要增加主梁等效质量或者惯距，能够提升颤振的临界风速；另外，还可以提升桥梁扭转基频。

2. 主梁或者拱肋涡振

当风经过钝截面的桥梁结构过程中，就会产生流动分离或者再附形式旋涡的脱落，从而出现交替变化的涡激力，如果旋涡脱落频率出现接近结构的某阶的自振频率时，就会出现出现结构动力失稳破坏的情况。当涡激振动频率接近桥梁结构的固有频率时，就会产生较大幅度的振幅，出现涡激共振的情况。

在实际评价过程中，涡激共振主要包括三个方面的评价指标，具体包括以下几个方面：第一，如果涡振锁定风速小于设计基准风速，设计人员要结合实际情况分析涡振问题，对于大跨度的缆索承重桥梁，涡振锁定风速在 5 米每秒到 20 米每秒之间。第二，我国《公路桥梁抗风设计规范》建议，主要以节段模型风洞试验为准则，为了保证桥梁的稳定性，要保证最大振幅小于允许值的范围。第三，涡振发展频度与于经济性指标相关，从理论层面讲，涡振锁定风速如果小于设计的基准风速，并且涡振最大振幅大于允许值，在实际过程中，要采用涡振控制措施。就目前而言，根据现场实验和测量有不同程度涡振的桥梁主要香港的昂船洲桥斜拉桥和上海的卢浦大桥拱桥等。

3．拉索风雨激振

斜拉桥长拉索在风雨交加的条件下，会产生较大幅度的振动，也称为拉索风雨激振，主要原因是形成了上雨线或者下雨线，以及上下雨线。根据最新的研究成果，影响拉索风雨激振原因是多方面的，第一，整个拉索的空间状态，通常主要采用倾角和偏角来标示，在不同倾角的振幅会产生不同的差别。第二，拉索的结合尺寸主要包括直径和长度，根据风洞试验的结果，在直径 80 厘米以上和 200 米以上长度的拉索都有可能出现风雨激振；第三，对风雨激振的条件来说，主要可以采用风速和雨强来表示。根据实际试验的结果表明，5m/s 到 15m/s 的风速等因素都会引起拉索风雨激振，因此，在设计过程中，要结合实际情况，制定相应的解决对策。

（四）附加控制措施

根据《公路桥梁抗风设计规范》的规定，为了提升桥梁的抗风性能，在实际设计过程中，可以采用气动措施、结构措施以及机械措施。其中气动措施主要改变构件的截面外形或者改变气流绕流流态。采用这种方法可以改变较小的结构，投入成本较少，在附加措施中成为首选。其中结构措施主要是提升桥梁的刚度和质量，能够有效完善的结构外部和内部约束，但是采用这种方法需要投入巨大的资金，在整个桥梁结构总方案出现变化以后，可以采用这种方法。机械措施就是增加阻尼器，从而保证桥梁结构的稳定性。

1．主梁颤振控制气动措施

在实际过程中，为有效的控制桥梁主梁颤振情况，根据当前的研究现状，无论采用钢箱梁，还是刚桁梁，在传统悬索桥中，颤振稳定性的上限在 1500m，如果超出这一上限，设计人员就要采油工颤振控制措施改进桥梁的起动稳定性。在悬索桥加劲梁颤振控制过程中，采取的气动措施主要包括稳定板、开槽等措施，能够满足 5000m 长度的悬索桥，具有足够的颤振临界风速。

2. 主梁或者拱肋涡振控制气动措施

就目前而言，我国大跨度桥梁跨径不断增加，相应的主梁或者拱肋的涡振问题也逐渐增加，需要对大跨度桥梁涡振控制，保证桥梁的整体稳定性。比如香港昂船洲大桥，设计人员为了避免这种问题，设置了原理相似的导流板。

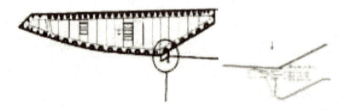

3. 拉索风雨激振控制气动措施

在实际过程中，由于在拉索表面形成了上雨线和下雨线，从根本上改变了原来拉索非常流线型的截面。因此，在拉索风雨激振最有效的方式就是破坏表面雨线。在通常情况下，主要采用的气动措施，主要在拉索表面缠绕螺旋线和可知不规则的凹坑，从而把振幅控制带允许值范围以内。

除此之外，在实际过程中，还有采用辅助拉索措施，但是在实际实施过程中非常困难。还有就是提高拉索阻尼，采用不同形式的阻尼器，保证桥梁结构的稳定性。

第二节　桥梁抗震标准设计

在进行桥梁抗震设计过程中，首先需要掌握地震运动的特点，考虑到地震级别和烈度，产生桥震的危害等。为了有效提升桥梁的抗震性，就要采用完善的设计理念。

（一）地震与桥梁抗震

地震是由于地球内部构造运动从而产生的一种自然现象，在实际运动中，影响范围会很广，破坏性极大，可以造成巨大的人员伤亡和财产损失。在通常情况下，地震振动可以通过震级和烈度，其中震级主要是衡量地震大小，主要通过地震最大振幅和震源释放的应变能标示。烈度主要表示地震对建筑物的影响程度，与地震释放的能量、深度、距离有着很大关系。

强烈的地震会产生巨大的灾害，如果在桥梁结构设计过程中，没有做好抗震设计，发生地震就会导致非常严重的后果。在 2008 年汶川地震中，一共有 6000 多座桥梁受到不同程度的损害，大约有 10% 左右的属于严重破坏或者倒塌，需要灾后重建。

根据《公路桥梁抗震设计细则》规定，明确了桥梁抗震设计的类别和抗震设防目标。下面就针对桥梁的抗震设备类别和设防目标展开论述。

桥梁抗震设防类别	设防目标	
	E1 地震作用	E2 地震作用
A 类	一般不受损坏或者不需要进行修复，可以继续进行使用	可能局部出现轻微的损伤，不需要进行修复或者进行简单的修复即可
B 类	一般不受损坏或者不需要进行修复，可以继续进行使用	要保证不能的出现倒塌或者出现严重的结构损伤，在经过临时的加固以后，可供应急交通使用
C 类	一般不受损坏或者不需要进行修复，可以继续进行使用	要保证不能的出现倒塌或者出现严重的结构损伤，在经过临时的加固以后，可供应急交通使用
D 类	一般不受损坏或者不需要进行修复，可以继续进行使用	

根据《公路桥梁抗震设计细则》的要求，要坚持凉水平和两阶段设计的原则。在第一阶段，主要采用弹性抗震设计，主要队形 E1 地震作用的抗震设计，从而达到设计的规范标准；第二阶段，主要采用延性抗震设计方法，还要采用能力保护原则，主要对应 E2 地震作用的抗震设计，保证整个桥梁结构的具有良好的延伸性能，避免出现剪切破坏等模式，保证桥梁结构具有足够的位移能力。

（二）桥梁抗震设计的原则

合理的抗震设计，要求设计出来的结构在强度、刚度和延性等指标上有最佳的组合，使结构能够经济的实现抗震设防的目标。抗震设计应遵循以下原则：

1. 桥梁抗震结构设计体系的争整体性和规范性

桥梁的上部结构需是连续的，整体性能好，可以有效防止地震地震来临时抗震的结构构件的掉落，同时结构体系的整体性对于抗震结构发挥空间作用也是十分关键的。另外抗震的结构设计体系还应规范，几何尺寸、刚度以及质量无论是在平面还是在立面空间内，布置都应该对称、均匀并且规范，满足实际的桥梁工程的实际情况。

2. 选择合适的施工场地

首先场地的选择要保证厂址是比较安全的，处安全性之外还有一个原则是：尽量选择具有坚硬土的场地而不是软粘土场地，因为当地震到来时，软粘土场地更容易发生地基失效。

3. 提高抗震结构和构件的性能

地震之所以会对桥梁造成破坏是因为：地震引起桥梁结构振动，因此，进行结构设计时，尽可能少的使地震产生振动能量传到桥梁结构内部去，同时抗震结构及构建又具有较好的强度、刚度以及延性，便可以有效的防止结构受到的破坏。桥梁抗震结构的刚性可以有效的控制结构的变形，而延性以及强度则决定了抗震结构的抗震能力。由于地震的反复振动会导致结构和构建的变形，从而减弱结构的强度以及刚度，因此在进行抗震结构设计时还应该重视结构及构件的延性设计。

4. 抗震设计的能力设计原则

强度安全度的差异性是能力设计的核心思想。能力设计思想强调强度安全度差异，即在不同构件（延性构件和能力保护构件－不适宜发生非弹性变形的构件统称为能力保护构件）和不同破坏模式（延性破坏和脆性破坏模式）之间确立不同的强度安全度。通过强度安全度差异，确保结构在大地震下以延性形式反应，不发生脆性的破坏模式。在我国以前的建筑抗震设计中，普遍采用"强柱弱梁，强剪弱弯，强节点弱构件"的设计思想。

（三）桥梁常用减隔振措施

为了满足桥梁的抗震需要，提升桥梁的抗震性能，设计人员要结合桥梁的结构和情况特点，采取一些针对性措施，找到设计的薄弱环节，不断完善概念设计，设计出完善的方案和思路。

1. 阻尼器

在桥梁设计过程中，设计人员根据桥梁的结构特点，延性和外加阻尼不断释放地震的作用，从而减少桥梁的结构损失，消除薄弱环节，九牧掐而言，桥梁阻尼装置种类有很多，使用较为广泛的是粘滞阻尼装置。其中锁定装置属于一种特殊的阻尼装置，锁定速度定义为输出而定所订立的转动速度。

2. 减隔震支座

减隔震支座在早期设计时，根据地震动峰值加速度来决定支座所承受的水平力，按静力法根据水平力计算支座本体及锚固螺栓的抗剪强度，当地震动峰值加速度较大时，支座所承受的水平力很大，有时可大承载力的 30% ~ 40%，此时仅仅依靠加大支座本身的结构尺寸，硬抗地震力，对支座和桥墩本身的受力都是不利的，因此科研单位开发出了抗震型盆式橡胶支座。抗震型盆式橡胶支座是在一般盆式橡胶支座的基础上设置一个摩擦系数大于 0.2 的滑动面，并在固定支座和单向支座上设置橡胶减震条。在正常使用时，固定支座不滑动，起固定支座作用，能承受 0.2P 的水平力（P 为支座垂直反力），起固定支座的作用，当达到的地震力时大于 0.2P 时，设置在固定支座上的滑动面相对滑移，橡胶减震条受压缩，当达到一定的水平力时（约 0.25P），橡胶减震条的侧挡板屈服，橡胶卸载，通过以上两种措施以期达到地震消能的作用。

（1）铅芯橡胶支座的应用

铅芯橡胶支座是在一般板式橡胶支座的基础上，在支座中心放入铅芯，以改善橡胶支座的阻尼性能的一种抗震支座。铅芯橡胶支座承受结构物的重量及水平力，使铅芯产生滞回阻尼的塑性变形，并通过橡胶提供水平恢复力。铅芯橡胶支座竖向刚度大、承载性能好，能稳定地支撑桥梁上部结构的荷载，而且水平刚度适中，能满足地震产生的大位移需要，可通过调整铅芯的面积，可以改变铅芯橡胶支座的阻尼比，能有效吸收地震能量。

（2）高阻尼橡胶支座的应用

高阻尼橡胶支座作为隔震支座，承载能力、恢复能力和阻尼（吸收能量）三位一体的功能，滞回曲线饱满，对风振和大、中、小地震都能发挥隔震效果，在发生大地震后，也不会产生残余变形，而且特性变化很小，无需更换。高阻尼橡胶支座的弹性性能和阻尼特性对温度的依赖性很小，适用于广泛的领域。

高阻尼橡胶支座的弹性刚度（等效刚度）依赖于变形的大小，变形小时刚度大，变形大时刚度小，呈非线性状态。对于风载荷，高阻尼橡胶支座的初期刚度能取得制动功能。对于地震，因为大变形时刚度小，可以取得良好的隔震效果。而且，对于过大的变形，会引起橡胶硬化现象，使橡胶的刚度增加，可以期望能有控制上部结构过大变位的效果。

（3）摩擦摆式隔震支座

摩擦摆式隔震支座的本质也是摩擦阻尼支座，但它是依靠两个曲面的摩擦来实现支座的正常功能。支座的下支座板是一个较大半径的凹球面，地震时支座中心部分的摆动球面板，沿下支座板的凹球面发生摆动位移，利用一个简单的钟摆机理延长下部结构的自振周期，以减小地震力的作用。同时在地震时，摆动球面沿下支座板摆动时，球面板的标高发生变化，使上部结构抬高，通过势能做功，达到消耗地震能的目的。支座的摆动面板在地震后，可以通过上部结构的自重自动复位。

摩擦摆式隔震支座可以任何方向滑动，由温度变化引起的位移也由两个曲面的摆动来实现，当产生地震时，将剪力板剪断，支座可以在任何方向滑动，通过摩擦和高度变化，来消耗地震能。

该支座的作用原理比较简单，桥面支承在可滑动球形曲面上，当桥面与桥墩发生相对位移时，它就像钟摆一样运动。该体系的运动方程近似于一个质量相等的钟摆运动，钟摆长度为球面的曲率半径。通过改变曲率半径，可以改变支座的摆动周期，达到预期的隔震周期。通过支座水平运动时重力的竖向提升，将动能转化为势能，消耗地震能量，地震后支座在重力作用下，具有一定的复位能力。

第三节　桥梁工程耐久性设计

一般而言，在桥梁的设计中，人们最关心的是桥梁的适用性、经济性、安全性以及美观度，而对于桥梁结构设计的耐久性很少有人问津。这主要表现在三个方面：第一，在桥梁的结构设计过程中最多考虑的是桥梁的强度，对于桥梁的耐久性却很少考虑；第二，一般而言，在桥梁结构的使用生命周期中，最为重要的是其使用极限，实践中我们发现：在对桥梁进行设计时，对新建成桥梁的承载强度极限比较重视，却忽视了桥梁的使用极限，这是非常危险的；第三，在桥梁施工前的设计中会充分考虑到各方面的需要，因此比较重视建造结构的设计，而很少考虑在以后的桥梁使用过程中如何进行结构维护。正是在这样的背景下进行桥梁设计，才导致了当前桥梁坍塌事故频发、桥梁结构使用性能下降、桥梁使用寿命缩短等严重后果，最终成为当前桥梁建设事业发展的桎梏。

在整个桥梁工程施工作业当中，需要对桥梁的疲劳损伤问题做好全方位的考虑，这样才能够确保日后桥梁的正常投入使用。站在桥梁结构所承受的动荷载力进行分析，其中包含了风荷载、车辆荷载等方面的具体内容。在桥梁结构当中会有随即变化的应力形成，这有可能对桥梁结构带来一定的振动作用，以使得积累性疲劳损伤的形成。整个桥梁工程施工作业当中，选用的施工材料若不是连续性或均匀性，那么很容易使得各类缺陷问题存在，加之，在循环性荷载的影响下，有的问题会不断的扩大，形成合并性损伤，并且致使桥梁构件外表上有一定的裂纹产生。

在以往的钢桥设计工作当中，在整个探究内容上，疲劳损伤是非常重要的内容，因疲劳问题会使得钢材有裂缝问题的出现，这是非常多发的一种现象。可是，伴随着混凝土结构的广泛运用，在对疲劳损伤的探究强度需逐渐的增加。在2013年的时候，自己单独完成了某高架桥的现浇箱梁及变截面连续箱梁的科学设计，其中包含有3*35等现浇预应力等截面连续箱梁及预应力变截面连续箱梁，在此过程中的科学设计，对于今后桥梁的后期使用具有非常现实的重要作用。

桥梁工程设计当中，非常容易受到来自外界因素的影响，使得桥梁遭受到一定程度的侵蚀，同时加之车辆、超载、人为因素的影响，给桥梁结构带来了各种不同程度的损害。针对大跨度桥梁来讲，我国从20世纪80年代起就开始修建斜拉桥，并且各类桥梁损害问题、桥梁坍塌事故频繁发生，一些桥梁因拉索耐久性问题需将全部的拉索实施更换，这不但影响到了桥梁的正常使用，并且使得桥梁工程成本大大增加，需要指出的是，桥梁设计问题的存在一般是因科学合理性及耐久性方面的问题，所以，在进行桥梁工程设计的时候一定要加以特别的重视。

目前，我们国家逐渐强化了对桥梁结构耐久性能的重视程度，同时获得了较为显著的成效。桥梁工程设计工作当中，需要从桥梁施工材料、统计角度做出综合性的分析，挑选广大工作人员易接受的方法，以促使工程施工可操作性能大大提升，促使整个桥梁的耐久性得到有效的保障。

桥梁工程设计工作当中，选择高质量的施工材料是确保桥梁安全性的基础性保障要素，唯有严格的按照具体规定选用高质量的施工材料，才能够使得整个桥梁的安全性得到真正的保障。在桥梁原材料当中，混凝土耐久性是由构成的具体材料决定的，其中包含有水泥使用数量、强度、水灰配合比等，桥梁相关规范当中对于混凝土的实际准求有着明确的界定，为此一定要严格的遵循现有的规定来进行混凝土的使用。同时，强化混凝土耐久性体现在以下两个方面：其一，在混凝土有裂缝出现的情况下，需在第一时间做出修补处理，采用科学合理的办法做好裂缝形态发展的有效掌控；其二，需强化混凝土保护层厚度，以促使钢筋得到一定的保护，防止有腐蚀、生锈的现象发生。

安全性是整个桥梁工程设计中至关重要的一个方面，科学合理的安全性能设计可促使整个桥梁工程质量得到较为显著的提升。在桥梁当中，安全性是非常关键的根本性因素，其对桥梁的使用质量、使用年限将产生直接性的影响，为此，唯有促使桥梁工程设计质量得到明显的提升，才能够保证桥梁的安全系数，运用科学合理的设计方案，达到桥梁耐久性方面的使用要求，防止桥梁在地震、荷载影响下有损坏、倒塌的情况发生。可以说，若想杜绝桥梁出现安全性问题，就要从桥梁工程设计上做好，挑选科学合理的桥梁设计方案，同时不断强化桥梁耐久性设计，创建安全高质量的桥梁工程。

第三章　桥梁工程施工质量标准化

施工单位要结合实际情况，做好施工前的准备工作，严格执行相关技术规范和有关技术操作规程的规定，保证工程质量。项目部针对分项、分部编写的施工方案，并报监理单位审批后执行。项目部在施工作业前对施工班组进行交底，施工过程中执行自检、互检、交接检制度，及时整理技术资料，内容真实、完整。施工过程中配合监理单位对原材料进行检验和验收，每道工序自检完成后报监理检验，检验合格后进行下道工序施工。积极推广使用经鉴定的新工艺、新技术、新材料、新结构、新设备。

在进行原材料进场验收过程中，项目部工地试验室负责原材料的进场验收。原材料的选用遵循建设单位提供的材料供货单位名单进行采购。原材料进场后项目部工地试验室会同监理单位进行见证取样，经检验合格后方可使用，不合格品退回厂家不得使用。施工所需的各种混凝土配合比首先由工地试验室进行试验、选取、验证，监理单位旁站、见证配合比的选取全过程。混凝土配合比选取并验证成功后交中心试验室验证，经过中心试验室验证合格后方可使用。

第一节　钻孔灌注桩

一、钻孔桩施工工艺流程图

在施工过程中，首先要做好施工准备工作，埋设护筒，保证钻井就位，然后做好黏土造浆工作，进行钻进成孔施工，并要做好相应的记录。接着施工人员人员要检查孔深、孔径以及沉渣厚度，做好清孔工作，再完成吊装刚劲笼，接着接装导管和混凝土料斗，然后进行二次清孔，在完成以后，在关注混凝土，做好导管拆除，再进行钻机移位。

二、控制要点

1. 护筒设置：

1.1. 施工场地或工作平台充分考虑施工期间当地的洪水情况，浅水区域平台高出高水位 0.5 ~ 1.0m；潮水区域平台高出最高水位 1.5 ~ 2m，并有稳定护筒内水头的措施。

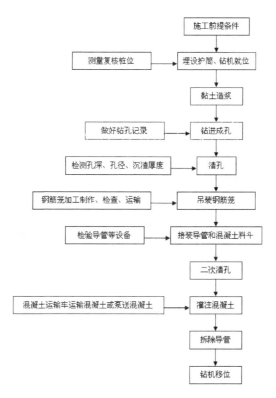

1.2．陆上钻孔桩直接放样桩中心，依据桩中心在四周施放护桩；水上平台的桩基先对护筒导向架进行精确放样，导向架内径一般较护筒外径大5cm。护筒埋设后核对位置，护筒位置偏差不大于5cm，倾斜度不大于1%。

1.3．钢护筒在普通作业场合及中小孔径条件下，使用不小于8mm厚的钢板制作；在深水、复杂地质及大孔径等条件下，用厚度不小于12mm的钢板卷制，为增加刚度，在护筒上下端和接头外侧焊加劲肋。护筒顶部应设置护筒盖。

1.4．当护筒长度小于6m时，冲击锥护筒内径必须大于桩径30cm。

2．泥浆比重控制：

2.1．泥浆的比重在冲击钻孔过程中一般不超过1.4，并且清孔后灌注前的泥浆指标必须在1.1以下。

2.2．泥浆用水使用不纯物含量少的水，没有饮用水时，进行水质检查。

2.3．在护筒底下的复杂覆盖层施工大直径钻孔桩时，选用泥浆根据地质情况、钻机性能、施工经验等确定，或参照钻井采用的泥浆或添加剂。

3．冲击钻孔：

3.1．开钻时应先在孔内灌注泥浆，如孔内有水，可直接投入粘土，用冲击锥以小冲程反复冲击造浆。

3.2．开孔及整个钻进过程中，始终保持孔内水位高出地下水位 1.5 ~ 2.0m，并低于护筒顶面 0.3m，掏渣后及时补水。

3.3．在淤泥层和粘土层冲击时，钻头应采用中冲程（1.0 ~ 2.0m）冲击，在砂层冲击时，添加小片石和粘土采用小冲程（0.5 ~ 1.0m）反复冲击，以加强护壁，在漂石和硬岩层时更换重锤小冲程（1.0 ~ 2.0m）冲击。在石质地层中冲击时，如果从孔上浮出石子钻碴粒径在 5 ~ 8mm 之间，表明泥浆浓度合适，如果浮出的钻碴粒径小又少，表明泥浆浓度不够，可从制浆池抽取合格泥浆进入循环。

3.4．冲击钻进时，机手随进尺快慢及时放主钢丝绳，使钢丝绳在每次冲击过程中始终处于拉紧状态，既不能少放，也不能多放，放少了，钻头落不到孔底，打空锤，不仅无法获得进尺反而可能造成钢丝绳中断、掉锤。放多了，钻头在落到孔底后会向孔壁倾斜，撞击孔壁造成扩孔。

3.5．在任何情况下，最大冲程不宜超过 6.0m，为正确提升钻锥的冲程，在钢丝绳上作长度标志。

3.6．深水或地质条件较差的相邻桩孔，不得同时钻进。

4．成孔与终孔

4.1.钻孔过程应用书面详细记录施工进展情况，包括时间、标高、档位、钻头、进尺情况等。

4.2．每钻进 2m（接近设计终孔标高时，应每 0.5m）或地层变化处，应在出碴口捞取钻碴样品，洗净后收进专用袋内保存，标明土类和标高，以供确定终孔标高。

4.3 钻孔灌注桩在成孔过程、终孔后要对钻孔进行阶段性的成孔质量检查，使用钢筋笼检孔器检验，检孔器外径应比钢筋笼外径大 10cm，长度不小于孔径 4 ~ 6 倍。

5．清孔

清孔原则采取二次清孔法，即成孔检查合格后立即进行第一次清孔，钢筋笼下好，并在浇注混凝土前再次检查沉淀层厚度，若超过规定值，必须进行二次清孔，二次清孔后立即灌注混凝土。

6．钢筋笼加工就位

6.1．钢筋笼应在硬化后场地上，并铺设方木进行制作，制好后的钢筋骨架平整垫放，钢筋笼的加工采用滚焊机制作。

6.2．钢筋笼应每隔 2m 设置临时十字加劲撑，以防变形；加强筋设在主筋的内侧，箍筋同主筋进行点焊。

6.3．每节骨架均有半成品标志牌，标明墩号、桩号、节号、质量状况。

6.4．下节钢筋笼在入孔过程中，取出临时十字加劲撑，在护筒顶用工字钢穿过加强筋下挂住钢筋笼，并保证工字钢水平和钢筋笼垂直。吊起上节钢筋笼与下节对准后进行机械套管连接，下放并取出十字加劲撑，如此循环。下放钢筋笼时要缓慢均匀，根据下笼深度，随时调整钢筋笼入孔的垂直度，尽量避免其倾斜及摆动。

6.5．钢筋笼保护层必须满足设计图纸和规范的要求。钢筋笼保护层垫块采用焊接砂浆垫块，砂浆垫块半径大于保护层厚度，中心穿钢筋焊在主筋上，每隔2米左右设一道，每道沿圆周对称设置不小于4块。

6.6．机械套管连接时竖向主筋对号，再同步拧紧套管，使套管两端正处于上下主筋已标明的划线上，否则应调整重来，确保钢筋连接质量。

6.7．钢筋笼下放到位后要对其顶端定位，防止浇注混凝土时钢筋笼偏移、上浮，下放过程留存影像资料。

7．水下混凝土灌注

7.1．导管选用：导管直径按桩长、桩径和每小时需要通过的混凝土数量决定，参照下表；导管的壁厚应能满足强度和刚度的要求，确保混凝土安全浇注。

导管直径表

导管直径（mm）	通过砼数量（m³/h）	桩径（m）
200	10	0.6 ~ 1.2
250	17	1.0 ~ 2.2
300	25	1.5 ~ 3.0
350	35	>3.0

7.2．导管在使用前和使用一个时期后，不但对其规格、质量和拼接构造进行检查外，还做拼接、过球和水密、承压、接头、抗拉等试验。

7.3．导管埋深按照规范要求的2 ~ 6m执行。

7.4．水下混凝土的强度、抗渗性能、坍落度等符合设计、规范要求。混凝土的生产能力满足桩孔在规定时间内灌注完毕。灌注时间不得长于首批混凝土初凝时间。对于大方量、灌注时间较长的桩，首先对混凝土生产量和浇注时间进行计算后，设计混凝土的初凝时间。

7.5. 灌注前检查拌和站、料场、浇灌现场的准备情况，确定各项工作就绪后方可进行。

7.6. 首批混凝土灌入孔底后，立即测探孔内混凝土面高度，计算出导管内埋置深度，如符合要求，即可正常灌注。如发现导管内进水，表明出现灌注事故，应立即进行处理。

7.7. 为防止钢筋骨架上浮，当灌注的混凝土顶面距钢筋骨架底部1m左右时，应降低混凝土的灌注速度。当混凝土拌和物上升到骨架底口4m以上时，提升导管，使其底口高于骨架底部2m以上即可恢复正常灌注速度。灌注开始后，应紧凑、连续地进行，中途严禁停顿。

7.8. 加强灌注过程中混凝土面高度和混凝土灌注量的测量和记录工作，按照每灌注一车测一次（约一 8m³ 混凝土），水下混凝土灌注时，如果使用泵车进行灌注，要用料斗进行灌注。（将泵管直接伸入到导管里面进行灌注，这样易产生混凝土离析，同时在导管内易产生高压空气囊而形成堵管）

7.9. 在灌注将近结束时，由于导管内混凝土柱高度减小，超压力降低，而导管外的泥浆及所含渣土稠度增加，相对密度增大。如在这种情况下出现混凝土顶升困难时，可在孔内加水稀释泥浆，并掏出部分沉淀土，使灌注工作顺利进行。为确保桩顶混凝土质量，桩混凝土灌注要比设计高 1.0m 以上。在拔出最后一段长导管时，拔管速度要慢，以防止桩顶沉淀的泥浆挤入导管下形成泥心。

第二节　人工挖孔桩

一、一般规定

1. 做好施工前人员组织、技术资料准备和交底以及材料进场的检验等工作。

2. 平整场地，以施工中用到的最大机械为参考。清除坡面危石浮土；坡面有裂缝或坍塌迹象者应加设必要的保护，铲除松软的土层并夯实。

3. 修建施工便道，要考虑大型机械通行和吊车的停放及使用。

4. 桩基的中心线放样准确，合理确定开孔标高。在孔周围确立十字线四点并设置护桩，以及时检查及纠正偏位情况；挖孔作业的高程水准点由控制水准点引至护壁顶。

5. 对空压机，卷扬机和焊机用电量大的设备，设专线供电；需要下护筒的孔桩要根据振动锤的电流电压设置合适的变压器。

6．劳动组织：集中力量保障连续作业，组织四班制作业为宜。每班3～4人开挖，每4组配备一名电工，井上井下人员应该交替更换。

二、挖孔桩施工工艺流程图

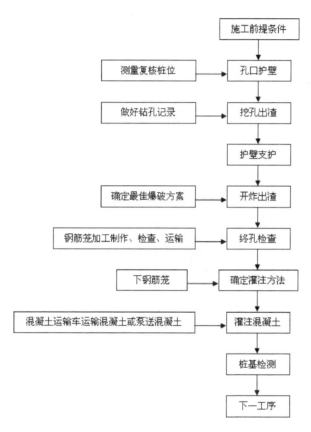

在进行挖孔桩施工过程中，要做好相应的准备工作，在进行到孔口护壁施工过程中，要做好复核装位的测量，然后做好挖孔出渣施工，接着做好挂壁支护，再进行开炸出渣，确定做好最佳的爆破方案，做好终孔的检查，制作钢筋笼，然后确定灌注方法，下钢筋笼，然后灌注混凝土；接着做好桩基的检测，在完成以后，进行下一道工序。

三、控制要点

1．护壁：

1.1. 在土质条件下施工时，设混凝土护壁，以策安全。

1.2. 护壁混凝土强度等级不低于 C20，挖孔完成后应检查护壁并修补，保证其完好。土质较差时做钢筋混凝土护壁。

1.3. 遇到有特别松散的土层或流沙层时，为防止土壁坍落及流沙事故，可采用钢护筒作为护壁，用振动锤振动下沉，待穿过松软土层或流沙层并嵌入岩石或坚硬土层 1 ~ 1.5m 后，再按一般方法边挖掘边筑混凝土护壁。

1.4. 桩孔挖掘及支撑护壁两道工序必须连续作业，中间不停顿，以防坍孔。

1.5. 挖孔时如有水渗入，及时做支护孔壁，防止水在孔壁流淌浸泡造成坍孔。如孔内水量较大时应及时抽水。若土层松软，地下水较大者，采用对角开挖，避免孔间隔层太薄造成坍塌。

2. 孔内遇到岩层须爆破时，应专门设计，采用浅眼松动爆破法，严格控制炸药用量并在炮眼附近加强支护，最后 30cm 范围应采用风镐开挖至孔底。

3. 必须打眼放炮严禁裸露药包。对于软岩石炮眼深度不超过 0.8 米，硬岩石不超过 0.5 米。炮眼数量、位置和斜插方向应按岩层断面方向来定，中间一组集中掏心，四周斜插挖边。

4. 挖孔到达设计深度后，进行孔底处理。必须做到孔底表面无松渣、泥、沉淀土。如地质复杂，应钎探了解孔底以下地质情况是否满足设计要求。

5. 混凝土灌注方案选定：从孔底及附近孔壁渗入的地下水的上升速度较小（参考值小于 6mm/min）时，可直接采用串筒干灌，对于大直径桩应设置两道串筒，减少灌注时间和地下水的影响、同时混凝土应振捣密实；当孔底渗入的地下水上升速度较大时（参考值大于 6mm/min），应视为水桩，按水下混凝土灌注法灌注。挖孔桩钢筋笼制作、下放和混凝土灌注参照钻孔桩。

第三节 基础施工

一、一般规定

1. 做好施工前人员组织、技术资料准备和交底以及材料进场的检验等工作。

2. 基坑顶面在开挖前做好防、排水设施，达到有效排水。

3. 基坑顶有动载通行时，基坑边缘与动载间保证安全距离。

二、控制要点

1．无水基坑施工时，基坑顶应留有不小于 1.0m 的护道，护道外设排水沟，基坑基础尺寸外各留 0.5 ~ 1.0m 作为集水坑和排水沟用地。

2．基坑应避免超挖，若超挖应将松动部分清除，处理方案报监理及设计单位批准。

3．基底为弱风化岩层且呈倾斜状时，凿成不小于 30cm 的台阶，在靠近基底 30cm 处开挖需要放炮时，应采用松动爆破，保证基底地质不受扰动。

4．基坑挖至设计标高后立即进行报验基底的尺寸、标高及基底承载力，并及时进行施工，防止基坑暴露时间过长。

5．开挖好的基底各项质量要求如下：

5.1．基底承载力不小于设计要求，如若不能满足，及时进行处理。

5.2．平面周线位置不小于设计要求

5.3．基底标高：土质：±50mm；石质：+50mm，−200mm。

6．凿除桩头

6.1．基坑开挖过程中挖掘机不能挖碰桩身，在距桩身边缘 20cm 位置应采用人工进行铲除开挖。

6.2．在凿桩过程中不得对钢筋进行任意扭曲，只能将钢筋向外弯曲少许，以免过多影响钢筋。

6.3．对有声测管的桩基要保护好声测管，严禁将声测管折断。破除桩头后，声测管要高出混凝土面 100cm 以上，并且在管内灌满水将管口包好密封，防止进入杂物堵塞管道。

6.4．在桩基顶标高位置处要先切割后凿除，先用小型手持混凝土切割机切 2 ~ 3cm 的缝后再在切割线上 5cm 处进行凿除作业。表面混凝土仍为浮浆层则继续凿除，直至凿到密实的混凝土面层。

6.5 桩头顶面凿成馒头状，中间比四周高出 5 ~ 10cm。

6.6．桩头根部凿断后应采用吊车或挖掘机进行吊出，提升过程中避免刮、碰钢筋。

7．承台及系梁作业

施工工艺流程

场地平整→测量放线→钢筋安装→模板安装→浇筑混凝土→拆模→养生

基底清理干净，无浮土、残渣及松散岩石，在设计基底高程下浇筑一层 5 ~ 10cm 的 M15 砂浆垫层，并划线以便于钢筋作业。待钢筋绑扎完成经监理验收合格后，开始模板作业。采用整体组装式钢模板，模板安装符合以下规定：

项次	检验项目		规定值或允许偏差	检验方法和频率
1	轴线偏位（mm）	基础	＋15	用经纬仪检查，梁纵向检查2点，其他纵、横各检查2点
2	模板高程（mm）	基础	＋15	用水准仪检查
3	内部尺寸（mm）	基础	＋30	用尺量长、宽、高各2点
4	平整度（mm）	表面平整	5	用2m直尺检查2点
		相邻板表面高差	2	用尺量，每接缝检查2点
5	预埋件、预留孔（mm）	预埋件中心线位置	3	用尺量，每孔抽查30%
		预留孔中心线位置	10	
		预留孔截面内部尺寸	+10，−0	

混凝土浇筑时的坍落度宜控制在 5 ~ 8cm。而且表面无蜂窝、麻面，水气泡小而少，无裂纹、表面平整、密实、光洁，混凝土色泽均匀一致，混凝土表面不漏筋、不露垫块。

第四节　墩、台及盖梁施工

一、墩柱施工

1.1. 墩柱施工工艺流程

场地平整→测量放线→桩身检测→接桩→搭设支架→钢筋骨架安装→模板安装→浇筑混凝土→拆模→养生→下一根墩柱

1.2. 凿除桩头

钻孔桩基混凝土强度达到规范要求后，即进行桩头混凝土的凿除。凿除时在要凿除深度的标高处用红漆做出标记。凿除到设计标高的混凝土要新鲜密实，如混凝土表面松散、不密实，应继续凿除直至符合要求为止。经检查合格后，报监理检查验收。

1.3. 凿除桩头合格后即可请业主指定的检测机构进行桩身质量检测，合格方可进入下一工序施工。

1.4. 模板制作及加工

接桩和立柱均采用双半圆式定型钢模板，按图纸设计要求在工厂定制加工。面板采用 5mm 厚钢板，外加 8mm 厚 100mm 宽槽钢加肋，纵横向间距均为 50cm，以保证模板的刚度、垂直度和面板的平整度。板面间应平整、接缝严密、不漏浆。

1.5. 钢筋存放及加工

钢筋由预制场集中加工，钢筋的下料、焊接、绑扎和成型均在钢筋棚内进行。施工中所用的钢筋表面洁净，无油渍、漆皮、鳞锈等。钢筋骨架制作严格按照图纸设计要求进行加工，机械接头符合规范要求，焊工必须持考试合格证上岗，无证人员不得从事钢筋焊接施工。

1.6. 钢筋骨架的安装

钢筋骨架制作完成后，应对骨架各部尺寸进行自检，合格报监理验收，验收合格即可进行吊装焊接。安装采用吊车起吊，人工予以配合的方式。

为方便施工，在钢筋骨架安装前在桩基四周用脚手架搭设操作平台。骨架钢筋与桩基钢筋应一一对应，焊接采用双面搭接焊长度不小于 5d。安装完成后，骨架四周应用缆风绳进行加固，以防骨架倾倒，安装模板时拆除。

1.7. 模板安装

模板安装采用吊车及人工配合进行。模板安装前认真进行除锈，除锈采用电动钢丝刷清除，除锈后的模板各项指标均符合规范要求，经自检合格后涂刷新机油作为脱模剂，涂刷要均匀、不遗漏，同时也不得污染钢筋及桩顶混凝土。模板拼装时，板缝间贴双面胶带，以防漏浆，两片模板用螺栓联结紧密。

模板在施工场地拼装好，用吊车慢慢吊起，吊起后轻轻下放，下放过程中，人工在支架上水平控制就位，就位过程有专人用经纬仪在旁观测，以使就位准确，并保证模板的垂直度。模板就位后，应对底部进行支顶，以免在施工荷载下发生横向位移，模板顶部应用缆风绳在四个方向固定。

模板安装完成后，应对其平面位置、标高进行测量复核，同时应对节点和稳定性进行检查，合格后报监理检查验收，签认后方可浇筑混凝土。

1.8. 浇筑混凝土

混凝土在拌和站集中拌制，水平运输采用混凝土搅拌运输车，垂直运输用串筒结合吊斗入模。

浇筑混凝土前应先用水湿润桩顶混凝土，浇筑混凝土时在串筒出料口下面，混凝土堆积高度不得超过 1m，应按一定厚度、分层进行浇筑，分层厚度不超过 30cm。振捣使用插入式振动棒，其移动间距不应超过振动棒作用半径的 1.5 倍；与模板应保持 5 ~ 10cm 的距离，并插入下层混凝土 5 ~ 10cm，以使上下层结合良好；振捣时不得碰撞模板和钢筋。每一振动部位，必须振动到该部位混凝土停止下沉，不再冒汽泡，表面呈现平坦、泛浆为止。混凝土浇筑期间，设专人检查支架、模板和钢筋，当发现松动、变形、移位时，应及时处理。

混凝土浇筑完成待柱顶面混凝土定浆后，顶面混凝土应进行拉毛处理，以使其与墩台帽或盖梁混凝土结合良好。

接桩混凝土浇筑施工方法同立柱混凝土，值得注意的是对接桩顶半径 60cm 以外的混凝土裸露面应及时修整、抹面，待定浆后再抹第二遍并压光。

1.9. 拆模

当混凝土强度满足拆模要求时，可拆除模板。拆模不易过早，以免混凝土出现变形或开裂；也不易过晚，造成无法形成流水施工或模板投入太大。

拆模时由技术人员在现场指挥，先将底部支撑和四角缆风绳拆除，再将两半圆模板联结螺栓松开卸掉，慢慢用与地锚相连的吊葫芦将两模板拉离立柱，然后用吊车将两模板逐一吊起，吊起时要轻要慢，以免碰坏混凝土表面。拆模时严禁硬敲硬撬。拆模后技术人员要对混凝土表观进行检查并请监理工程师确认。确认表观和成品尺寸均满足要求后，即可进行养生。

1.10. 养生

拆模后，立即用塑料薄膜从底部到顶部顺序包裹并扎牢，进行保水养生，并派专人从顶部向下浇水，以保持立柱混凝土表面湿润。养生时间至少保证自混凝土浇筑后 7d，待 7d 强度满足要求并经监理验收认可后方可进行下道工序施工。

二、肋板施工

2.1. 桥台肋板施工工艺流程

测量放线→钢筋安装→模板安装→浇筑混凝土→拆模→养生

2.2. 模板制作及加工

桥台肋板模板使用专业厂家生产的钢模板。模板表面平整、不变形、接缝严密、不漏浆。

2.3. 钢筋安装

肋板钢筋在浇筑承台时，已按图纸要求进行预埋定位，此时只需根据测量放线进行调整，使其平面位置符合设计图纸要求即可。模板与钢筋间垫适当厚度垫块，以使保护层厚度符合要求。

2.4. 模板安装

钢筋绑扎完成后经监理工程师检查验收合格后，即可进行模板安装。模板安装前应涂刷新机油作为脱模剂。模板拼装时，板缝间贴双面胶带，以防漏浆。两侧模板用对拉螺栓进行固定，内加木支撑以保证肋板内部净空尺寸。

模板安装完成后，应对其平面尺寸、轴线、标高进行测量复核，同时检查其加固的稳定性，合格后报监理检查验收，签认后方可浇筑混凝土。

2.5. 浇筑混凝土

混凝土在拌和站集中拌制，水平运输采用混凝土搅拌运输车，垂直运输用吊斗入模。

浇筑混凝土前应先用水湿润底模板，混凝土应按一定厚度、分层进行浇筑，分层厚度不超过 30cm。振捣使用插入式振动棒，其移动间距不应超过振动棒作用半径的 1.5 倍；与模板应保持 5 ~ 10cm 的距离，并插入下层混凝土 5 ~ 10cm，以使上下层结合良好；振捣时不得碰撞模板和钢筋。每一振动部位，必须振动到该部位混凝土停止下沉，不再冒汽泡，表面呈现平坦、泛浆为止。混凝土浇筑期间，设专人检查模板、钢筋，当发现松动、变形、移位时，应及时处理。

2.6. 拆模板

当混凝土强度满足拆模要求（一般至少 24h）时，即可拆除模板，拆模不易过早，以免粘模。拆除的模板要及时打磨并码放整齐，以备下次使用。

2.7. 养生

拆除模板后，在顶面洒水覆盖的基础上对侧面进行包裹洒水，养护时间至少 7d。

三、盖梁施工

3.1. 盖梁施工工艺流程

场地平整→测量放线→安装抱箍、钢横梁、底模板→预压→钢筋骨架安装→安装侧模板→浇筑混凝土→拆侧模→养生→拆底模→下一个盖梁

3.2. 模板制作及加工

盖梁钢模板按图纸设计要求在专业厂家定制加工。面板采用 5mm 厚钢板，外加 8mm 厚 100mm 宽槽钢加肋，纵横向间距均为 50cm，以保证模板的刚度和

面板的平整度。板面间应平整、接缝严密、不漏浆。

3.3. 安装抱箍、钢横梁、底模板

经计算在墩柱上定出抱箍位置，并用黑线标出，按标出的位置进行组装抱箍，拧紧联接螺栓后，在抱箍的牛腿上放置落梁契块。在落梁契块上安放钢横梁，并调整落梁契块使钢横梁的高度和坡度符合图纸要求，然后安装经除锈并涂过脱模剂的盖梁底模板。

3.4. 预压

在浇注第一片盖梁前进行预压试验，安装好抱箍、落梁契块、底模、侧模后测量抱箍和横梁标高，预压材料采用沙袋，根据计算控制沙袋总重，预压 24h，对抱箍和横梁标高进行复核，复合规范要求后方可开始盖梁施工。

3.5. 钢筋骨架的安装

钢筋骨架制作完成后，应对骨架各部尺寸进行自检，合格报监理验收，验收合格即可进行吊装。为保证保护层厚度，钢筋骨架和底模之间要垫厚度适当的垫块。

3.6. 安装侧模板

侧模安装前应涂刷新机油作为脱模剂。模板拼装时，板缝间贴双面胶带，以防漏浆，两片模板间用螺栓联结紧密。

模板安装完成后，对其平面尺寸、轴线、标高进行测量复核，同时应对节点和稳定性进行检查，合格后报监理检查验收，签认后方可浇筑混凝土。

3.7. 浇筑混凝土

混凝土在拌和站集中拌制，水平运输采用混凝土搅拌运输车，垂直运输用吊斗入模。

浇筑混凝土前应先用水湿润柱顶混凝土，混凝土应按一定厚度、分层进行浇筑，分层厚度不超过 30cm。振捣使用插入式振动棒，其移动间距不应超过振动棒作用半径的 1.5 倍；与模板应保持 5～10cm 的距离，并插入下层混凝土 5～10cm，以使上下层结合良好；振捣时不得碰撞模板和钢筋。每一振动部位，必须振动到该部位混凝土停止下沉，不再冒汽泡，表面呈现平坦、泛浆为止。混凝土浇筑期间，设专人检查支架、模板、钢筋和预埋件，当发现松动、变形、移位时，应及时处理。

浇筑完成，混凝土初凝前盖梁顶面要抹面 1-2 遍，待收浆后再压抹 1-2 遍以减少收缩裂缝，增加表面平整度和光泽。抹完面即可用浸湿的土工布或其它材料覆盖并洒水养生。

施工时应特别注意支座垫石、挡块、防震锚栓的位置，一定要准确。

3.8. 拆侧模

当混凝土强度满足拆模要求（一般至少 24h）时，即可拆除模板，拆模不易过早，以免粘模。拆模时由技术员现场指挥，分片拆除，起吊要轻、要慢，以免碰坏混凝土表面及盖梁边角，模板下放要轻，避免与地面碰撞造成损坏。

3.9. 养生

拆除侧模后，在顶面洒水覆盖的基础上对侧面进行包裹洒水，至少自浇筑之日 7d。

3.10. 拆底模

混凝土 7d 强度达到设计要求后，即可卸落落梁契块，拆除底模板。

第五节　梁板预制、安装

一、台座

1.1. 预制梁的台座强度满足张拉要求，台座设置于地质较好的地基上；如果设置在填方区、填挖交界及软土地基处的台座基础使用钢筋混凝土，防止不均匀下沉开裂；台座与施工主便道要有足够的安全距离。

1.2. 底模采用通长钢板，不得采用混凝土底模，钢板厚度应为 6～8mm，并确保钢板平整、光滑，及时涂脱模剂，并采用有效的措施以防止底模污染。

1.3. 反拱度设置和分配满足设计和线形要求；台座的侧边顺直，并贴泡沫条防止漏浆。对于有纵坡的桥梁，台座两端支座位置设三角形楔块，T 梁安装后的预埋钢板能够保持水平，并与支座垫石顶面密贴，使橡胶支座均匀受力，同时还兼顾张拉时预埋钢板的活动量。

1.4. 预制台座间距大于 2 倍顶板模板宽度，以便吊装模板。预制台座数量根据梁板数量和工期要求来确定，并有一定的富余度。

1.5. 台座设置时满足不同长度梁片的制作。台座两侧用红油漆标明钢筋间距

1.6. 存梁场设置与梁片支座同长的底座，存梁台座中心点应控制在梁端向内沿梁长方向 80cm 以内，且不影响梁片吊装的位置。支垫材质采用承载力足够的非刚性材料，且不污染梁底。

二、梁板模板

2.1. 预制梁的模板采用由专业厂家生产的标准化整体钢模，钢板厚度不小于6mm，侧模长度一般要比设计梁长1‰，每套模板还配备相应的锲块模板调节，以适应不同梁长的需求。

2.2. 侧模加劲竖梁宽度小于翼缘环形钢筋的设计净距，间距根据翼缘钢筋间距设置，确保不影响翼缘环形钢筋安装。

2.3. 有横坡变化的T梁翼缘板模板生产时直接设置成1%、2%、4%的横坡，通过相互调配确保设计要求的横坡。

2.4. 翼缘梳形模板设置加劲肋，确保浇筑混凝土时模板不变形、不跑模，并保证刚度满足要求，不易变形。

2.5. T梁横隔板底模不与侧模联成一体，采用独立的钢板底模，以保证在先拆除侧模后，横隔板的底模仍能起支撑作用，直至张拉施工后才能拆除，避免横隔板与翼缘、腹板交界处出现因横隔板过早悬空而产生裂纹，同时模板数量应满足施工需要

2.6. T梁梁端部侧模根据设计规定的横向钢筋位置、间距进行开槽，确保T梁端头横向钢筋能通长设置，数量符合设计要求，对与波纹管、钢筋骨架冲突的横向钢筋应合理避开，不得截断或不安装。

2.7. T梁横隔板端头模板采用整体式模板，顶面到行车道板顶端，与两侧翼缘环形筋梳型模板对齐。模板上按设计规定的钢筋位置、间距进行开槽、开孔，尤其是横隔板顶端的主筋位置必须打孔，控制主筋的平面和水平位置，保证梁体架设后横隔板连接顺畅。

2.8. 模板在使用过程中加强维修与保养，每次拆模后由专人进行除污与防锈工作，平整放置防止变形，并做到防雨、防尘、防锈。

2.8. 模板在吊装过程中，由专人牵引移动、行走防止模板磕碰变形。

2.9. 梁板模板的有关要求见下表：

预制梁片模板有关要求

内 容	要 求
尺寸	符合设计要求，允许偏差不大于长度和宽度的1/1000，最大 ±4.0mm
梁体模板厚度	不小于6mm
底模厚度	不小于6mm
板面平整度	不大于3mm（用2m直尺及塞尺检查）

续表

内　容	要　求
侧模加劲竖梁间距	翼缘环形钢筋间距的整数倍，不影响翼缘环形钢筋安装
侧模加劲竖梁宽度	小于翼缘环形钢筋间距，不影响翼缘环形钢筋安装
梳形板厚度	不小于 10mm
横隔板底模	使用独立的底模，不与侧模连成一体
横坡	翼缘板能根据设计要求调整横坡
相邻模板面的高低差	不大于 2mm
两块模板之间拼接缝隙	不大于 2mm
模板接缝错台	不大于 1mm
芯模（适用于预制箱梁及空心板）	使用整体收缩抽拔式钢内模
预留孔洞	符合设计要求，位置允许偏差 ±2mm。钻孔应采用机具，严禁用电、气焊灼孔
堵浆措施	使用泡沫填缝剂或高强止浆橡胶棒，严禁使用沙石、砂浆或布条
脱模剂	严禁使用废机油

2.10．对梳形板、预留孔洞、拼接缝等易漏浆部位采取有效的堵浆措施，确保模板不漏浆，推荐采用强力胶皮或橡胶棒填缝剂止浆。

2.11．使用专门混凝土脱模剂，并经实践检验后方可正式采用。模板安装前认真调制、涂刷均匀，确保梁片色泽一致，表面光洁。

2.12．模板在安装后浇注混凝土前，应按照有关规定对底模台座反拱及模板的安装进行检查，尤其是梁宽、顺直度、模板各处拼缝、模板与台座接缝及各种预留孔洞的位置。

三、钢筋加工及安装

3.1．钢筋下料、加工、定位、绑扎、焊接严格按规范及设计图纸进行。所有钢筋交叉点均双丝、插花、交错绑扎结实，必要时可用点焊焊牢。

3.2．钢筋绑扎、安装时准确定位，伸缩缝及防撞护栏预埋筋、翼缘环形钢筋、端部横向连接筋使用钢筋定位辅助措施进行定位；横隔板钢筋使用定位架安装，确保高低、间距一致，符合设计要求，无漏筋现象，也可采取提前制作，整体安装；与波纹管等干扰的钢筋严禁切断，将钢筋弯曲避开。

3.3. 钢筋的保护层垫块使用梅花形高强度砂浆垫块，确保垫块能承受足够压力而不破碎，绑扎牢固可靠，纵横向间距均不得大于 0.8m，梁底位置不得大于 0.5m，确保每平方米垫块数量不少于 4 块。

3.4. 钢筋焊接时，保证搭接焊的有效长度，两接合钢筋轴线一致，Ⅱ级钢筋采用 E5 字头焊条。直径在 Φ25 以上的钢筋采用机械连接，要求镦粗，连接紧密。

3.5. 支座预埋钢板使用热浸镀锌防锈处理过的钢板。由于采用 U 型锚筋与镀锌钢板直接平焊极易引起支座预埋钢板平面变形，支座预埋钢板的锚脚连接筋焊接采用夹具焊接，将镀锌钢板加固于夹具上，在夹具与镀锌钢板中间接触位置垫支 3 ~ 5mm 薄钢片，在加固镀锌钢板时预留出反拱，待焊接完成拆除夹具时，镀锌钢板可恢复成平直形式；或是采用钻孔焊接，防止焊接钢板时弯曲变形。

3.6. 对漏埋、补设的钢筋应严格按规范进行植筋，严禁假植筋、植虚筋。

四、波纹管、锚垫板

4.1. 在钢筋绑扎过程中，根据设计精确固定波纹管和锚垫板位置，波纹管 U 型定位筋必须敷设，直线段每 100cm 设置一道，曲线段加密至 50cm 一道。

4.2. 冷轧薄钢带卷制的波纹管厚度不宜小于 0.35mm。波纹管的连接应采用管长 200mm 的大一号同型波纹管作接头管，接头长度不低于规范要求，并在波纹管连接处用密封胶带封口，确保不漏浆。

4.3. 为保证预留孔道位置的精确，端模板与侧模和底模紧密贴合，并与孔道轴线垂直。孔道管固定处应注明坐标位置，锚垫板还应编上号，以便钢铰线布置时对号入座。

4.4. 钢筋焊接时应做好金属波纹管的保护工作，必须在管上覆盖湿布，以防电焊时搭火灼穿管壁发生漏浆。

4.5. 钢绞线下料时要通过计算确定下料长度，要保证张拉的工作长度，切断采用切断机或砂轮锯，不得采用电弧切割，同时注意安全，防止钢绞线在下料时弹起伤人。

4.6. 端部负弯矩预应力波纹管预留长度 5 ~ 10cm，不得过长或太短，并包裹进行保护，以便吊装后进行连接。

4.7. 波纹管在浇筑前穿入比波纹管内径小 1cm 的塑料软管，防止波纹管挤压变形、漏浆，确保在进行预应力施工时的质量。塑料衬管应在混凝土浇筑过程中要来回抽动，待混凝土初凝后及时抽出。

4.8. 锚垫板后的螺旋筋安装时必须和波纹管、锚垫板同心，可采用扎丝绑扎的方式牢固固定在钢筋上，防止振捣时发生位移。

五、混凝土

5.1. 梁板混凝土的配合比根据混凝土的标号、选用的砂石料、添加剂和水泥等级进行设计，多做几组进行比较，除满足混凝土强度和弹模要求外，还要确保混凝土浇注顺路和混凝土外观质量，选用表面光洁，颜色均匀的作为施工配合比。

5.2. 梁体混凝土灌注采用斜向分段、水平分层、一次灌注完成不设施工缝。施工中加强观察，防止漏浆，欠振和漏振现象发生。

5.3. 在梁体混凝土振捣浇注完成后，采用木抹子对梁顶进行抹光，初凝之前再进行二次收浆处理，最后用扫帚拉毛。以加强梁板混凝土与桥面铺装混凝土的结合质量。

5.4. 避免振动器碰撞预应力管道、预埋件、模板，对锚垫板后钢筋密集区应认真、细致振捣，确保锚下混凝土密实。

5.5. 夏季施工时混凝土混合料的温度应不超过 32 摄氏度，当超过 32 摄氏度时可在夜间气温低时浇筑。

5.6. 梁片的预制要有同条件养生试块，试块要放置在梁片的顶板上，与该梁片同时、同条件养生。

六、预应力张拉

6.1. 张拉前的混凝土养生时间及强度控制：混凝土强度达到设计 90%，且龄期不小于 10 天。

6.2. 梁体预制完成后，移梁时间一般不少于 10 天，存梁时间不宜超过 2 个月。

6.3. 预应力钢绞线原材料以及穿入张拉管道后的钢绞线，采取覆盖、包裹塑料布等防止锈蚀的措施。不得在钢绞线原材存放场地及已穿钢绞线的 T 梁端部附近进行焊接作业，防止焊渣溅落到钢绞线上。

6.4. 张拉前先做好千斤顶和压力表的校验与张拉吨位相应的油压表读数和钢丝伸长量的计算，尤其对千斤顶和油泵进行仔细的检查，保证各部分不漏油并能正常工作。

6.5. 张拉采用油表读数与伸长量双控制的方法，如果预应力筋的伸长量与计算值超过 6%，要找出原因，可以重新进行校顶和测定预应力筋的弹性模量。

6.6. 钢束的张拉采用两端同时对称张拉，张拉顺序按设计要求进行，原则上的顺序为：先上后下，先中间后两边，对称于构件截面的竖直轴线。

6.7. 使用的锚具为夹片式具有自锚性能，张拉程序应根据预应力筋的松弛级别来选用张拉程序：当为普通松弛级的力筋时，其张拉程序为 0 →初应力→ 1.03σcon；当为低松弛级的力筋时，若在设计中预应力筋的松弛损失取大值，其张拉程序为 0 →初应力→ σcon（持荷 2min 锚固）

6.8. 一束拉完后看其断丝、滑丝情况是否在规定要求范围，若超出规范需重新穿束张拉，锚固时也要作记号，防止滑丝。

后张预应力筋断丝、滑移限制

类　别	检查项目及	控制数
钢丝束和钢铰线束	每束钢丝断丝或滑丝	1 根
	每束钢绞线断丝或滑丝	1 丝
	每个断面断丝之和不超过该断面钢丝总数的	1%
单根钢筋	断筋或滑移	不容许

注：①钢绞线断丝系指单根钢绞线内钢丝的断丝；

②超过表列控制数时，原则上应更换，当不能更换时，在许可的条件下，可采取补救措施，如提高其他束预应力值，但须满足设计上各阶段极限状态的要求。

6.9. 预应力钢绞线在张拉控制力达到稳定后方可锚固，端头多余钢绞线的切除使用砂轮机，严禁用电弧焊切割。锚具应用混凝土保护，当需长期外露时，应采取包裹措施防止锈蚀。

七、压浆

7.1. 工艺流程如下：

压浆用水泥浆配合比专项试验→波纹管留孔→压浆设备准备→切割锚头部分钢绞线、封锚→锚头安装控制阀门→连接压浆泵→制浆、压浆

7.1.1. 采用的水泥质量应经严格检验合格后方可用于压浆。

7.1.2. 压浆作业过程，最少每隔 3 小时应将所有设备用清水彻底清洗一次，每班组用完后也用清水进行冲洗。

7.1.3. 压浆过程及压浆后 2 天内气温低于 5℃时，在无可靠保温措施下禁止

压浆作业。温度大于 35℃不得拌和或压浆。

7.1.4．水泥浆压注工作应在一次作业中，连续进行，并让出口处冒出废浆，直至不含水沫气体的废浆排出，其稠度与压注的浆液相同时停止。

7.1.5．为保证钢绞线束全部充浆，进浆口应予封闭，直到水泥浆凝固前，所有塞子、盖子或气门均不得移动或打开。

八、封锚

8.1．孔道压浆后立即将梁端水泥浆冲洗干净，同时清除支承垫板、锚具及端面混凝土的污垢。

8.2．封锚在梁板安装后进行，以保证外观。固定封锚模板，立模后校核梁长，其长度符合规定。

8.3．封锚混凝土应仔细操作并认真插捣，务使锚具处的混凝土密实。

8.4．封锚混凝土浇筑后，静置 1 ~ 2h，带模浇水养护。脱模后在常温下一般养护时间不少于 7 天。

九、养护及其他

9.1．T 梁拆模后应安装自动喷淋养护措施进行养护，并用土工布覆盖至梁底保持足够的湿度和温度，不能只覆盖梁顶部分。

9.2．凡是湿接缝、梁端等部位，拆模后立即用专用凿毛机进行凿毛。

十、梁板安装

10.1．垫石、支座：

10.1.1 支承垫石的混凝土强度符合设计要求，不得用砂浆找平，顶面标高精确且平整。架梁前进行仔细检查，避免安装后支座与梁底发生偏歪、不均匀受力或脱空现象。梁板就位后，再次检查，使梁、板就位准确且与支座密贴，就位不准确时，或支座与梁板不密贴时，必须吊起，采取措施，使梁就位准确、支座受力均匀。

10.1.2．支承垫石内或梁底有钢板的，务必保证钢板的型号和表面标高。钢板底部的混凝土必须振捣密实，不得出现钢板悬空现象。

10.1.3．所有自制支座预埋钢板与其钢筋焊好后应进行热浸镀锌；由厂家成套购买的支座，要求厂家将上下钢板进行热浸镀锌，运输中加以保护；盆式支座的钢、铁件也应要求热浸镀锌。热浸镀锌防锈处理应参照《高速公路交通安全设施设计技术规范》波型梁护栏的要求实行，螺栓、螺母、垫圈采用镀锌处理，并应清理螺纹或离心处理。

10.1.4. 支座的上下钢板定位螺栓应切割平齐，不得妨碍支座自由变位。支座防尘罩应及时安装。

10.1.5. 全面检查支座的各项性能指标，包括支座长、宽、厚、硬度（邵氏）、容许荷载、容许最大温差以及外观检查等，如不符合设计要求时，不得使用。

10.1.6. 在桥面铺装层和防撞护栏完成后，还应特别注意检查边梁（板）的支座承压情况，并采取上述措施确保支座均匀受力。

10.1.7. 支座安装后及时清理杂物，拆除临时支座或其它临时固定设施。

10.2. 预制梁安装

10.2.1. 检查支撑结构的尺寸、标高、平面位置和墩台支座与梁体支座尺寸，清除支座钢板的铁锈和砂浆等杂物。

10.2.2. 梁体吊离台座时检查梁底的混凝土质量（主要是空洞、露筋、钢筋保护层等），为保证梁体的安装精度，安装前应保证预制梁符合质量要求。

10.2.3. 梁板初吊时，应先进行试吊。试吊时，先将梁吊离支承面约 2 ~ 3cm 后暂停，对各主要受力部位的作用情况作细致检查，经确认受力良好后，方可撤除支垫，继续起吊。

10.2.4. 梁片装车时，梁的重心线与车辆纵向中心线的偏差不得超过 10mm，梁片应按设计支点放置，梁片不得偏吊、偏放，放落梁时，应先撑好再松钩。汽车和牵引车运梁时，走行速度不得超过 5 km/h。送梁车前后均应有专人负责指挥。

10.2.5. 梁体安装中，应随时注意梁体移动时与就位后的临时固定（支撑），防止侧倾。

10.2.6. 梁体的安装顺序应根据架桥机性能确定，一般应由边至中再至边至中进行安装。

10.2.7. 梁片的起吊应平稳匀速进行，两端高差不大于 30cm，梁片下放时，应先落一端，再落另一端，确认梁片两端侧斜撑已固定完好，方可拆除吊具。捆绑钢丝绳与梁片底面、侧面的拐角接触处，必须安放护梁铁瓦或胶皮垫。

10.2.8. 在铺设移跨轨道时，横向坡度要水平，纵向坡度不得超过 3%。枕木距离应能确保安全。

10.2.9. 预制梁安装时，应注意上下工序的衔接。如果在安装时与设计规定的条件不同，及时联系设计单位。

10.2.10．预制梁的起吊、纵向移动、落低、横向移动及就位等，均需统一指挥、协调一致，并按预定施工顺序妥善进行。

10.2.11．梁体安装就位在固定前，进行测量校正，符合设计要求后，才允许焊接或浇注接头混凝土，在焊完后必须进行复核，并做好记录。

10.2.12．梁体接头混凝土按设计规定强度的混凝土和符合施工缝处理要求的方式进行浇注。在接头处钢筋的焊接或金属部件的焊缝必须经过隐蔽工程验收后，方可浇注接头混凝土。

10.2.13．梁体安装就位后，应做到各梁端整齐划一，梁端缝顺直，宽度符合设计要求。

10.3．负弯矩预应力施工

10.3.1．负弯矩预应力施工时间相对靠后，应做好孔道封口保护及锚垫板的防锈处理。

10.3.2 不得先穿束后浇筑梁端连续段混凝土，梁端连续段混凝土强度必须达到设计要求后方可穿束进行负弯矩预应力施工。

10.3.3．张拉前对预留孔道应用通孔器或其它可靠方法进行检查。

10.3.4．预应力筋的张拉顺序应符合设计要求。设计无规定时，按先短后长束并待短束封槽混凝土强度达到80%以上方可张拉长束的顺序进行。

10.3.5．端部预埋板与锚具和垫板接触处的焊渣、毛刺、混凝土残渣等应清除干净，封端混凝土槽口清理合格后方可浇筑混凝土。

第六节 桥面铺装

一、施工工序流程

清除桥面浮浆、油迹并凿毛→ 清洗桥面→测量放样→铺设、绑扎钢筋网片→安装振捣梁行走轨道→ 支垫钢筋网片→混凝土搅拌及运输 →混凝土浇筑、摊铺、整平→ 一次抹面→ 二次抹面→拉毛→ 覆盖养生 → 桥面铺装高程及平整度验收 → 反馈施工班组。

二、施工工艺

2.1．清除桥面浮浆、凿毛先采用凿毛风镐对梁顶面进行人工凿毛，去除表面松散的混凝土、浮浆及油迹等杂物，对每片梁顶面进行详细检查、补凿，采用空压机及高压水枪对梁面冲洗干净。

2.2. 绑扎钢筋网时须先在梁顶面进行划线，然后铺设绑扎钢筋网，钢筋网片绑扎做到横平竖直，钢筋网片交叉点采用扎丝绑扎结实，扎丝成梅花型，钢筋接头必须错开布置。

2.3. 轨道采用 3×3cm 角钢，在需浇注的桥面两边每 3 米放样一个纵向控制点，把所有控制点利用墨线连成一线，轨道沿墨线纵向布置。在控制点处用电锤钻孔，打入钢筋，钢筋锚固深度 30mm 以上，外露 50mm 以上。用水准仪在锚固钢筋上测设桥面标高，然后焊接钢筋顶托，架立轨道，确保轨道顶面高程与桥面设计高程一致。为保证轨道刚度，需将轨道支撑加密（一般宜每间隔 1m 加密 1 个支撑点），之后用铝合金水平尺检验轨道表面平整度，用高强度砂浆对轨道下方空隙塞垫密实。

2.4. 采用短节钢筋对已绑扎好的钢筋网片进行支垫，利用两边已安装好的轨道拉线控制钢筋网片顶面标高，确保整幅钢筋网片保护层厚度均为 2cm，支垫钢筋呈梅花型布置，为保证钢筋网片表面刚度，支垫钢筋宜适当加密。

2.5. 混凝土浇筑前，先用高压风枪将桥面杂物再次清除干净，再对梁板顶面进行充分湿润，但不得有积水。

2.6. 混凝土浇筑要连续，从下坡向上坡方向进行，人工局部布料、摊铺时，应用铁锹反扣，严禁抛掷和搂耙，靠边角处采用插入式振捣器振捣辅助布料，桥面混凝土铺装宜避开高温时段及大风天气，否则造成桥面混凝土表面干缩过快而导致表面开裂。

2.7. 振捣时先采用插入式振捣器振捣，使得骨料分布均匀，一次插入振捣时间不宜少于 20s，然后采用振动梁沿轨道拖动振捣，直至振捣密实。

2.8. 振动梁操作时，设专人控制振动行驶速度、铲料和填料，确保铺装面饱满、密实及表面平整。

2.9. 一次抹面：振捣梁作业完毕，作业面上架立人工操作平台，作业工人在操作平台上用木抹进行第一次抹面，用短木抹子找边，第一次抹面应将混凝土表面的水泥浆排出，第一次抹面应控制好大面平整度。二次抹面：混凝土初凝前，采用钢抹子进行二次抹面。二次抹面应控制好局部平整度。

2.10. 混凝土在二次抹面后立即采用尼龙丝刷进行表面拉毛处理，然后采用土工布进行覆盖养身，但开始养生时不宜洒水过多，防止混凝土表面起皮，待混凝土终凝后，再浸水养生。养生期在 7d 以上。

2.11．对需安装伸缩缝处的水泥混凝土桥面，应先连续浇筑混凝土，然后切缝开槽安装伸缩缝。

2.12．混凝土未达到足够强度前，桥头处设警示标和障碍，禁止车辆通过。

第七节　护栏

一、施工工序流程

精确放样→凿毛、预埋筋调整→钢筋制作安装→模板安装→浇筑混凝土→拆模→养生

二、施工工艺

2.1．精确放样

对护栏进行放样，画出其内边线，根据线形进行微调，确保护栏线形顺畅。放样时，对于直线段，每10m测一护栏内边缘点，曲线段根据实际计算确定，确保其误差不得大于4mm。护栏的高程以桥面铺装层作为基准面控制，在此之前，先对桥面铺装层进行检验，保证竖直度，确保顶面高程。

2.2．钢筋的制作与安装

钢筋的骨架按设计要求制作，并与梁面预埋筋连接。安装时，应根据放样点拉线调整钢筋位置，确保保护层。

2.3．模板安装

2.3.1．模板的加工选用专业厂家生产，模板交角处采用倒圆角处理，使其线形平顺，尺寸严格按设计要求制作。制作好的模板进行试拼并编号，对于有错台和平整度不符合要求的要及时整改，合格后方可使用。模板要求有一定的强度和刚度，确保在施工中不变形。护栏模板的安装应严格按规范要求进行，确保混凝土施工时不出现跑模，错台，变形，漏浆，并保证混凝土的外观质量。

2.3.2．选用专用脱模剂保证混凝土颜色均匀，表面光滑。

2.3.3．采取有效措施确保护栏截面尺寸准确、模板牢固稳定。

2.3.4．模板接缝采用双面胶粘贴于模板接缝处，模板之间采用螺丝扣紧，模板与铺装层接缝采用海绵材料进行填缝，保证接缝严密，不漏浆，不污染。安装模板时，严格控制错台现象。

2.3.5. 按照设计位置设置断缝及诱导缝，断缝采用易于拆除的板材断开，端头模板采用钢板制作。模板拆除后应立即进行诱导缝的切割。

2.4. 混凝土施工

2.4.1. 混凝土应经试验取得外观最佳的配合比用于护栏施工，混凝土浇筑采用分部分三层斜向浇筑的方法，第一层控制在 25cm 左右，第二层浇注到护拦顶 35cm 左右，然后浇注到护拦顶。浇注时振动棒要快插，慢拔，以便使气泡充分逸出。振动棒要插入已振完下层混凝土 5cm，从而消除分层接缝；插点要均匀排列，顺序进行，并掌握好振捣时间，一般每插点为 30 秒左右，以混凝土表面平坦泛浆，不出现气泡为准。严禁过振，避免混凝土表面出现鱼鳞纹或流沙，泌水现象而影响外观。另外振捣时应严禁碰撞模板，以免模板损伤，影响外观质量。

2.4.2. 浇筑至顶面时，应派专人进行顶面抹面修整，确保护栏成型后，顶面光洁，线形顺畅。

2.4.3. 护栏模板底砂浆找平层严禁侵入护栏混凝土，护栏施工完毕后予以清除。

2.4.4. 夏季施工时宜采用低水化热水泥。

2.5 模板的拆除

模板拆除要避免破坏混凝土面和棱角。模板拆除后及时进行整修，保洁。

2.6. 养生

采用干净的无纺土工布覆盖自动滴水养生，养生时间不少于 7 天。

第八节　伸缩缝

一、施工工序流程

预留槽口放样→切割伸缩缝预留槽→调整伸缩缝预埋钢筋→清除槽口杂物→安放伸缩缝→标高检查→锁定、绑扎钢筋→支模→检查、浇注混凝土

二、施工工艺

2.1. 伸缩缝开槽必须顺直，且确保槽边沥青铺装层不悬空，层下混凝土密实。伸缩缝安装之前，按照安装时的气温调整安装时的伸缩值，用专用卡具将其固定。

2.2. 用水平尺检查伸缩缝顶面高度与桥面沥青铺装高差是否满足要求，伸

缩缝应比桥面沥青铺装低约2mm。伸缩缝混凝土模板安装严格安装，确保不漏浆。

2.3. 伸缩缝平面位置及标高调整好后，用两台电焊机由中间向两端将伸缩缝的一侧与纵向预埋筋点焊定位；如果位置、标高有变化，要采取边调边焊，且每个焊点焊长不小于5cm，点焊完毕再加焊，点焊间距控制在小于1m；焊完一侧后，用气割解除锁定，调整伸缩缝在某温度下的上口宽度，上口宽度调整正确后，焊接所有连接钢筋。

2.4. 浇筑混凝土前将间隙填塞，防止浇筑混凝土把间隙堵死，影响伸缩。采取措施，防止混凝土渗入模数式装置位移控制箱内或密封橡胶带缝中及表面上，如果发生此现象，应立即清除，然后进行正常养护。

2.5. 混凝土应避免高温下施工，浇筑混凝土时，要振捣密实，不得有空洞。混凝土现场坍落度控制在8～10cm较合适。待混凝土接近初凝时，要及时进行第二次压浆抹面，使混凝土表面平整，二次抹面后用土工布覆盖养生。每一条伸缩缝混凝土必须做一组混凝土试块。

第九节　文明施工

1. 建立现场安全监督、检查小组，针对各工序特点，进行安全交底。坚持每天班前安全讲话制，对易发生的安全事项进行提醒、警告；特种工人（起吊、机手、电焊工等）应接受操作及安全培训，持证上岗，确保操作人员熟悉、掌握施工机械设备的性能及操作规程，施工人员进场必须戴安全帽。

2. 所使用的机械设备如钻机、起吊设备等都在显著位置悬挂操作规程牌，规程牌上应标明机械名称、型号种类、操作方法、保养要求、安全注意事项及特殊要求等。

3. 禁止随地排放泥浆和钻渣，钻渣应外运到指定弃土场，所有泥浆循环池及沉淀池均设置防护栏杆，在显著位置设置安全警示牌，防止人员落入池内。

4. 沉淀池禁止设在正线路基上，其开挖深度不得超过2m，以便于晾晒处理。循环池位置选择在征地线以内，且不影响施工便道；桩基施工完毕，施工现场的循环池和沉淀池进行清淤回填，分层碾压。

5. 起吊设备应经常进行安全检查，对破损部件及时更换，确保安全。

6. 基坑四周应做好排水设施，距离开挖线边缘1m以外搭设高度不小于

1.2m 的防护栏杆，栏杆上挂设明显的防坠落、防触电等安全警戒标记。

7. 基坑内应设置供人员上下的爬梯及专用安全通道设置。

8. 基坑开挖出的废碴及时清理运走，运至指定的弃土场。

9. 工地现场使用的模板、脚手架、木材等周转材料应码放整齐，保持施工现场整洁文明。

10. 墩柱施工完成后，对于系梁、盖梁及承台四周的建筑垃圾应及时清理，运至弃土场。

11. 为保证架梁的质量和安全，架梁现场应有明显标志，与该工作无关的人员严禁入内。

12. 在桥梁边缘设置安全网，桥头设安全责任、警示标识牌，在桥梁边缘作业的工人配备安全带。

13. 合理布置施工场地，在左右幅中间布设引水管道。材料应分类集中堆放，做到场地整齐。施工废料应单独集中堆放并及时处理。

14. 做好临时泄水孔，让桥面污水直接排入桥下，避免污染梁面。

第四章　桥梁工程施工安全标准化

随着现代经济的快速发展，促进了我国桥梁工程向结构造型独特、工程技术复杂、工程规模庞大迈进，参与施工生产的人员和设备也随之增多，施工生产的环境由陆地到群山谷、深海洋转变，所处环境愈来愈复杂和恶劣，桥梁施工过程中安全问题也日益凸显出来。怎样进行有效的安全标准化建设是现代桥梁施工企业面临的首要问题。桥梁施工安全标准化建设有效实施是保障施工人员安全的重要手段、是保障施工设备安全的关键、是实现施工企业本质安全的重点。科学分析桥梁施工安全标准化建设现状和存在的问题，认真探索实施安全标准化建设的方法和手段，有利于促进桥梁施工安全标准化工作的开展，有利于确保桥梁施工零事故目标的实现。本章内容包括：桩基施工、基坑施工、墩柱、盖梁施工、支架现浇施工、移动模架施工、、挂篮悬臂施工、预制梁施工、预制梁架设、跨线桥通道安全防护。

第一节　桩基施工

1. 桩机作业区域应平整，采取安全防护措施并设立警示标志，非工作人员未经批准不得入内。

2. 钻机安装时，机架应垫平，保持稳定，不得产生位移或沉陷。每台钻机都应在显著位置悬挂操作规程牌，牌上标明机械名称、型号种类、操作方法、保养要求、安全注意事项及特殊要求等。

3. 护筒埋设高度宜高出地面或水位一定高度。

4. 泥浆池、水中施工平台周围应设立防护设施和安全警示标志。

5. 挖孔桩施工时孔口不得堆集土渣、机具及杂物，附近不得有重车通过。孔口四周必须搭设防护围栏，围栏采用钢筋牢固焊制。

6. 挖孔桩井孔内必须搭设应急时使用的安全绳和软爬梯，并随桩孔深放长至作业面，不得用人工拉绳子运送作业人员和脚踩护壁凸缘上下桩孔。

7. 跨大河施工时，在进入水上施工作业现场入口处设置值班室；水上作业平台必须配备救生衣、救生圈等救生器材。

8. 在通航或禁航河道施工时，按照河道管理部门要求设置通航、警示标志。夜间作业应有足够的照明并配备夜间警示灯。

泥浆池防护

说明:

1．泥浆池四周设置高出地面 0.5m 高、1.0m 宽的土埂。

2．四周设防护栏杆，栏杆高 1.2m、750px 两道，立柱间隔 2m，外挂安全网和彩旗，并设置安全警示标志，黄底红字。

桩基施工

桩基施工场地

护筒防护

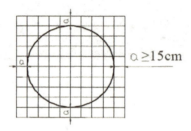

Φ14钢筋网盖
规格：12cm × 12cm

护筒钢筋网盖

禁止向水中
排放泥浆

基坑危险
请勿靠近

警示牌 80 cm × 60 cm

说明：

1. 钻机醒目位置悬挂操作规程牌

（1500px×2250px），规程牌上标明机械名称、型号种类、操作方法、责任人、安全注意事项等。

2．施工场地一定范围内设置安全警戒线，醒目位置设置警示标志。

3．孔口护筒采用钢板制作，顶端高出施工水位 1m～2m，当处于旱地时应高出地面 0.3m，底端埋深依据情况而定；护筒加设钢筋网盖或木板进行防护。

水中施工平台

施工栈桥

设置警示牌

警示牌 750px×1000px

说明：

1. 沿施工平台周边设置 1.2m 高栏杆，采用 Φ48 mm 的钢管焊接，立柱间距 1m，与平台型钢牢固焊接，并外挂防护网。

2. 深水桩基施工，平台防护栏上每 10m 配一救生圈；醒目位置设置警示标牌。

第二节　基坑施工

1. 基坑深度超过 5 m 应有专项支护设计，支护设计及方案经监理工程师批准，基坑施工支护方案要切合实际，能指导施工。

2．基坑宜在少雨季节施工，顶面应在开挖前做好防、排水设施。基坑开挖应按规定要求进行放坡，并依据情况对坑壁进行加固与支护。

3．土质松软层基坑开挖必须先进行支护。开挖时，应观测坡面稳定情况，当发现坑沿顶面出现裂缝、坑壁松塌或遇涌水、涌砂时，应立即停止施工，加固处理后，方可继续施工。

4．基坑深度超过2m以上时，坑内应设置供人员上下的爬梯。基坑内作业人员要有安全立足点，垂直作业上下要有隔离防护。

5．基坑周边防护采取双横杆钢管防护栏，当基坑周边采用板桩时，钢管可打在板桩外侧。防护栏上设置安全警示标志。

6．基坑开挖出的废碴及时清理运走，周边严禁堆放土石方、机具等荷载较重的物体。

基坑施工危险源辨识及防控措施

序号	危险源项目	可能导致的事故	防护措施
1	基坑防护不到位	人员可能出现摔伤或者调入坑内	要在四周设置安全防护栏，并设立警示标志，并配备安全的施工爬架
2	坑壁坍塌	施工人员受到晒还	要对基坑支付方案进行审批，结合实际土质情况进行开挖施工，并且要做好排水工作，控制好机械、堆料与基坑的距离

基坑施工

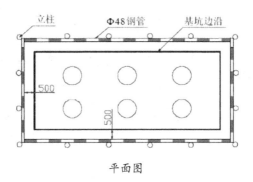

平面图

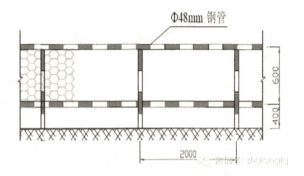

侧面图

基坑防护

基坑开挖

说明：

1．承台基坑挖深超过 1.5m 时，必须根据土质情况放坡或加设支撑。

2．基坑周边外 0.5m 处设置 1m 高防护栏杆，立柱间距 2m，外挂安全网；基坑旁设置警示牌。

第三节　墩柱、盖梁施工

1．桥梁墩柱、盖梁施工高度超过 3.0m 时四周须搭设脚手架，脚手架设计计算书及搭设方案需经过监理工程师的批准。安装脚手架人员必须持证上岗。

2．脚手架应采用 φ48 钢管脚手架，脚手架立杆、横杆间距应符合要求，并按规定设置斜向剪刀撑，且四角设置缆风绳。

3．脚手架搭设地基应密实，设有方木垫板。脚手架搭设应考虑人员上下的爬梯，爬梯设护栏，爬梯的爬升角度不应超过 60 度。脚手架的搭设应随同施工进度进行搭设，顶部设不小于 3 ㎡工作平台，满铺不小于 125px 厚的木板，四周设置护栏外挂安全网。

4．进入施工现场人员必须戴安全帽，超过地面 2m 以上作业人员必须佩带安全绳，高空作业人员必须经过体检，凡患有高血压、癫痫病等人员不得高空作业。

5．施工现场桥梁墩柱、盖梁应设置施工标识牌，标识牌大小为 0.7×0.5m，蓝底白字，包括墩台编号、墩高、结构类型、砼等级、施工班组等内容。

危险源辨识及防控措施

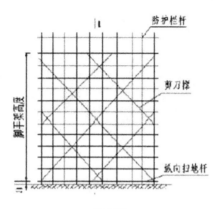

正面图

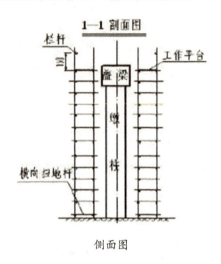

侧面图

说明：

1．脚手架搭设满足相关的安全技术规范。

2．采用单管立杆扣件式双排脚手架搭设，钢管直径 Φ48mm。脚手架外侧立面设置剪刀撑，剪刀撑在同一立面上必须封闭，且四面必须同样形成封闭。

3．工作平台四周设置 1.5m 高护栏，外挂安全网；脚手架四角设置防风钢缆绳，与地基锚固牢靠。

脚手架基础、剪刀撑、爬梯

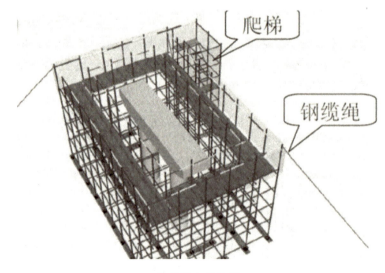

脚手架人行爬梯

说明：

1. 脚手架基础必须夯实平整，排水畅通；每个立杆必须设置钢底座和垫板（木板或砼预制）。

2. 脚手架人行爬梯坡度不大于 60 度，宽度大于 2000px，跨步高度不大于 1250px，踏板采用双钢管用万向卡卡接，两侧设扶手。

3. 剪刀撑斜杆的搭接长度不得小于 2500px，等间距设置 3 个旋转扣件固定，端部扣件边缘至搭接斜杆杆端的距离不小于 250px。

墩柱、盖梁施工。

墩柱施工

盖梁施工平台

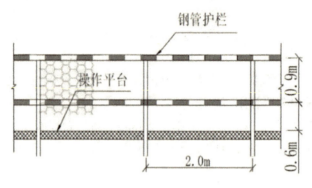

警示牌 30 cm × 40 cm

说明：

1. 作业平台四周设置 1.5m 高防护栏杆，护栏及上下爬梯挂设安全网。

2. 盖梁模板安装应单独设置支撑架，不得支撑在脚手架上。

第四节　满堂支架现浇梁

1. 满堂支架结构及基础处理应进行方案设计，设计计算书和施工方案经监理工程师批准。

2. 支架搭设、拆除人员应持有特种作业证书。

3. 应组织施工人员进行安全教育和安全学习，对整个施工工序及操作要点进行全面的技术交底。

4. 各种安全防护材料必须经过检验合格后方可使用。支架使用前应对立柱、各种杆件、桁架联结、接头连接、贝雷梁连接等支架各部件和安全装置进行全面检查。

5. 支架使用前必须进行预压试验，加载的顺序和重量应符合施工方案要求，并检查加载量测数据、弹性变形量、非弹性变形量测量记录表。

6. 支架顶部应设置平台、栏杆、梯子等防护设施；施工现场应设置安全警示标志。所有进入工地人员必须戴安全帽，高空作业人员必须带安全绳和防滑鞋。

现浇梁危险源辨识及防控措施

支架现浇梁施工

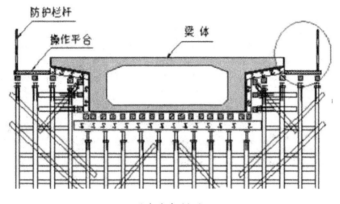

现浇支架搭设

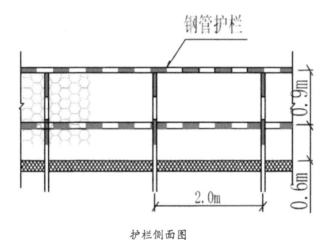

护栏侧面图

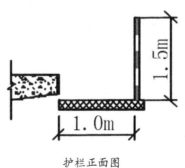

护栏正面图

现浇梁施工防护

说明：

1. 脚手架搭设满足相关的安全技术规范。

2. 现浇梁支架搭设时，两侧必宽出梁边不小于 1.0m，作业平台设置走道板、防护栏杆，并外挂安全网。

3. 为防止高空坠落物体打击，在周围边沿 10m 范围，设置安全警戒线及警示标志。

地基处理断面图

支架地基处理

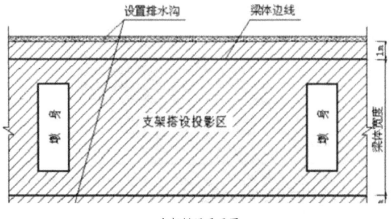

支架搭设平面图

说明：

1. 必须对满堂支架搭设场地进行硬化处理，保证地基承载力满足要求。四周设置排水沟，以防雨季长期积水引起地基不均匀沉降。

2. 一般情况地基处理要求：500px 厚 5% 灰土 + 250px 厚 C20 混凝土；混凝土顶面设置方木或槽钢作为支架底脚支撑。

3. 支架搭设完成必须进行预压试验，满足施工要求方可使用。

现浇梁安全防护

上下爬梯

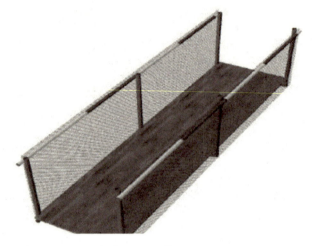

平梯宽 1.0m，栏杆高 1.5m 铺薄钢板或不小于 125px 木板

中分带防护

说明：

1．施工上下爬梯、梁板间的连接通道采取钢管搭设，下铺钢板或硬质木板（参考脚手架爬梯）。

2．箱梁顶预留施工洞口必须加盖钢筋网盖或木板进行防护。

第五节 移动模架法施工

1. 模架拼装过程中设专人全过程监控，拼装完成后进行全面的安全性能检查和验收。首次拼装完毕应对移动模架应进行荷载试验，试验前设置专人对移动模架状态进行全面检查，试验时对各部位变形情况进行测量。

2. 安全防护装置应完整有效。液压系统运行情况应设专人看护，发现异常情况立即停机检查。

3. 在支架平台及行道上，应满铺脚手板，四周应设置高度不低于 1.0m 的永久性栏杆、安全网等防护设施杆，绑扎牢固。栏杆上设置各类警示标志。

4. 上下移动模架的爬梯应安装稳固，并根据计算在上方悬挂同时上下的人员数量和防坠落标志。

5. 移动模架跨越道路无法封道施工时，应在移动模架合适位置悬挂限高、限速标志，并安排专人进行道路口防护。

6. 张拉预应力时，预应力张拉区标志应明显，构件两端严禁站人。

7. 当风力达到 6 级时，应停止露天起吊、装卸、高处作业、泵送混凝土等作业。夜间作业应设置充足的照明。

移动模架施工临边防护

第六节 挂篮悬臂施工

1. 挂篮进场时应进行调试组拼，应设专人统一指挥，禁止无关人员进入吊装作业区范围内。调试组拼后必须做静载试验，检查部件连接、接头焊缝、杆件变形等情况。

2. 挂篮的悬挂系统吊杆要采用塑料套管等绝缘材料对吊杆进行包裹，防止施工中电弧损伤。

3. 零号块施工的工作平台边缘处应安装防护设施。墩身两侧与平台之间搭设的人行道板，应连接牢固。

4. 挂篮的行走滑道，应平整顺直，限位器应设置牢固。挂篮行走前，挂篮内的人员必须撤离，禁止站、坐在行走的挂篮上。

5. 预应力张拉时，张拉区标志应明显，千斤顶后方严禁停留人员。

6. 挂篮临边防护应符合要求，无空洞，栏杆高度不低于1.2m，上下通道完整。施工现场应设置禁止、警告、指令标志。

预制梁施工危险源辨识及防控措施

预制梁施工

存梁基础

模板堆放整齐、稳固

预应力张拉防护

说明：

1. 存梁区场地必须整平、夯实，干燥无积水，确保交通畅通；存梁承重枕梁必须有足够的强度和刚度。成品梁堆放不得超过三层，并经受力计算确保存放安全、稳定。

2. 模板分类堆放整齐牢固、大模板存放必须有防倾倒措施。

3. 预应力张拉区设置明显警示标志、张拉防护挡板，挡板由 75px 厚木板＋不小于 5mm 厚薄钢板叠合制成，确保有效防护。

第七节　预制梁架设

1. 各种机械设备必须经过有关部门检查验收合格后方可使用，并且做好验收合格记录，以备检查。

2. 提、运、架梁应设专人统一指挥，现场设专职安全员对运架进行安全巡视，信号正确清楚，密切观察各部位的安全状况，发现异常及时停止作业。

3. 架梁机械使用中应定期进行检查确认，严禁超范围使用和带病作业。作业前应对机械设备及安全装置进行全面检查，确认无误后方可开工作业。

4. 提梁作业应设专人清理走道，场地平整；严格按照安全操作规程操作提梁机械，做到四点同步，行驶平稳。

5. 运梁应严格按照 3～5km/h 速度行驶，做好防碰撞措施。

6. 预制箱梁架设期间，运梁通道上应停止其他施工作业，禁止其他车辆上道；桥上进行铺架作业时，桥下严禁车辆、船及行人通过，应有相应的安全禁止标志，并派专人值班巡视。

7. 架梁吊机的上侧平面通道及墩台顶，应设置防护栏杆、上下踏梯、人行通道等安全设施。

8. 夜间、五级及以上大风（暴雨）禁止架梁作业。冬季架梁作业应做好防冻、防滑等安全防护工作，夜间作业照明应使用安全电压。

预制梁安装危险源辨识及防控措施

预制梁安装

说明：

1. 施工场地整平、压实，现场应设置警戒线及明显警示标志，与该工作无关的人员严禁入内。

2. 架梁的全过程必须专人指挥，统一指挥口令和手势，确保所有人员协调一致。吊装期间，梁下严禁站人，夜间悬挂警示灯并保持足够强的照明。

预制梁安装

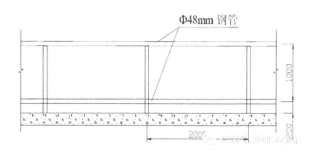

临时防护栏杆设置（单位：mm）

现场设置警示牌

安全防护栏杆

说明：

1. 已安装的桥梁两侧，采用设 Φ48 钢管置防护栏杆，立柱与梁板预留钢筋焊牢，护栏挂设安全网。

2. 施工现场设置安全警示标志。

第八节　跨线桥通道安全防护

1. 跨线桥梁施工须编制专项施工方案，报驻地办审核、总监办审批。

2. 桥梁跨越公路、国道、省道施工前，应与相关部门协商有关事宜，组织专项评审，并签定安全协议。

3. 桥梁跨越县道、乡道施工前，应与相关部门协商有关事宜，签定安全协议。

4. 对于跨国、省、县道桥梁施工时，应设置钢结构安全顶棚，顶棚净高满足要求，顶棚侧面挂安全网；

5. 跨国、省、县道桥梁施工时，在通道两端设置限速限高警示标志、减速带等，必要时设置岗哨监视管理。

6. 跨乡道、施工便道桥梁施工时，在通道两端设置限速限高警示标志。

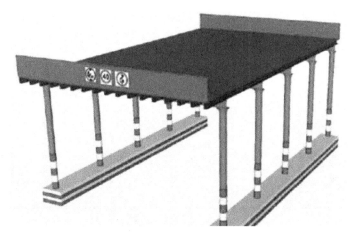

钢结构防护棚

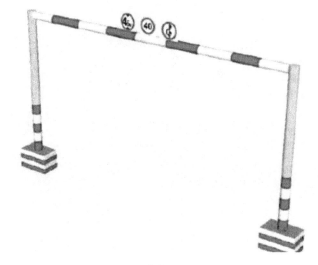

限高架

说明：

1. 跨国、省、县道桥梁施工时，在通道两端各 100 米处设置减速带、限速限高警示标志，规格依照国家相关规定。

2. 防护棚进出口两端至少宽出梁体边缘 1.5m，防撞墩宽度 0.5m，高度 0.5m。

3. 必要时设置岗哨监视管理。

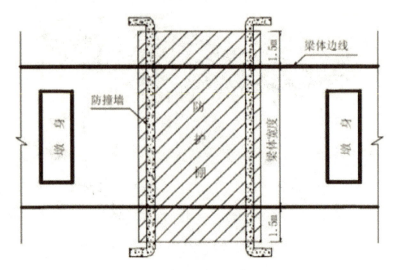

跨乡道、便道桥梁施工通道防护

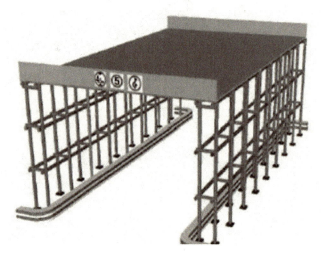

桥下防护棚

说明：

1. 跨乡道、施工便道桥梁施工时，在通道两端各 20 米处设置限速限高警示标志，规格依照国家相关规定。

2. 防撞墙厚度 0.30m，高度 0.40m；乡道、施工便道限速 5km/h，限高 4.5m。

第九节　桥梁施工安全标准化建设的实施方法

一、构建安全标准化施工理念和氛围

安全标准化实施是一项新的安全管理课题，在意识上还处于摸索实践总结阶段，还需要及时的对安全标准化实施的意义和效果进行宣贯，营造安全标准化施工是一项必不可少的日常基础性工作。构建安全标准化氛围应从以下几个方面开展工作。

（一）健全安全标准化管理机构，促进安全生产持续改进

把安全标准化建设与企业文化建设相结合起来，成立专职管理机构，明确专职的管理人员对安全标准化进行宣贯，维护日常的标准化工作的正常运转，同时，借助专职机构的力量能够定期的针对标准化施工的情况进行评估、改进，促进标准化健康有序运行。专职管理人员懂标准，能够全面、全过程、全方位的掌握标准的执行情况，在标准化建设过程可以起到精确监督和实时改进作用，确保标准化持续改进，实现施工安全生产零事故目标。

（二）打好安全标准化工作基础

常言道"习惯成自然"，要让员工改变自己的不安全行为，就得纠正员工的不良"习惯"，而"规章制度"就是规范员工工作行为的最好办法。把建章立制作为员工安全教育的一个重头戏，按照同岗同责、一岗双责的要求制定如"学习培训教育制度"、"安全操作规章制度"、"安全法律法规学习规定"、"安全生产行为准则"等规章制度，从员工的日常工作抓起，从员工的一言一行抓起，倡导员工规范着装，指导员工安全生产，教导员工"标准"作业。还要从安全规范着手，明确规定"岗位安全工作要点"、"设备安全检查要求"、"隐患排查及整治程序"等工作准则，从行为上、从细节处、从点滴中对员工提出安全工作要求，促使员工养成学安全、讲安全、做安全的良好习惯。抓好规章制度基础工作，能为开展安全标准化工作做好铺垫，创造条件。

（三）宣贯标准规范，落实基层安全生产责任

没有规矩不成方圆，不讲"标准"奢谈安全。在推进安全标准化建设工作中，要始终围绕"标准"这一工作宗旨，对员工工作进行安全要求，可提出"讲安全标准，做安全员工"、"心中有'标准'，生产就安全"、"效率来自于安全，

质量离不开'标准'"、"隐患猛似虎，安全重于山"等警示语，强化责任意识，对员工自觉遵守、主动维护安全生产标准规范起到督导作用。利用板报、专栏、发放学习资料等形式将岗位安全标准进行讲解说明，及时解答员工提出的工作疑问和安全难题，提高员工学习"标准"、理解"标准"、贯彻"标准"、运用"标准"的自觉性和主动性，增强员工的自我学习意识和自我约束能力。

安全标准化建设主体是企业、是基层组织和员工。标准和制度再好，没有企业各级管理人员、基层组织和员工去实施也不能取得实效。因此，落实责任至关重要。规范操作者的作业行为，明确应该怎么做，怎么做会更好，克服人的习惯性违章，可以减少工伤事故的发生概率，实现人、机、环的和谐统一，保证桥梁施工安全标准化的有效实施。

（四）强化培训，增强安全标准化意识

安全标准化建设，首要的是对"人"的管理，注重的是员工思想意识的转变。为提升员工安全责任意识，夯实安全标准化建设基础，把员工安全教育作为第一要务来抓，摒弃默守常规机械式的安全教育学习，以开座谈会、交流讨论会、发放意见征求表等形式了解员工的思想问题和工作动态，找出员工最乐于接受的学习教育方式来开展安全教育学习。可实施诸如"逆向式安全教育培训"那样的方式，以员工在岗位工作中出现的"违规"操作为例子，进行现场模拟教学，引导员工从自己的"不规范"行为中找出隐患所在，进而教导员工只有坚持"标准"，才能做到安全。又如可举办"今天我是安全员"安全知识培训，让员工结合本职岗位，围绕安全标准找出工作中的安全"亮点"，并自拟培训内容，走上前台当"老师"。让员工用自己的语言、自己的理解、自己的感受讲述身边的"安全"故事，促使员工由被动学习向主动学习转变，教育员工"安全生产"需要从自己做起、从现在做起、从本职工作做起。

通过培训教育，使员工掌握标准、执行标准、依标作业，充分调动和发挥企业每个员工的积极性及创造性，将安全标准化工作变成其自觉行为，成为桥梁施工安全生产的基础保障。

二、注重过程预防控制

桥梁施工是由一个个工序组成，在进行工序施工策划时如果能够将安全标准化工作融入到工序组织管理中，既可以确保安全标准化工作开展的实时性，又可以保障安全标准化实施的有效性，因此，在进行工序策划时，针对共性的安全问题，可借鉴企业安全标准化所确定的条款和措施，讨论其可操作性即可，对企业标准上没有涉及到而现实情况必须面对的问题，应认真对照施工图纸，紧密结合施工现场实际，对需要设置安全保障措施的部位预先进行安全标准化设计，做到有的放矢。其次，对施工过程中人的安全标准化行为进行规范，通过技术规范和操作规程对人的安全行为进行正确引导和规定，通过安全技能比赛等活动对施工过程中安全标准化行为进行宣扬，通过过程中人的不安全行为进行公示和纠正，使每一位员工都成为"本质安全型"员工；对施工过程物的不安全状态也要同步进行规划和屏蔽，通过对施工场地的环境和场地进行合理性规划，通过对物的全过程跟踪和监控，充分借鉴"5S"环境管理经验，使物能够达到"安全本质化"状态。在施工过程控制中，对安全标准化工作实施首件制制度，重视每一项安全标准化首次落实的质量。因为每一项标准化工作的落实可能会与企业标准存在差别，因此，对首次实施安全标准化进行检验校验，评估落实效果，认真总结经验，以达到批量实施。

在桥梁施工过程，预先对安全标准化工作进行策划和设计，过程中对人的安全行为标准化规范和物的安全状态进行控制，在落实每一项安全标准化时，重视首件制实施质量，可确保安全标准化保质保量，达到安全施工的目标。

三、强化安全标准化班组建设，确保标准化落实质量

安全标准化工作从设计到实施最基础、最关键的工作是落实，落实质量的好坏取决于实施班组的素质，因此，建立一支技术过硬，人才齐备的专业化班组就显得尤为重要。一支独立的专业化班组能够全程参与标准化的设计，落实标准化的措施，维护标准化的动态，不会因其他工作而分散精力，降低标准化质量；其次，一支独立的专业化班组可以充分理解安全标准化的工作意图和尺度，可以控制安全标准化工作的难点和精度，减少返工，提高工作效率，保障标准化工作质量；独立的专业化班组有明确的目标，单一的工作任务，有专人进行管理，能够全面的应对新环境、新变化，可从实践中总结经验，以经验巩固标准化工作成果，以经验丰富标准化工作内容，同时，还能够确保标准化连续动态的实施。

在实施安全标准化的过程中，教育宣传、设计经费、材料采购、制作落实、维护养修、更新更换等均需资金，每一个环节均关系到标准化的建设的质量。充足的资金可以坚定执行标准化的决心，可以保障标准化的贯彻落实，可以巩固标准化的落实成果，可以促进标准化建设平稳向前发展。安全可以创造效益，标准化工作可以保障安全，从这个方面出发，加大标准化建设资金投入其实是一项节约成本的措施，是一个良性循环。

在标准化实施过程，利用他人监督原则，及时开展监督与纠偏工作，监督过程从设计开始，监督其结构外形，所用材料，安装部位等是否具备可操作性，在制作阶段，监督其尺寸精度是否与设计图纸相符合，在安装实施阶段，监督其是否与现场环境相协调，真正能够起到安全舒适，标准美观的作用，在监督过程中发现违反标准的现象及时提出纠正意见及改正措施，不仅能够提高安全标准化的工作质量，还可以提高安全标准化的落实效率，确保安全标准化正常有序的开展。

四、严明奖罚制度，巩固安全标准化工作成果

安全标准化工作是一项新的安全管理内容，施工过程中难免会遇到违反规定，违反标准化的现象发生，如不及时进行有针对性的纠正，安全标准化工作将难有建树。故此，除制度保障外，还应制定刺激性的奖罚措施，充分调动参与标准化建设的热情和激情，同时，也要明确处罚的力度，约束破坏标准化建设的行为，通过安全标准化工作小组不定期的巡查，通过每月对标准化工作成效综合性的考核，遵循公开、公平、公正的原则，及时兑现奖罚措施，促进安全标准化工作的良性循环；此外，适时的对考核结果进行宣扬，在精神上鼓励先进，带动落后者，达到安全标准化工作整体推进，巩固安全标准化工作成果。

桥梁施工过程中，因结构的不同，施工环境差别，安全标准化工作内容和方式也要随之而进行变化，如果生搬硬套的话，不仅起不到预计的效果，还会浪费工时，引起操作班组的心理抵触，因此，在进行差别化的安全标准化工作实施时，应改变传统的观念，因境而议，在确保安全的前提下，适时改变标准化的结构、安装的方式，可重复利用的次数，尽量减少实施标准化人员处于危险环境的作业时间，降低实施标准化的工作量，提高标准化的可重复利用率。促进安全标准化向简易、轻便、规模化发展。

通过上述论述，桥梁施工过程安全标准化建设是一项涉及到多层次，过程化、专业化的工作，需要在桥梁施工组织策划时各级管理人员、各层级专业人员要统筹考虑标准化工作的部署、实施工作。在施工过程中，过程控制是标准化实施质量的关键，关系到标准化建设的成败。在制作过程中，专业化班组的建设水平决定了标准化实施的精度，同时也关系到标准化能否可持续实施。桥梁施工过程应正确认识到安全经费投入与安全效益的辩证关系，加大对安全标准化的投入不仅可以提高施工过程的安全性，有效提高施工企业的经济效益和企业形象，同时还可以提高企业的社会效益。安全标准化建设还处于实施总结阶段，在建设实施过程中，注重经验积累，不断改进，创造一个全新的桥梁施工安全环境。

第十节 桥梁安全技术管理措施

一、一般安全规定:

1. 高桥、大跨、深水、结构复杂的大型桥梁施工,应对施工安全进行专项调查研究,并制定相应的安全技术措施。单项工程(包括辅助工程、临时工程)开工之前,应根据交通部《公路桥梁施工安全规程》制定出安全操作细则,向施工人员进行安全技术交底。

2. 施工人员应熟知并遵守本工种各项安全技术操作规程,进入施工现场必须使用劳动安全保护用品,严防高处坠落,异物打击、触电,淹溺或其它各类机械的、人为的伤害事故。

3. 施工前应对施工现场、机具设备及安全防护设施等进行全面检查,确认符合安全要求后方可施工。

4. 桥下通车、行人等立体施工区域,应布设安全网。

二、施工准备安全规定

1. 施工现场选择要有利于生产、生活,符合防洪、防火、防爆、防灾的要求,具备文明生产、文明施工条件。

2. 施工现场临时设施应选在水文、地质良好的地段,各种运输道路,生产、生活、房屋、易燃、易爆仓库,材料堆放及动力、通讯路线和其它临时工程,按照有关安全规定制定出合理的平面布置图。

3. 施工现场应设置安全标志牌,并不得擅自拆除,保证施工现场的安全。

4. 生产、生活房屋要按防火要求保持必须的安全净距,一般情况活动板房为 7m,铁皮房为 5m,临时炉房、发电房、变电室、铁工房、厨房等与其它房屋之间净距不小于 15m。

5. 易燃易爆物品仓库、发电机房、变电所,应采取必要的安全防护措施,严禁用易燃材料修建。工地临时小型油库远离生活区 50m 以外,外设围栏,炸药库设置应符合国家有关规定,并经当地管理部门认可。

6. 在林区进行施工测量时,要遵守护林防火规定,严禁烟火。

7. 在高压线附近工作时,必须保持足够的安全距离。

8．在陡坡及危险地段测量时应系好安全带，穿软底轻便鞋；在 2m 以上墩台上测量作业，应按高处作业要求，采取防范措施，防止人员坠落。

9．清场、砍树要组织身体结实；有一定经验的人员承担。要明确分工，不准跨在树干上断树筒，高边坡清场作业应使用安全绳、安全带。

三、明挖基础施工安全规定：

1．坑壁四周应清除一定范围空地，并不得堆放材料机具等，应根据不同地质情况，确定坑壁坡度。

2．在水中挖基，应备有便于出入基坑的爬梯等安全设施，基坑需机械抽排水时，须备足够的抽排水设备。

3．坑深 2m 以上，坑内人员须戴好安全帽，经常检查坑壁有无异常情况。

4．经常检查机具、索具、挂钩等是否完好牢固。

5．人工运输脚手板应牢固，单人挑道板不少于 60cm，双人抬运过板不少于 1.2m。

四、钻孔灌注桩施工安全规定：

1．钻孔机械就位后，应对钻机及配套设备进行全面检查，钻机安置必须平稳、牢固，钻架应加设缆风绳。

2．冲击钻孔，选用的钻锥、卷扬机和钢丝绳等，应配置适当，钢丝绳与钻锥用绳卡连接时，绳卡应与钢丝绳直径相匹配。

3．冲击过程中，应在起重机钢绳上打一深度标记，以便把握钢丝绳松驰适度。

4．使用钻架起吊时，应经常检查架子、天梁、滑车、钢丝绳情况是否良好；经常检查冲击器的磨损情况，锤脚已经磨损应及时焊补。

5．检查机械时，应在孔口搭设临时脚手板，谨防坠落孔内。

6．器械落入孔内时，应使用钩绳等工具打捞，在没有可靠的防坍塌和淹溺措施的情况下，严禁人员进入孔内作业。

五、高处作业安全规定

1．从事高处作业人员要定期或随时体检，发现不宜登高的病症，不应从事高处作业。严禁酒后登高作业。

2．高处作业人员须穿软底轻质鞋，所需材料事先准备齐全，工具事先放在工具袋内，拴稳挂牢。

3．高处作业所使用的梯子不得缺档和垫高，同一梯子不得两人同时上下，在通道处（或平交口）使用梯子应设置围栏。

4．运送人员和物件的升降电梯、吊笼，应设置可靠的安全卡，限位开关等安全装置，严禁乘坐运送物资材料的吊栏。

5．高处作业人员与地面联系，应配有通讯设备或有专人负责。

6．高处作业人员，必须严格按规定拴好安全带，戴好安全帽。

7．人工倒运钢丝绳上高空，中间休息时要用卡子卡死下滑部位，防止钢绳受力滑动伤人。

8．搭设脚手架，铺设走道板，禁止搭空头板，走道板要满铺，随铺随订。

9．禁止上下交叉作业，若无法错开时，应先采取安全防护措施。

10．架空钢丝绳上有节头、卡子，滑车等障碍时，禁止在没有安全防护措施的情况下翻越。

11．高处作业工作平台外侧应设置防护栏；高度超过 10m，应设置安全网。

12．在大风大雾等不良天气或视线不清时应停止高空作业。

六、缆索吊装施工安全规定：

1．吊装前应做严密的准备工作，对地垄、索塔、缆车、滑车、动力、机具等设施进行全面验收检查，是否符合高处作业等要求。

2．设立统一指挥系统，并组织参加吊装人员进行安全教育，对施工难度、危险性较大的作业项目要组织专门培训。

3．准备工作就绪之后，要组织吊装人员技术交底，并进行试运转和超载荷试吊。

4．牵引卷扬机启动要缓慢，进行速度要平稳；构件在吊运时，起重卷扬机要协调配合，控制好构件在空中的位置，起重卷扬机不得突然提升或下降构件，避免产生过大弹跳。构件就位时，作业人员要等构件稳定后再进行操作。

5．构件不能垂直就位，需旁侧主索吊具协助斜拉时，指挥信号要明确，各组卷扬机要协调运行。

6．起重和牵引卷扬机不得同时开动；双筒卷扬机除冲孔之外，禁止放空档；牵引上禁止悬挂重物。

7．重物起吊之后，吊点下方及运行线路下方禁止人员站立或通行。

8．在受力钢丝绳三角区内禁止人员站立或通行。

9. 用于吊运材料、工具及构件的缆绳跑车，不得运送人员。

10. 登高操作人员应携带工具袋，不得将安全带挂在主索，扣索，缆风绳等上面。

七、导梁（桥梁）安装安全规定：

1. 构件安装之前，应制定安装方案，建立统一指挥系统。对施工难度、危险性较大的作业项目要组织培训。

2. 导梁组装时，各节点应联结牢固，导梁受力部位的钢桥架须经过质量检验，不得使用受损件。

3. 导梁通过的导轮支座必须牢固可靠，导梁接近导轮时，应采取渐进的方法进入导轮，导梁推进到位后，用千斤顶顶升，将导梁置于稳定的木垛上。

4. 导梁上的轨道应平行等距铺设，使用不同规格的钢轨时，其接头处应妥善处理，不得错台。

5. 导梁横向联结须稳固牢靠，导梁就位后要进行校直校正。

6. 构件在预制场地起重装车后，牵引至导梁时进行速度不得大于5米/分钟，到达安装位置后，平车行走轮应用木楔楔紧。

7. 构件就位起吊后，应加设支撑、垫木，以保持构件平衡稳定，各岗位作业人员要集中精力，听从指挥，发现问题及时处理。

八、架桥机安装构件安全规定：

1. 架桥机组拼（或定型产品 X 悬臂牵引冲的平衡稳定及机具配备等，均应按设计要求进行。

2. 架桥机就位后，为保持前后支点的稳定，应用方木支垫。前后两支点处，还应用缆风绳封固于墩顶两侧。

3. 构件在架桥机上纵、横向移动时，应平缓进行，卷扬机操作人员应按指挥信号协调操作。

4. 全幅宽架桥机吊装边梁就位前，墩顶作业人员应暂避开。

5. 横移不能一次就位的构件，操作人员应将滑道板，落梁架等准备好，等构件落入后，再进入作业点进行构件牵引（或顶推）横移等项工作。

九、门架超重运输安全规定：

1. 门架安装完成后，应按设计要求组织检查验收，移动式门架除进行静载试验外，还应加载在轨道上往返运行一次，检查龙门架在移动中的变形，以及轨距、轨道平整度等情况。

2．门架顶横移轨道两端，应设置制动枕木。

3．门架中心距离与重物两吊点应相互一致，以免门架偏心受力造成事故。

4．门架就位后应放其前后牵引索，用木楔楔紧平车轮子，以免门架受力滑动；门架顶平车就位按规定捆好构件，重物高度应起到可能遇到障碍的 0．5m 以上。

5．取掉平车掩木开始牵引，操作中应注意平缓稳定，被吊重物不得左右摇摆，行进速度控制在 5 米 / 分钟以内，防止重物惯性摆动。

6．开动和停止电动机，应缓慢平衡地操作控制器；需作向后移动时，必须等机、物完全停稳后方可操作。

7．门架拆除时，应制定安全技术措施。

十、千斤顶操作使用前应详细检查，并做承载试验，操作人员应熟悉其性能，并能熟练操作。

1．工作前应准备好所使用的工具；千斤顶、摇手、水平尺、垂球、保险木、抓钉等。

2．千斤顶底盘基础应平整坚实，顶升重物必须在重心位置，垫木选择性能。尺寸相同的坚硬木材。

3．顶升 T 梁、箱梁等大吨位构件，必须在梁两则加设支撑；构件两端不得同时顶起或下落，一端顶升或下落时，另一端要支稳、撑牢。用多台千斤顶起升同一重物时，动作应同步、均衡。

4．千斤顶的升降应随时加设或抽出保险垫木，构件底面与保险垫木的距离宜控制在 5cm 之内。

5．千斤顶提升最大工作行程不得超过丝杆或齿轮全长的 75%。

十一、预制件运输安全规定：

1．轨道平车运输，轨道路基要有足够的宽度、强度、平整度。轨道铺设应平直、圆顺，轨距应在允许误差值内：轨道半径不得小于 25m，纵坡不宜大于 2%，轨道与其它道路交叉，须按规定设交叉道口。

2．轨道平车运输大型构件时，平车的转向、托盘（或转盘）、支撑制动器等应进行检查。

3．大型预制件运输应设专人指挥，并经常检查构件在平车上的稳定状况及轨道平车有无变形。

4. 构件运输时速度要缓慢，下坡时必须以溜绳控制速度，并用人拖拉止轮木跟随前进。当纵坡较大时，必须有相应的安全措施，方可运输。

5. 大型预制件平板拖车运输，时速宜控制在 5 公里 / 小时内。简支梁运输除在横向加斜撑防倾覆外，平板上的搁置点必须设有转盘。

6. 拖车运输购件时，除驾驶员外，还应派人监视安全情况，平板拖车上禁止乘人，运行中宜缓行，避免急刹车。

7. 装卸车地点路面要平坦坚实，装卸时机车均应刹车。

十二、混凝土浇筑安全规定：

1. 人工推车上料时，手推车不得撒把，运输料道上应有防滑设备。

2. 机械上料时，在铲斗移动范围内不得站人，铲斗下方严禁人员停留或通过。

3. 作业结束后，应将料斗放下，落入斗坑或平台上。

4. 浇筑预制混凝土时，应搭设作业平台和斜道，不得站在模板上作业。

5. 电动震捣器应使用电缆线、电源开关置于干燥处，多台震捣器同时作业应设置集中开关箱，由专人看管，操作人员要配戴安全防护用品。

6. 搅拌机清洗应停机，料斗起落在 45° ~ 90° 时，人员不得站在斗鼓中间清洗。以防身体碰到操纵杆造成事故，搅拌机启动前必须确定无人在斗鼓内。

7. 运输混凝土的四轮翻斗车宜缓速行驶，防止发生倾覆事故。

8. 悬空索道，输送混凝土应接起重运输安全操作进行。

十三、泵送混凝土安全规定：

1. 混凝土泵应设置在作业棚内，安装平衡牢固，泵车安设未稳之前，不得移动布料杆。作业前检查输送泵电气设备是否正常、灵敏、可靠。

2. 泵送前应检查管路、管节、管卡及密封圈的完好程度，不得使用有破损、裂缝、变形和密封不严的管件。

3. 管路布设要平顺，高处、转角处应架设牢固，防止串动、移位。

4. 泵送中要设专人经常检查管路，遇有变形、破裂时，应及时更换，防止崩裂。

5. 混凝土泵在运转中发现故障，应立即停机检查，不得带病作业。

6. 操作人员须熟悉并遵守泵车的操作规程和安全规定。

7. 拆卸管路接头前，应把管内剩余压力排净，防止管内存有压力而引起事故。

8. 作业结束，采用空气清洗管道时，操作人员不得靠近管道端部。

十四、模板安装及拆除安全规定：

1. 在基坑或围堰内支模板时，应先检查基坑有无坍方迹象，围堰是否坚固，确认无误后方可操作。

2. 向基坑内吊运材料和工具时，应设溜槽或绳索系放，不得抛掷。机械吊送应设专人指挥，模板要捆绑牢靠，基坑内操作人员要避开吊运材料。

3. 人工搬运支立较大模板时，应设专人指挥，使用的绳索要有足够强度，绑扎牢固。支立模板时，应先固定底部再进行支立，防止滑动或倾覆。

4. 用机械吊运模板时，吊点下方不得站人或通行。模板下放距地面 1m 时，作业人员方可靠近操作。

5. 支立模板要按工序操作，当一块或几块模板单独竖立较大模板时，应设临时支撑，上下必须顶牢。整体模板合拢后，应及时用拉杆斜撑固定牢靠，模板支撑不得接触脚手架。

6. 高处作业时应将工具装在工具袋内，传递工具不得抛掷，不得将工具放在平台和木料上，更不得插在腰带上。

7. 作用斧锤须顾及四周上下安全，防止伤及他人。斧头刃口处应配刃口皮套。

8. 拆除模板时应制定安全措施，按顺序分段拆除，不得留有松动或悬挂的模板，严禁硬砸或用机械大面积拉倒。

9. 拆除模板禁止双层作业。3m 以上模板在拆除时，应用绳索拉住或用起吊设备缓慢送下。

十五、预应力张拉安全规定：

1. 预应力钢丝束张拉施工前，检查张拉设备，工具是否符合施工及安全要求。压力表应按规定周期进行检定。

2. 锚环及锚塞使用前应经检验，合格方可使用。

3. 高压油泵与千斤顶之间的连接点，各接口必须完好无损。油泵操作人员应戴护目镜。

4. 油泵开动时，进、回油速度与压力表指针升降，应平稳、均匀一致。安全阀要保持灵敏可靠。

5. 张拉前操作人员确定联络信号，张拉两端相距较远时，宜使用对讲机。

6. 无关人员不得进入张拉作业区。

7. 在已拼装或现浇的箱梁上进行张拉作业，其张拉作业平台，拉伸机支架要搭设牢固，平台四周加设护栏。

8. 张拉千斤顶的对面及后面严禁站人，作业人员应站在千斤顶两侧。

9. 张拉操作中若出现油表震动剧烈、漏油、电机声异常、断丝、滑丝异常现象，应立即停机检查。

10. 张拉钢丝束完毕退销时应采取安全防护措施，人工拆卸销子时，不得强击。

11. 张拉完毕后，对张拉施锚两端应妥善保护，不得压重物，管道灌浆前，梁端应设围护和挡板，严禁撞击锚具、钢丝束及钢筋。

12. 先张法张拉前应对台座、横梁进行检查、张拉中及未浇混凝土之前，周围不得站人或进行其它作业。浇筑混凝土时，震捣器不得撞击钢丝束。

十六、脚手架安全规定：

1. 钢管脚手架连接材料应使用扣件，接头应错开，螺栓要坚固。立杆底必须使用立杆底座。不得使用铅丝和麻绳连接钢脚手架。

2. 门式简易脚手架应按产品设计拼装连接牢靠，并使用钢管加强横向连系和剪刀支撑。

3. 脚手板要铺满、绑牢、无探头板，并牢固地固定在脚手架支撑上。脚手架的任何部份均不得与模板相连。

4. 脚手架要设置栏杆，敷设安全设施并应经常检查，确保操作人员和小型机械安全通行。

5. 脚手架上的材料和工具要安放稳妥整齐，有坡度的脚手板，要加设防滑条。

6. 悬空脚手架应用栏杆和撑术固定稳妥、牢固、牢靠、防止摆动摇晃。

7. 搭设在水中的脚手架，要经常检查受水冲刷情况，发现松动，变形或沉陷应及时加固。脚手架上作业的人员应配戴救生设备。

8. 脚手架高度在 10 ~ 15m 时，应设置一组缆风绳与地面夹角为 45° ~ 60°，缆风绳的地锚应注意保护。

9. 拆除脚手架时，周围应设置警戒标志或护栏，应按从上到下顺序拆除，不得上下双层作业，拆除的脚手架，板应用人工传递或吊机吊送，严禁随意抛掷。

十七、支架施工安全规定：

1. 支架所用的桩木、万能杆件等应详细检查，不得使用腐朽、劈裂、大节疤的圆木及锈蚀、扭曲严重的杆作和钢管等。

2．地基承载能力必须符合设计标准，否则应采取加固措施，使其达到设计要求。土质地基雨季须有防水措施。

3．支立排架要按设计要求施工，应有足够的承载能力和稳定性。并要与垫木连结牢固，防止不均匀沉落、失稳和变形。

4．支立排架时应专人指挥，支立排架以竖立为宜，排架竖立后用临时支撑撑牢，再竖立第二排。两排架间的水平和剪刀撑用螺栓拧紧，形成整体。

5．用吊机竖立排架时，应用溜绳控制排架起吊时的摆动。

6．支立排架时，不得与便桥或脚手架相连，防止支架失稳。

7．立柱排架大面积拆卸时应边拆边撑木，保持平衡稳定。严禁将全部水平和斜撑拆除，再放立柱。

十八、钢筋制作安全规定：

1．钢筋施工场地应满足作业需要，机械设备的安装要牢固、稳定，作业前应对机械设备进行检查。

2．钢筋调直及冷拉场地应设置防护挡板，作业时非作业人不得进入现场。

3．钢筋施工切断机作业前，应先进行试运转，运转正常后，方能进行切断作业。切长料时由专人把扶，切短料时要用钳子或套管夹牢。不得因钢筋直径小而集束切割。

4．人工锤击切断钢筋时，钢筋直径不宜超过 20mm，使锤人员和把扶钢筋、剪切工具人员身位要错开，并防止断下的短头钢筋弹出伤人。

5．绑扎钢筋高过 1.5m，应有固定临时支架进行稳定，并设绑脚手架，不得攀登和站在钢筋骨架上。

6．场地绑扎 T 梁钢筋，应先设置稳妥分层支架，两面同时进行绑扎，防止受力不均造成事故。

十九、焊接作业安全规定：

1．电焊：

（1）电焊机应安放在干燥、通风良好的地点，周围严禁存放易燃、易爆物品。

（2）电焊机应设置单独的开关箱，作业时应穿戴防护用品，施焊完毕，拉闸上锁。遇雷雨天气，应停止露天作业。

（3）在潮湿地点工作，电焊机应放在木板上，操作人员应站在绝缘胶板或木板上操作。

（4）严禁在带压力的容器和管道上施焊。焊接带电设备时，必须先切断电源。

（5）贮存过易燃、易爆、有毒物品的容器或管道，焊接前必须清洗干净，打开所有孔口，保持空气流通。

（6）在密闭的金属容器内施焊时，必须开设进、出口。容器内照明电压不得超过 36V。焊工身体应用绝缘材料与容器壳体隔离开。施焊过程中每隔半小时至一小时外出休息 10 ~ 15 分钟。

（7）接线、地线不得与钢丝绳，各种金属管道、金属构件等接触，不得用这些物体代替地线。

（8）更换场地移动电焊机时，必须切断电源，检查现场，清除焊渣。

（9）在高空焊接时，必须系好安全带，焊接周围应备消防设备。

（10）焊接模板中的钢筋、钢板时，施焊部位下面应垫石棉板或铁板。

2. 气焊

（1）乙炔发生器应采用定型产品，必须备有灵敏可靠的防口火安全装置。

（2）乙炔发生器应置于干燥、通风处。乙炔发生器与氧气瓶不得同放一处，周围严禁存放易燃易爆物品，严禁用明火检查是否漏气，氧气、电石应随用随领，下班后送回专用库房。

（3）氧气瓶、乙炔发生器受热不得高于 35℃，防止火花和锋利物件接触胶管，气焊枪点火时应按"先开乙炔，先关乙炔"的顺序作业，点火的焊枪不得对人，正在燃烧的焊枪不得随意乱放。

（4）氧气瓶、氧气表及焊割工具表面，严禁沾污油脂。氧气瓶应设有防震胶圈，并旋紧安全帽，避免碰撞、剧烈震动和烈日曝晒。

（5）乙炔发生器应每天换水。严禁在浮筒上放置物体，不得用手在浮筒上加压和摇动，添加电石时、严禁明人照明。

（6）乙炔发生器不得放在电线下方，焊接场地距离明火不得少于 10m。

（7）乙炔气管用后需清除管内积水。胶管回火装置结冻时，应用热水溶化，不得用明火烘烤。

（8）电石应在干燥的地方，移动或搬运应打开桶盖，轻移、轻放。开桶时头部要避开，不得用金属工具敲击桶盖。

（9）施焊时，场地应通风良好，施焊完毕将氧气阀门关好，拧紧安全罩。乙炔筒提出头，头部应避开浮筒上升方向，提出后应挂放，不得扣放在地上。

第五章　桥梁工程资料的标准化编制

第一节　编制组成和原则

一、编制组成包括主编单位、参编单位和统稿单位。

（一）主编单位条件：

1. 属于编制负责单位的业务范围，对所申报的项目的研究与应用处于我省先进水平；

2. 能组织起经验丰富、专业配套，分工明确的编制组，落实其他主编和协编单位，主编单位一般不超过 3 家；

3. 有较强的管理和协调能力，能保证编制组正常有序地开展各项工作；

4. 编制经费有保障。

（二）对编制组成员的要求：

1. 具有较高专业理论水平和较丰富的实际工作经验，在所申报的项目领域具有一定的权威；

2. 对标准化政策法规、标准化原理、编制程序、编制格式等有全面的了解；

3. 熟悉所申报项目的工作目标和内容要求，具有良好的文字处理能力，能按照标准的语言文字规则进行表达；

4. 编制组负责人应由主编单位在岗人员担任，并具有较强管理和协调能力的，能通揽全局、把握政策，对所申报的项目技术有较高的造诣。

二、编写原则

在施工前必须编制相应的技术文件，这些技术文件主要包括实施阶段的施工组织设计、重大施工组织设计、施工方案、施工技术措施，包括单项和分部工程的施工技术措施等。（1）符合项目设计图纸的要求。（2）符合项目已制定的规程、规范及合同技术规范文件的要求。（3）符合工程质量和安全生产标准。

第 3 条项目技术文件要规范严谨，明确责任。重大项目的技术文件必须执行设计、校核、审查、审定和批准的签名程序。一般项目的技术文件应执行设计、校核和审定的签名程序。

在编制过程中，一般由技术主管主持编制，并由项目部经理组织技术专家审阅修改后下发执行。重大项目或疑难项目的技术文件可由技术主管申请由外部技术单位负责编制，技术主管应组织技术专家审阅修改后下发执行。

第 5 条项目实施阶段的施工方案、施工技术措施应充分体现科学、经济的原则，结合工程实际情况积极采用新材料、新工艺、新设备、新技术，力求以较低的成本投入获得较高的综合经济效益。

1. 突出成熟工艺、先进技术和管理重点。

2. 对重要内容和关键工序的控制。

3. 以桥梁指南为基础，参考其他标准化手册，纳入各省所涉及的所有结构类型。

4. 吸纳多年来全国高速公路桥梁工程施工的成熟经验，尤其是质量通病治理、精细化管理活动成果。

5. 有些先进工艺，考虑全国各地发展水平不一致，指南采用。

6. "如有条件时宜采用"来表达，留有余地，便于各省根据实际情况，选择使用。

第二节　桥梁工程资料的编制

一、桥梁工程划分

（一）大、中、小桥的划分标准

小桥和大、中桥做资料的方法不同，所以先要区分大、中、小桥：

1. 按设计图上的名称来划分大、中、小桥。

2. 分离式立交桥划分方法，$8m \leqslant$ 桥总长 $L \leqslant 30m$ 且 $5m \leqslant$ 桥跨 $L0 < 20m$，是小桥，$L < 8m$ $L0 < 5m$ 是涵洞，其它的都是中桥或大桥。

3. 小桥是一个路基工程中的一个分部工程，资料做法与中桥、大桥略有不同。

（二）桥梁工程分部、单位工程划分

1. 每座小桥作为一个分部工程单元，一个标段的小桥作为一个小桥分部工程；

2. 每座中桥作为一个单位工程单元，全标段的中桥汇总作为一个单位工程；

3. 互通立交上的跨线桥、匝道上的桥梁工程（大、中桥）每座作为一个分部工程单元（小桥是匝道分部中的一个分项工程），所有匝道上的桥梁汇总作为一个分部工程；

4. 互通立交匝道工程每条作为一个分部工程单元，所有匝道汇总作为一个分部工程；

5. 每座互通立交的标志标线、防护栏栅等分别作为一个分部工程划分到相应的交通安全设施单位工程中。

第三节　桥梁工程资料组卷思路和编制思路

一、桥梁工程资料组卷思路

1. 路基、路面、大桥、中桥、互通立交、交通安全设施工程质量文件资料按单位、分部、分项评定顺序、划分思路进行分类组卷。

2. 小桥按每座由下至上的顺序排列，先排列完墩台，再排列上部构造；资料较多时可下部和上部分别组卷。

3. 大、中桥的基础及下部构造以每墩台由基础到墩台的顺序分别单独组卷，桥台还包括锥护坡、台背填筑、搭板等；上部构造的预制安装以每孔按梁板位置编号顺序排列组卷；总体及桥面按桥面铺装、伸缩缝、防撞栏顺序排列组卷。支座安装放到上部构造进行组卷。分离立交引道工程单独组卷。

4. 互通立交范围的主线部分归入互通立交单独组卷，互通立交每条匝道的路基土石方、排水、涵洞、通道、砌筑防护工程一起组卷，路面按每条匝道组卷，整个互通立交的交通安全设施一起组卷。

二、桥梁工程资料编制的总体思路

1. 按照桥梁工程大中小桥的划分，以及单位、分部工程的划分，结合桥梁工程组卷思路，确定桥梁工程资料编制总体思路。

2. 开工报告：

（1）桥梁工程属于大、中桥的应每个桥墩、桥台打一个开工报告、上部构造预制和安装打一个开工报告、总体桥面系及附属工程打一个开工报告。

（2）属于小桥的应下部构造打一个开工报告，上部构造打一个开工报告。

（3）互通立交主线路基应打一个开工报告；跨线桥按大中桥的方法做开工报告；匝道工程打一个开工报告。

（4）主线上跨的分离式立交桥按照大中桥和小桥的划分标准，按照相应类型的桥梁工程做开工报告。

（5）主线下穿的分离式立交桥或天桥，按桥总长及桥跨衡量，都不应是小桥，均属于中桥或者大桥，按大中桥打开工报告。

（6）人行天桥按小桥打开工报告。

3. 混凝土抗压强度评定，不应跨分部工程结构进行评定。

4. 大中桥左右幅结构形式不同，应分左右幅做资料，开工报告和混凝土抗压强度评定均应分左右幅编制，左右幅相当于独立的两座桥梁工程。

5. 有系梁的柱式墩资料的做法，按照施工的自然规律和施工工艺，系梁以下的墩柱作为一个分项工程，应作为一个整体来检测；系梁作为一个分项工程，系梁所用检表和检查项目采用承台资料的做法；系梁以上墩柱做一个分项工程。各结构的钢筋加工及安装分别作为一个分项工程。

第四节 明挖基础资料的编制

1. 明挖基础包括两个工作内容，基坑和基础，基坑是一个工序，基础是一个分项工程。

2. 基坑是明挖基础分项工程中的一个工序，所以不用做分项工程评定和填写中间交工证书

3. 基坑资料包括的内容

工序检验申请批复单

开挖基坑现场质量检验报告单

基坑－隐蔽工程检查记录表

基坑承载力检验报告

基坑承载力试验记录

平面位置检测记录表

高程检测记录表

4. 基坑主要表格填写要点

（1）监表 A5 工序检验申请批复单

工程项目：桥梁工程

工程地点及桩号：填写桥梁的中心桩号及桥梁名称

具体部位：例如：0# 台基坑

检验内容：根据基坑检表的检测内容填写，如基底水文地质情况及承载力、轴线偏位、基底高程、基坑尺寸等

质量量证明附件：应把表号和所对应的表名一起填写进去

（2）检表 43 开挖基坑现场质量检验报告单

①基底水文地质情况及承载力：应描述基底地质情况，一般桥台基坑都是挖到岩层，如果有设计地基承载力，则应填写承载力试验检测的数据。

②轴线偏位和基底高程，都应该有测量资料附后，凡用仪器测量的，均要有附表，如果基底有换填，换填后还要进行一次高程测量。

（3）C33 基坑承载力试验记录

①基坑承载力记录表承载力的计算公式为：（N*8-20）/1000，这是个经验公式，是用轻型触探仪锤入量 30 cm 的锤击数来计算承载力的。B、一般锤入量 30 cm 承载力不够时，应打到 30～60cm、甚至 60～90cm

②承载力检测不能满足设计要求，应填写清楚采用什么方式处理地基以弥补承载力不足，且附上有关的后续资料，如回填级配碎石应附压实度的资料。

③基础有多个台阶或多块时，每个台阶都必须有地基承载力的资料，多个基础但基础在同一标高上，则分几次施工的就应有几次地基承载力的资料。

④基底为岩石可以不用做承载力试验，在检表上应填写基底为什么类型的岩石。

⑤表中备注一栏应填写地质情况

5. 基础资料包括的内容

工序检验申请批复单

混凝土基础现场质量检验报告单

水泥砼抗压强度检验评定报告

水泥砼抗压强度试验记录表

高程检测记录表（基底）

高程检测记录表（基顶）

平面位置检测记录表

混凝土浇筑申请报告单

模板安装现场质量检验检验报告单

混凝土施工检查记录表

混凝土养护检查记录表

分项工程质量检验评定表

中间交工证书

6. 基础主要表格填写要点

（1）检表45 混凝土基础现场质量检验报告单

①基础分次分节浇筑的在桩号及部位栏中要写清楚是第几节，也就是要写详细部位。

②混凝土强度应填写砼抗压强度评定结果，而不应该只是填写砼抗压强度数据。

③如果不到28天就要进行下道工序施工，混凝土强度一栏可以先留空，等28天砼抗压强度和评定结果出来再填进表格中。原则上应附上7天的抗压强度数据。

④基础混凝土试件的制取，按每单元结构制取2组试件，如果桥台基础混凝土数量较大，应每80 ～ 200m³ 或一个工作班制取2组试件。

⑤平面尺寸规范的填写是长3个数据，宽3个数据，在规定值中要写上长和宽的设计值。

⑥如果基底没有换填，基础底高程采用基坑底的数据，后面也不用另附高程检测记录表；如果基底有换填，基础底高程采用基底换填后的数据，后面需另附高程检测记录表。

⑦轴线偏位采用全站仪纵、横各2处。

（2）检表50-1 模板安装现场质量检验检验报告单

①以前基本是用木模，制作、安装和加固都比较复杂，所以把模板安装作为一个工序，模板安装的表格归为检表。时代发展，钢模、定型模板代替了木模，模板安装只作为一个施工操作过程，模板安装现场质量检验检验报告单也只是作为一般的记录表使用。

②每次模板检测填写一次模板安装现场质量检验检验报告单及测量记录，不用还填写一份工序检验申请批复单。

③模板安装的轴线偏位、模板顶高程，其后应附测量资料。

（3）记录表23 混凝土施工检查记录表

①拌合方式：人工拌合、强制式搅拌机拌合、拌合站集中拌合。

②运输方式：人工推斗车运输、罐车运输泵送砼。

③施工的配合比要根据砂和碎石的含水量进行调整。增加砂和碎石的用量，减少水的用量。

④实测坍落度应根据现场填写，但实测坍落度跟配合比试验的坍落度不应相差很大。

⑤取样情况应说明现场制取了多少组试件，试件编号要对照试件清单台帐合理编写。

⑥结论：混凝土施工符合技术规范要求。

（4）记录表 24　混凝土养护检查记录表

①施工时间和养护时间应该是一个时间段，而不应只填写一天，检查时间也应该是一个时间段，且养护开始时间与砼浇筑完成时间间隔不能太长（一般控制初凝后开始养生）

②养护期：现场养护至少应是 7 天

③养护方法及说明：洒水和覆盖养护

第五节　钻孔桩基础资料的编制

1. 钻孔桩基础包括三个工作内容，钻孔、钢筋加工及安装、钻孔灌注桩，其中钻孔是一个工序，钢筋加工及安装和钻孔灌注桩是分项工程

2. 钻孔资料包括的内容：

工序检验申请批复单

钻（挖）孔桩终孔后灌注前现场质量检验报告单

钻（挖）孔桩终孔后灌注前现场质量检验记录表

桩基桩位放样检查记录表

现场检测记录表

高程检测记录表（护筒顶）

钻（挖）孔记录表

3. 钻孔主要表格填写要点

（1）检表 51 钻（挖）孔桩终孔后灌注前检验报告单

①桩号：前面的一个桩号填桥的中心桩号；后面的一个桩号填钻孔桩的编号。

②终孔孔底标高应达到或低于设计孔底标高，清孔后孔底标高应与终孔孔底标高相差不多，灌注前孔底沉浆允许厚度为 5cm，标高可略高于清孔后孔底标高。

③钻孔中出现的问题及处理办法：主要描述钻孔中是否出现塌孔或卡钻现

象，及采取什么办法处理。

④每节钢筋骨架，现场施工中最长的钢筋只有 12 米，钢筋笼的焊接是不能在同一截面上的，所以我们在填写每节骨架长度时，要充分考虑到：第一、主钢筋的最大长度是 12 米，第二、钢筋焊接不能在同一截面上，上下焊面错开至少 0.5m。（如果桩长是 30m 长，焊缝长 0.14m，上下焊面错开 0.5m，则每节是 12+12+7.28m）。

⑤地质描述：主要描述嵌岩深度。

（2）记录表（55）桩基终孔后灌注混凝土前检查记录表

①钻孔倾斜度不应大于 1%，且倾斜距离不能大于 500mm，否则桩基不合格。

②灌注前泥浆比重、含砂率要结合钻孔方法和土质情况填写，例如冲钻、粘性土泥浆比重为 1.05 ~ 1.2，灌注前含砂率不大于 4%。

③沉淀层厚度嵌岩桩：d ≤ 1.5m，t ≤ 5cm；d>1.5m，t ≤ 10cm。

④测孔原始记录 包括测孔深的原始记录和测孔倾斜度的原始记录。

（3）记录表 62 现场检测记录表

①现场检测记录表是一个万用表，施工现场检测的任何数据均可以填到在这份表上。

②现场检测记录表是记录表的一个补充表格，有些检测项目没有专用记录表，就采用这张表格，如果有专用的记录表，这不要采用这张表格，如轴线偏位有测量平面位置检测记录表，检查高程有高程检测记录表

③在下列情况下应附现场检测记录表：

A、检表中检测结果的数据较多，检表中填写不下，这时就要附现场检测记录表

B、检表中检测结果填写的是偏差值，均要附现场检测记录表说明数据来源，表中要填写清楚设计值、实测值，且计算出偏差值。

（4）记录表 25 钻（挖）孔记录表

①钻孔、挖孔都可以用这张记录表，如挖孔桩不需填写的钻头型式和直径、重量等栏，可以不填或划斜扛表示。

②钻孔记录应尽量记录详细一点，每天或每次淘孔均应有记录。

③地质情况要按施工实际情况进行描述，不能照抄设计图中的地质分类。

④ 工作项目：填写安护筒、下钻、冲孔、淘孔或移钻等，是做什么工作项目就填写什么。

4. 如果实际地质与设计相差太大，钻孔的资料还应附冲孔地质柱状图等

资料

5. 桩基钢筋加工及安装资料包括的内容

工序检验申请批复单

钢筋加工及安装现场质量检验报告单

现场检测记录表

分项工程质量检验评定表

中间交工证书

6. 钢筋加工及安装主要表格填写要点

（1）检表48 钢筋加工及安装现场质量检验报告单

①每构件检2个断面，每个断面需检每个受力筋间距，因此检测的点是很多的，应附现场检测记录表。

②"骨架总数" 桩基钢筋笼骨架数是钢筋笼实际分节数，系梁、盖梁按设计图上的骨架片数计算总数。桩基钢筋笼骨架比较特殊，从钢筋图上看，桩基钢筋笼的骨架只有一个，但我们实际施工将钢筋笼是分成几节的，实际上每一节就是一个骨架，每一节应检长、宽、高或直径，不应按总数的30%抽查。

③焊接方法及搭接方式及搭接长度：双面焊接，长度不小于5d；单面焊接，长度不小于10d。

钢筋保护层厚度按设计图上标有的数据填写，没有数据就按技术规范填写不小于3cm

④钢筋去锈情况：不能都是填写无锈，放在施工现场的钢筋哪能无锈，应填写"冷拉除锈"或"采用钢刷除锈"或填采用其它方法除锈。

⑤钢筋在模板内固定情况：有的钻（挖）孔桩的钢筋就没有填写这项内容，这是不对的，钢筋笼如果不有效地固定，在灌注砼时会引起钢筋笼偏位或上浮，导致漏筋甚至完全不合格。所以应填写钢筋笼采用何种方法与孔壁及井口固定。

⑥实例：三步梯2号大桥的薄壁墩高50米，分节施工，每节长度根据现场施工不等，在1～5米之间，这样就有10多次钢筋的加工及检验，而每节主筋的受力间距都有133个点×2个断面=266个点，一个薄壁墩的受力钢筋检验就有266×10=2660个点，这样怎么做资料。

答复：检测频率可以少，每一节可以检测一个断面，这样总的检测频率还是满足质量评定标准的要求的，但每次检测的点数不能少，每个主筋的受力间距需检测，每次分节施工应填写一次钢筋加工及安装质量检验报告单。

7. 钻孔灌注桩资料包括的内容：

工序检验申请批复单

钻孔桩灌注桩现场质量检验报告单

水泥砼抗压强度检验评定报告

水泥砼抗压强度试验记录表

桩基成桩记录表

平面位置检测记录表

高程检测记录表

现场检测记录表

混凝土浇筑申请报告单

水下砼灌注记录表

分项工程质量检验评定表

中间交工证书

8．钻孔灌注桩主要表格填写要点

（1）检表46钻孔灌注桩现场质量检验报告单施工时间是从桩孔开钻至砼灌注完成的时间段，检验时间，灌注完砼后7天（有的是3天）至下一工序开始的前一天这段时间，是哪一天去现场检验的就是哪一天。

（2）记录表（54）桩基成桩记录表

①成桩顶高程 应该是凿除桩头后的高程，现场灌注桩时一般没有达到设计高程，要进行接桩。因此，如果是一次灌注成桩，成桩顶高程应是凿除桩头后的实测高程，如果通过接桩，则应是接桩前桩顶的实测高程。

②混凝土外貌检查：桩基砼外貌只能见到凿除桩头后的砼外观情况，应填写砼外观紧密，无蜂窝现象。

（3）记录表30 水下砼灌注记录表

①在表上右下空白处应画出导管示意简图，详细标明每节导管的长度，这一定要到施工现场去量，不能坐在家里编，编资料就会出错的。

②灌注水下砼时，根据灌注进度，每30分钟～1小时测一次基准面到混凝土顶面高度 ，且在记录表上做好记录；每次拆管 也应有记录；发生重要事件，也应详细记录在记录表中。

第六节　挖孔桩基础资料的编制

1. 挖孔桩基础包括三个工作内容，挖孔、钢筋加工及安装、挖孔桩，其中挖孔是一个工序，钢筋加工及安装和挖孔桩是分项工程

2. 挖孔资料包括的内容与钻孔资料基本一致，挖孔不用填写记录表55 钻孔桩终孔后灌注前现场质量检验记录表，表格内容填写需区分挖孔与钻孔的不同施工工艺。

3. 挖孔桩钢筋加工及安装与钻孔桩钢筋加工及安装资料编制方法完全相同。

4. 挖孔桩资料包括的内容：

工序检验申请批复单

挖孔桩成桩现场质量检验报告单

水泥砼抗压强度检验评定报告

水泥砼抗压强度试验记录表

桩基成桩记录表

平面位置检测记录表

高程检测记录表

现场检测记录表

混凝土浇筑申请报告单

混凝土施工检查记录表

分项工程质量检验评定表

中间交工证书

第七节　柱或双壁墩、薄壁墩资料的编制

1. 柱或双壁墩、薄壁墩包括两个工作内容，钢筋加工及安装和柱或双壁墩、薄壁墩成品，两个工作内容均是分项工程

2．柱或双壁墩、薄壁墩钢筋加工及安装与其它结构部位的钢筋加工及安装资料编制方法完全相同

每根柱或墩都要做钢筋加工及安装资料，且进行分项工程评定。

3．有系梁的柱式墩资料的做法，按照施工的自然规律和施工工艺，系梁以下的墩柱作为一个分项工程，应作为一个整体来检测；系梁作为一个分项工程，系梁所用检表和检查项目采用承台资料的做法；系梁以上墩柱做一个分项工程。各结构的钢筋加工及安装分别作为一个分项工程。

4．柱或双壁墩、薄壁墩资料包括内容。

工序检验申请批复单

柱或双壁墩身现场质量检验报告单

水泥砼抗压强度检验评定报告

水泥砼抗压强度试验记录表

现场检测记录表

平面位置检测记录表

高程检测记录表

混凝土浇筑申请报告单

模板安装现场质量检验检验报告单

混凝土施工检查记录表

混凝土养护检查记录表

分项工程质量检验评定表

中间交工证书

5．墩柱及双壁墩、薄壁墩每施工一次都应做一次相应的试验、测量和其它施工检查，且填写相应记录表，墩柱及双壁墩、薄壁墩完成后需要进行下道工序，才最后填写工序检验申请批复单、墩柱及双壁墩现场质量检验报告单、分项工程质量检验评定表、中间交工证书。

6．柱或双壁墩、薄壁墩资料主要表格填写要点

（1）检表 56　柱或双壁墩现场质量检验报告单

①一个墩的双柱或多柱，填写一张这个表，不用每根柱都填一张这份表，如果分左右幅施工或明显左右幅结构型式不同，则可分左右幅填写。

②相邻间距应一个墩多柱整体检查，轴线偏位采用最后一次多柱整体测量的数据。

③断面尺寸：方形墩每断面应检 4 个数据，圆形墩柱，每断面可检圆周长或

直径。

（2）记录表19 平面位置检测记录表

①每根柱每施工一次应测一次轴线偏位，以保证每根柱的中心偏位在允许误差范围内。

②墩柱全部完成还要检一次整体的轴线偏位，整体轴线偏位的数据填进质检表中。

（3）记录表04 高程检测记录表：单柱分节施工时，不用每节都检测顶面高程，到柱顶检查一次顶面高程即可。

第八节　台帽或盖梁资料的编制

1. 台帽或盖梁包括两个工作内容，钢筋加工及安装和台帽或盖梁成品，两个工作内容均是分项工程

2. 台帽或盖梁钢筋加工及安装与其它结构部位的钢筋加工及安装资料编制方法完全相同

3. 耳墙、背墙属于台帽结构的一部分，可以与台帽分开做资料，但所用的表格和检测标准与台帽一样。

4. 台帽或盖梁资料包括的内容：

工序检验申请批复单

墩、台帽或盖梁现场质量检验报告单

水泥砼抗压强度检验评定报告

水泥砼抗压强度试验记录表

现场检测记录表

平面位置检测记录表

高程检测记录表

混凝土浇筑申请报告单

模板安装现场质量检验检验报告单

混凝土施工检查记录表

混凝土养护检查记录表

分项工程质量检验评定表

中间交工证书

5. 台帽或盖梁资料主要表格填写要点

（1）检表57墩、台帽或盖梁现场质量检验报告单

①断面尺寸：采用尺量，检查3个断面，从台帽或盖梁底往上，每个断面应检测4个数据，如果结构比较复杂，每个断面检测几个主要的数据就行了。

②支座垫石预留位置：每个支座应纵、横检两个数据。

第九节　上部构造预制和安装资料的编制

1. 预制梁资料的编制思路，一片预制梁分为三个分项工程，钢筋加工及安装、预应力筋的加工和张拉、主要构件预制，应按这三个分项工程将资料归类归档，其中的管道坐标检测资料和管道注浆资料都应归放于预应力筋的加工和张拉中。如果做了3天或7天的砼抗压强度，应附上资料。预制梁成品检查时间应在预应力张拉、管道压浆及梁端封锚之后，而不应在这些工序之前，作为成品检查应该是前面所有工序已经完成了，准备进行下道工序即预制梁安装前进行的检查。

2. 预应力张拉应按次序张拉，这是设计图中和技术规范中有明确规定的，无序张拉的结果会把整片梁报废掉，资料上一定要反应出张拉的次序。油表读数应两端都有数据，张拉力和伸长值应双向控制，否则就是单侧张拉，不合规范要求。千斤顶及油表应每三个月做一次标定，且标定资料应存档。

湿接缝按主要构件现场浇筑做资料，且应进行分项工程评定。负弯矩张拉，按每张拉一批作为一个分项工程，应做质检资料且做分项工程评定，负弯矩张拉评定的分数，与预制梁预应力筋的加工和张拉评定的分数汇总成一个大分项工程评分，参与到全桥上部构造预制和安装分部工程中评分。

第十节　总体、桥面系及附属工程资料的编制

1. 如果桥面铺装上还铺筑路面面层，应按复合桥面水泥混凝土铺装做资料，复合桥面的上面层按路面面层做资料。沥青混凝土路面路段桥梁工程的桥面铺装

大部分采用复合桥面，水泥混凝土路面路段桥梁工程的桥面铺装基本就作为路面面层。

桥面铺装的厚度检测，以同梁体产生相同下挠变形的点为基准点，采用水准仪测量桥面浇筑前后相对高差，每跨测 5 处，实际采用拆模后尺量厚度，桥面铺装应进行厚度评定。

2. 总体、桥面系及附属工程包括桥梁总体、桥面铺装、钢筋加工及安装、支座安装、桥头搭板（包括枕梁）、砼小型预制件、伸缩缝安装、混凝土防撞护栏、栏杆等分项工程。

总体、桥面系及附属工程资料的编制思路，全桥应按这几个分项工程将资料归类归档，作为资料编制单元，并且每个分项工程（有混凝土检查项目的分项工程）做一次混凝土抗压强度评定。

3. 总体、桥面系及附属工程的钢筋加工及安装是一个大的分项工程，是由桥面铺装、桥头搭板（包括枕梁）、砼小型预制件、混凝土防撞护栏、栏杆等结构部位的钢筋加工及安装子分项工程组成，以每个结构部位的钢筋加工及安装作为一个资料编制单元，编制方法与其它结构部位的钢筋加工及安装资料编制方法完全相同。

栏杆除按砼小型预制件做资料和评定外，作为栏杆的使用功能还应该按栏杆分项工程做资料和评定。

第六章　桥梁工程施工质量通病及防治措施

桥梁工程在施工中质量通病涉及内容广泛，从基坑开挖、桩基础施工、构件预制及安装、支架现浇混凝土等。在桥梁工程中根据桥梁施工的特点，施工中的存在一些质量通病，针对这些质量通病制定了预防措施和治理办法。

第一节　基础部分

一、基坑开挖

（一）挖基

1. 放坡开挖塌方

在挖方过程中或挖方后，边坡土方局部或大面积塌陷。

（1）基坑开挖较深，未按规定放坡，或者通过不同土层时，没有根据土的特性分别放成不同的坡度，致使边坡失去稳定而造成塌方。

（2）在基坑两侧，堆放大量土方或施工便道距离基坑过近，在重力或者外力影响下使坡体内剪应力增大，土体失去稳定而塌方。

（3）在地下水和地表水的作用下，由于排水、降水措施不当，一方面土层受水的影响而湿化，内聚力降低，另一方面由于土方的流失，在重力作用下失去稳定。

（4）在挖方时由于操作方法不当出现掏空现象，使土体失去稳定。

2. 预防措施

（1）根据土的分类，力学性质确定边坡坡度。

（2）采用机械挖方时，应根据不同土质，不同的坡度值，放出基坑边线，在挖方时要边挖边修坡，每次修坡深度不宜超过 1m。

（3）在坡顶上弃土时，弃土堆坡脚至挖方上边缘的距离应根据挖方深度、堆积土数量和土的性质确定。在任何情况下不得小于 1.2m，堆土高度不得超过 1.5m。

（4）在受地下水、地表水影响的基坑，应根据不同深度，不同土质确定排水方法。当基坑深度大于 3.0m 且属砂性土，宜采用井点降水。降水深度掌握在基坑底以下 0.5～1.0m。对深度不深的基坑可采用集水井直接排水持续不停进行，避免基坑被水浸泡。（5）人工挖方时，应该自上而下顺序进行，要边挖边修坡，每次挖方深度不宜大于 1m，在将近 1m 时候就应该修整边坡。

（6）基坑的底面尺寸应满足施工要求，一般应在基础平面尺寸外各边放宽 0.75 ~ 1.0m，作为支模及开挖排水沟、集水井之用。当基坑底面尺寸不能满足满足需要，而采用修坡放大基坑底面尺寸时，坡脚宜用土袋堆砌，以维持边坡稳定。

3．治理方法　（1）由于坡顶堆载过量导致滑坡、塌方时，应该清除过量的堆载作为坡顶卸载处理，然后再修复边坡。（2）若是由于降水措施不利、效果不佳或没有达到设计要求而导致滑坡、塌方时，应采取补救的技术措施，确保其能达到施工所需要的要求，然后再作边坡修复。（3）边坡的修复应先清除滑坡、塌方的土体，再按实际情况放坡，也可以放缓边坡。

（二）围护基坑失稳

1．现象

不宜放坡开挖的基坑，采用挡土板或者钢板桩作为围护结构，发生支撑倾斜、围护结构顶部下沉、严重漏水、漏泥、下脚内向位移等现象。

2．原因分析

（1）没有贯彻边开挖边支撑的原则，支撑不及时。（2）支撑结构不合理，在不适宜使用挡土板的场合使用了挡土板，或虽采用了钢板桩围护，钢板桩的型号偏小、入土深度不足而使钢板桩产生较大的变形或位移。（3）降水效果欠佳，或由于附近管线位移而导致漏水，影响围护结构的稳定。（4）外力影响围护结构的稳定。

3．防治措施

当基坑采用挡土板作为围护措施时，在挖土深度不超过 1.2m 时，就应进行第一道支撑，以后挖土和支撑交替进行，每次撑板高度一般不宜超过 0.6m，若土质松软或下雨时更应及时支撑。采用钢板桩围护时的首次挖土深度不得超过 2m，在距地面 0.6 ~ 0.8m 处设头道支撑，以后每隔 1m 左右设一道支撑，支撑的结构与间距应符合有关规定。摸清基坑附近管线情况，特别在影响范围内的上、下水管更应采取防止渗透的措施。提高打桩质量，要求达到垂直、平整、直线性等质量要求。严格控制开挖施工顺序，支撑位置挖出后，围檩及支撑必须随时安装完毕。搞好降水措施，确保基坑开挖期间的土体稳定。

（三）基坑泡水

1．现象　基坑开挖后，地基土被水浸泡

2．原因分析　（1）连续不断下雨，使基坑内积水。（2）地下水位较高，降水效果欠佳。（3）排水不及时，进水量大于出水量。（4）基坑距离河、湖、沟、鱼池或者农田灌溉渠较近，在不断渗透情况下使基坑被水浸泡。（5）基坑挖好后，未及时浇筑垫层混凝土，使露坑时间过长。

3. 防治措施 （1）雨季施工时，在基坑四周外 0.5～1m 处应设截水沟或挡水土提，防止地面水流入基坑内。（2）挖土时应挖到距基坑底 0.3～0.5m 处为止。不下雨时，把剩余 0.3～0.5m 土方挖除，并立即做好基础垫层。（3）在地下水位较高或直接在地下水位下挖方时，宜采用井点降水及在基坑四周开挖排水沟和集水井，随时排水以降低地下水位，排水沟和集水井的深度应比基坑底深0.5m。（4）要备足排水设备，随挖方随排水。排水设备要根据水量而定，排水量应大于进水量，排水时间应自挖方开始到填方完成为止。（5）在距离河、湖、沟、鱼池或者农田灌溉渠较近的地方，应在基坑外设一道截水沟，截水沟距离基坑边线 3m 以上，使外界水流入截水沟，而避免流入基坑内。截水沟内的水也应及时排除。（6）基坑开挖后，应连续作业直至浇筑垫层混凝土。在无法连续作业时，也应保证 0.3～0.5m 土方，待有条件作业时再挖出，同时应随时排水，避免基坑内因积水而引起基坑泡水。（7）基底已被泡软的土方应预挖出，并回填砂、石等粒料至土基标高。

（四）基坑超挖、基底扰动

1. 现象 基坑开挖后，地基不平，使局部或全部地基面高程低于设计标高，基底原状土受到扰动。

2. 原因分析 （1）采用机械开挖，没有留下 30cm 由人工开挖整平，而是一挖到底，操作又控制不严，局部多挖。基底原状土受到机械开挖而扰动。（2）没有专人指挥，盲目操作。（3）测量未经复核出现差错。

3. 预防措施 （1）加强测量复核，要设高程控制桩，指派专人负责经常复测高程。（2）机械挖方时要由专人指挥，当机械挖至还剩 30cm 时，应由人工开挖修整。

4. 治理方法 当出现超挖或扰动时，应挖出扰动土并回填砂、石或其他建筑材料，分层夯实到设计标高。

（五）基坑底出现橡皮土

1. 现象 当挖到基坑底时，人走在基底上发生颤动，受力处下陷，四周鼓起，形成软塑状态。在基坑内成片出现这种橡皮土（又称弹簧土）将使承载力下降，变形加大，基底长时间不能得到稳定。

2. 原因分析 （1）严格控制挖土标高，当用机械挖土时，最后 30cm 土方应由人工修挖到标高，当遇到超挖时以砂、石回填，不准回填原状土。（2）合理安排施工，严格按顺序挖土，尽量减少人、机械的往返次数。 （3）应根据土质状况，基坑深度设计降水措施。

3. 预防措施　（1）应有良好的降水设施，确保基坑底部的地下水位降低到基底 0.5m 以下。（2）无论使用机械或人工挖土，应尽可能避免对原状土的扰动。如操作者不要过多在原状土中踩踏、行走。机械挖土时应避免机械对原状土的撞击。

4. 治理方法（1）将橡皮土挖出，挖出部分用砂、石或其它建筑材料回填拍实，然后做基础垫层。（2）将橡皮土较严重的部位，把橡皮土挖除后铺填大石块，再用其他建筑材料嵌实。

（六）基坑底出现冒水、流砂

1. 现象　当基坑开挖深度超过地下水位，坑内采用集水井排水时，基坑底出现一个个冒水水眼，水从水眼不断涌出，同时伴随带有粉细砂。

2. 原因分析　（1）由于基坑底部地质状况有变化，出现了粉沙层或粘土颗粒含量小于 10%、粉粒含量大于 75% 的土层结构，基坑内外水位高差大，在动水压力的作用下，水通过空隙窜出基坑底面而形成冒水流砂。（2）基坑底部出现暗沟、旧河道，旧河道距基坑底层很近。潜水在水压的作用下穿破土层而造成冒水流砂。

3. 预防措施　（1）加强地质勘探和调查研究，在基底标高附近有粉砂层时，应采用井点降水方法降低地下水位，减少动水压力。（2）应根据地下暗沟、旧河道的流向在其上游开挖截水沟，使潜水通过截水沟引出工程范围外。

4. 治理方法　当开挖到基坑底后，发现冒水流砂可采用如下两个方法：（1）在冒水水眼处开挖一道排水沟，排水沟内填上空隙较大的建筑材料，排水沟通往基坑边的集水井，通过抽水使水眼不冒水。（2）用隔水材料覆盖在基坑底部，使水眼里涌出的水在隔水材料的阻隔下，沿隔水底面引到工程范围以外。

（七）基坑底土体隆起

1. 现象　由于土体的弹性和坑外土体向坑内方向挤压，坑底土体产生回弹、隆起变形。导致构造物建造后产生过量的土体压缩、沉降变形。

2. 原因分析　基坑开挖等于基坑内地基卸荷，土体中压力减少，产生土体的弹性效应，另外由于坑外土体压力大于坑内，引起向坑内方向挤压的作用，使坑内土体产生回弹、隆起变形，其回弹变形量的大小与地质条件、基坑面积大小、围护结构插入土体的深度、坑内有无积水、基坑暴露时间、开挖顺序、开挖深度以及开挖方式等有关。

3. 预防措施　（1）合理组织开挖施工，较大面积基坑可采用分段开挖、分段浇筑垫层进行施工，以减少基坑暴露时间。（2）做好坑内排水工作，防止坑内积水。（3）可采取坑内地基加固的技术措施，通过计算确定加固地基土的深度。

4. 治理方法 （1）坑外卸载，挖去一定范围内土体。（2）坑内载或沿坑内周插入板桩，达到防止坑外土向内挤压的目的。（3）坑内按实际情况作坑底地基土加固，然后挖去隆起的土体至标高。

（八）基坑底部突涌

1. 现象 （1）基底被承压水顶裂、在坑底出现不规则的树枝状裂缝，承压水从缝隙中涌出。（2）基底被承压水冲破，基底土体结构破坏，下部含水层土中的砂土呈悬浮流动状态大量涌出。

2. 原因分析 由于基坑开挖，减小了承压水层上部不透水层的覆土厚度，致使承压水顶裂或冲破基坑地基土，而产生土涌。

3. 预防措施 （1）可采用降低地下水位、降低承压水压力的技术措施。（2）采用隔水帷幕，切断坑内承压水。

4. 治理方法 突涌严重时可先向坑内灌水压重，减少坑内外的水头差，稳定管涌现象，在采用双液注浆或灌注快凝混凝土堵住涌口。

二、填方

（一）填方沉陷

1. 现象

基坑回填后，出现局部或大面积沉陷，使基坑表面高低不平，并低于基坑两侧原地面。如果在基坑内浇筑地坪等构筑物，将会出现不均匀沉陷，导致地坪等构筑物裂缝。

2. 原因分析

（1）回填时，基坑中积水未排除。回填物中含有淤泥杂质，杂物腐烂后形成空隙。（2）基坑未按分层杭实的原则进行回填。（3）回填土时，土方的含水量过高，分层夯实未达到密实度要求。（4）回填土时，土块较多，产生大量空隙。

（5）基坑围护措施拆除过快，使基坑壁出现塌方，又未经处理。（6）基坑采用放坡施工时，坡面上未修整成阶梯形宽度不够，使压实设备无法对接触面进行压实，造成空隙。

3. 预防措施

（1）回填土以前应把基坑的积水排除，挖除基坑底部的淤泥和杂物。（2）

选择含水量适中的压粘土或砂质粘土作为回填材料。（3）填土应分层铺筑，分层夯实或压实，每层松铺厚度不宜超过30cm。在构筑物的两侧应同时进行，同步上升，同时也应贯彻每层30cm回填原则。（4）回填土时土块应敲碎，土块颗粒不能大于10cm。（5）设有支撑的基坑在回填土时，应随土方填筑高度，分次自下而上拆除，严禁一次拆除后填土作业。如果一次拆除支撑设备高度较高（大于30cm），也应按松铺30cm填筑并夯实。因塌方原因造成填土高度过大时，要挖除塌方的土，使填土符合回填土的要求。对用钢板桩作为基坑围护时，应先回填土，后拔除钢板桩并对拔除后出现的空隙宜用砂填实。基坑填土应做密实度试验，每个基坑都要做。填土每层一组，每组三点，每点密实度都应大于90%（采用标准击实法）。

4. 治理方法　基坑一旦出现沉陷，如果基坑上尚未进行其他构筑物施工，可用压实机械反复进行压实，直到达到密实度要求，且不在沉陷为止。

（二）填方出现橡皮土

1. 现象　在填土过程中或填土完成后，人走在上面局部出现颤动现象。

2. 原因分析　（1）带水还土，水包在土中不易排除。（2）雨天填土或者回填土的含水量过大。

3. 防治措施　（1）基坑内积水应抽干，然后分层填土分层夯实。（2）雨天不宜填土，回填的土方含水量要适中。（3）出现橡皮土后挖松爆晒后再压实或挖除后重新回填合适的材料。

（三）回填对桥台的位移

1. 现象

填方时，因填方或机械送土将桥台基础或桥台台身挤动变形，造成桥台偏离轴线。

2. 原因分析　（1）回填时只在桥台一侧填土或用机械在单侧推土、碾压，使桥台受到较大的侧压力，而被挤动的变形或偏离轴线。

（2）桥台两侧回填高差太大，使桥台在外力作用下失去平衡，造成桥台位移（3）大量建筑材料或施工机械过多在桥台一侧堆放或停置，使桥台一侧压力增加，造成桥台位移。

3. 预防措施　（1）桥台填方应在梁体结构安装完毕后进行，如因施工安排的关系，也应等第一孔（桥台处这一孔）梁体结构安装好，避免过大的单向压力。（2）在添土时应控制填土高度和上升速度，每层填土高度控制30cm（松铺）。并进行压实，每天上升速度不宜超过两层，通过碾压增加了土体内聚力，从而减轻了对桥台的压力。（3）禁止卡车在桥台一侧直接卸土或用推土机送土到桥台，即使用推土机送土也应推送到距离桥台一定距离，在一般情况下距离应不小于5m。避免对桥台产生过大压力。（4）桥台如设锥坡，则应在桥台两侧同时、同步进行回填，使桥台受力均衡。（5）最好先进行桥台填土，后进行桥台结构施工。（6）应禁止在桥台处作材料堆场或大型机械过多行走，避免增加侧向压力。（7）应加强对桥台位移的观察，一旦发生位移应立即采取措施。

4. 治理方法

（1）如果桥台位移量较大，则应拆除桥台，重做结构。（2）如果桥台位移量较小，则一方面停止填方，避免位移继续发展。另一方面在桥台的另一侧加载（回填土）使桥台俩侧受力平衡。

第二节　沉井质量通病以及对策

一、基坑开挖

（一）基坑底原状土未处理好

1. 现象沉井制作时发生严重倾斜及大幅度沉降。

2. 原因分析

事先未掌握现场地层情况，基坑内暗浜或回填的松软土层没有挖除换填或者基坑底下杂土中障碍物位探明，施工时又不按技术要求进行地基处理。

3. 治理方法　对已发生严重倾斜的沉井可在高位处井底局部挖除砂垫层使井位纠正。

（二）砂垫层密实度不均匀或不密实

1. 现象　沉井制作时沉降过大或明显倾斜

2. 原因分析　基坑砂垫层承载力很差或明显不均匀，砂垫层施工未按分层摊铺振实的技术要求施工。

3. 预防措施　砂垫层施工必须按技术要求分层摊铺（每层松铺砂厚 20 ~ 25cm），分层振实（密实度要求中砂的干重力密度为 16KN/m^3，粗砂为 17 KN/m^3）

4. 治理方法

沉井倾斜较大的可在井身高位处挖出局部砂垫层加以纠偏。

（二）基坑排水未做好

1. 现象 基坑砂垫层被水淹没

2. 原因分析 对基坑内地下水或下雨等流入的地面水未及时排除。

3. 预防措施 施工前要准备排水设备和作好集水井等设施，并要采取拦截措施，不使地面水流入基坑。

4. 治理方法 增补基坑地表和基坑内的排水技术措施。

二、沉井制作

（一）外壁粗糙、鼓胀

1. 现象 沉井浇筑混凝土脱模后，外壁表面粗糙、不光滑，尺寸不准，出现鼓胀，增大与土的摩阻力，影响顺利下沉。

2. 原因分析 （1）模板不平整，表面粗糙或粘有水泥砂浆等杂物未清理干净，脱模时，混凝土表层被粘脱落。（2）采用木模板，浇筑混凝土前未浇水湿润或湿润不够，混凝土水分被吸去，致使混凝土失水过多，疏松脱落形成粗糙面。（3）采用钢模板支模，未刷或局部漏刷隔离剂，拆模时，表皮被钢模板粘结脱落。（4）模板接缝、拼缝不严密，使混凝土中水泥浆流失，而使表面粗糙；或混凝土振捣不密实，部分气泡留在模板表面，混凝土形成粗糙。（5）筒壁模板局部支撑不牢，或支撑刚度差，或支撑在松软土地基上；浇筑混凝土时模板受振，或地基浸水下沉，造成局部模板松开外壁鼓胀。（6）混凝土未分层浇筑，振捣不实，漏振或下料过厚，振捣过度，而造成模板变形，筒壁表面出现蜂窝、麻面或鼓胀。

3. 预防措施 （1）模板应经平整，板面应清理干净，不得粘有干硬水泥砂浆等杂物。（2）木模板在浇筑混凝土前，应充分浇水湿润，清洗干净；钢模脱模剂要涂刷均匀，不少于二遍，不得漏刷。（3）模板接缝、拼缝要严密，如有缝隙，应用油毡条、塑料条、纤维板或刮腻子堵严，防止漏浆。（4）模板必须支撑牢固，支撑应有足够的刚度；如支撑在软土地基上应经加固，并有排水措施，防止浸泡。（5）混凝土应分层均匀浇筑，严防下料过厚及漏振、过振，每层混凝土均应振捣至气泡排除为止。

4. 治理方法

井筒外壁粗糙、鼓胀主要是增大了下沉摩阻力，影响下沉，应加以修整。即将粗糙部位用清水刷洗，充分湿润后，用素水泥浆或1：3水泥砂浆抹光。鼓胀部分应将凸出部分凿去、洗净，湿润后亦用素水泥浆或1：3水泥砂浆抹光处理。

（二）井筒裂缝

1. 现象

井筒制作完毕，在沉井壁上出现纵向或水平裂缝，有的出现在隔墙上或预留孔的四角。

2. 原因分析

（1）沉井支设在软硬不均的土层上，未进行加固处理，井筒浇筑混凝土后，地基出现不均匀沉降造成井筒裂缝。（2）沉井支设垫木（垫架）位置不当，或间距过大，使沉井早期出现过大弯曲应力而造成裂缝。（3）拆模时垫木（垫架）未按对称均匀拆除，或拆除过早，强度不够，使沉井局部产生过大拉应力，而导致出现纵向裂缝。（4）沉井筒壁与内隔墙荷载相差悬殊，沉陷不均，产生了较大的附加弯矩和剪应力造成裂缝；而洞口处截面削弱，强度较低，应力集中，常导致在洞口两侧产生裂缝。（5）矩形沉井外壁较厚，刚度较大，而内隔墙相对较薄、较弱，因温度收缩，内隔墙被外壁约束而出现温度收缩裂缝。

3. 预防措施

（1）遇软硬不均的地基应作砂垫层或垫褥处理，使其受力均匀，荷载应在地基允许承载力范围以内。

（2）沉井刃脚处支设垫木（垫架）位置应适当，并使地基受力均匀。垫木（垫架）间距应通过计算确定，应使支点和跨中发生的拉应力彼此相等，并应验算沉井壁在垂直均布荷载作用下的弯矩、剪力、扭矩（对圆形沉井），使其不超过沉井壁的垂直抗拉强度。拆除垫架，大型沉井应达到设计强度的100%，小型沉井达到70%。

（3）拆除刃脚垫木（垫架）应分区、分组、依次、对称、同步地进行，先抽除一般垫木（垫架），后拆除定位垫架。

（4）沉井筒壁与内隔墙支模应使作用于地基的荷载基本均匀；对沉井孔洞薄弱部位，应在四角增设斜向附加钢筋加强。

4. 治理方法

（1）对表面裂缝，可采用涂两遍环氧胶泥或再加贴环氧玻璃布，以及抹、喷水泥砂浆等方法进行处理。

（2）对缝宽大于0.1mm的深进或贯穿性裂缝，应根据裂缝可灌程度采用灌水泥浆或化学浆液（环氧或甲凝浆液）的方法进行裂缝修补，或者采用灌浆与表面封闭相结合的方法。缝宽小于0.1mm的裂缝，可不处理或只作表面处理即可。

三、沉井下沉

（一）下沉过快

1．现象

沉井下沉速度超过挖土速度，出现异常情况，施工难以控制。

2．原因分析

（1）遇软弱土层，土的承载力很低，使下沉速度超过挖土速度。（2）长期抽水或因砂的流动，使井壁与土的摩阻力下降。（3）沉井外部土体出现液化。

3．预防措施

（1）发现下沉过快，可重新调整挖土，在刃脚下不挖或部分不挖土。（2）将排水法改为不排水法下沉，增加浮力。（3）在沉井外壁间填粗糙材料，或将井筒外的土夯实，增大摩阻力。

4．治理方法　（1）可用木垛在定位垫架处给以支承，以减缓下沉速度。（2）如沉井外部土液化出现虚坑时，可填碎石处理。

（二）下沉过慢

1．现象　沉井下沉速度很慢，甚至出现不下沉的现象。

2．原因分析　（1）沉井自重不够，不能克服四周井壁与土的摩阻力和刃脚下土的正面阻力。（2）井壁制作表面粗糙，高洼不平，与土的摩阻力加大。（3）向刃脚方向削土深度不够，正面阻力过大。（4）遇孤石或大块石等障碍物，沉井局部被搁住，或刃脚被砂砾挤实。（5）遇摩阻力大的土层，未采取减阻措施，或减阻措施遭到破坏，侧面摩阻力增大。（6）在软粘性土层中下沉，因故中途停沉过久，侧压力增大而使下沉过慢或停沉。

3．预防措施

（1）沉井制作应严格按设计要求和工艺标准施工，保持尺寸准确，表面平整光滑。（2）使沉井有足够的下沉自重，下沉前进行分阶段下沉系数 X 的计算（X 值应控制不小于 1.10 ~ 1.25），或加大刃脚上部空隙。（3）在软粘性土层中，对下沉系数不大的沉井，采取连续挖土，连续下沉，中间停歇时间不要过长。（4）在井壁上预埋射水管，遇下沉缓慢或停沉时，进行射水以减少井壁与土层之间的摩阻力。（5）井壁周围空隙中充填触变泥浆（膨润土 20%、火碱 5%、水 75%）或黄泥浆，以降低摩阻力，并加强管理，防止泥浆流失。

4．治理方法　（1）如因沉井侧面摩阻力过大造成，一般可在沉井外侧用 0.2 ~ 0.4MPa 压力水流动水针（或胶皮水管）沿沉井外壁空隙射水冲刷助沉。下沉后，射水孔用砂子填满。（2）在沉井上部加荷载，或继续浇筑上一节井壁混凝土，增加沉井自重使之下沉。（3）将刃脚下的土分段均匀挖除，减少正面阻力；或继续进行第二层（深 40 ~ 50cm）碗形破土，促使刃脚下土失稳下沉。（4）

对于不排水下沉，则可以进行部分抽水，以减少浮力，借以加重沉井。（5）遇小孤石或块石搁住，可将四周土挖空后取出；对较大孤石或块石，可用炸药或静态破碎剂进行破碎，然后清除。如果采用不排水下沉，则应由潜水员进行水下清理。（6）遇硬质胶结土层时，可用重型抓斗或加大水枪的射水压力和水中爆破联合作业；也可用钢轨冲击破坏后，再用抓斗抓出。（7）如因沉井四壁减阻措施被破坏，应设法恢复。（8）采用振动装置（振动锤或振动器）振动井壁，以减低摩阻力，但仅限于小型沉井使用。

（三）瞬间突沉

1. 现象 沉井在瞬时间内失去控制，下沉量很大，或很快，出现突沉或急剧下沉，严重时往往使沉井产生较大的倾斜或使周围地面塌陷。

2. 原因分析 （1）在软粘土层中，沉井侧面摩阻力很小，当沉井内挖土较深，或刃脚下土层掏空过多，使沉井失去支撑，常导致突然大量下沉，或急剧下沉。（2）当粘土层中挖土超过刃脚太深，形成较深锅底，或粘土层只局部挖除，其下部存在的砂层被水力吸泥机吸空时，刃脚下的粘土一旦被水浸泡而造成失稳，会引起突然塌陷，使沉井突沉。当采用不排水下沉，施工中途采取排水迫沉时，突沉情况尤为严重。（3）沉井下遇有粉砂层，由于动水压力的作用，向井筒内大量涌砂，产生流砂现象，而造成急剧下沉。

3. 预防措施 （1）在软土地层下沉的沉井可增大刃脚踏面宽度，或增设底梁以提高正面支承力；挖土时，在刃脚部位宜保留约50cm宽的土堤，控制均匀削土，使沉井挤土缓慢下沉。（2）在粘土层中严格控制挖土深度（一般为40cm）不能太多，不使挖土超过刃脚，可避免出现深的锅底将刃脚掏空。粘土层下有砂层时，防止把砂层吸空。（3）控制排水高差和深度，减小动水压力，使其不能产生流砂或隆起现象；或采取不排水下沉的方法施工。

4. 治理方法 （1）加强操作控制，严格按次序均匀挖土，避免在刃脚部位过多掏空，或挖土过深，或排水迫沉水头差过大。（2）在沉井外壁空隙填粗糙材料增加摩阻力；或用枕木在定位垫架处给以支撑，重新调整挖土。（3）发现沉井有涌砂或软粘土因土压不平衡产生流塑情况时，为防止突然急剧下沉和意外事故发生，可向井内灌水，把排水下沉改为不排水下沉。

（四）下沉搁置

1. 现象 沉井被地下障碍物搁住或卡住，出现不能下沉或下沉困难的现象。
2. 原因分析 （1）沉井下沉局部遇孤石、大块卵石、矿渣块、砖石、混凝土基础、管线、钢筋、树根等被搁置、卡住，造成沉井难以下沉。（2）下沉中遇局部软硬不均地基或倾斜岩层。

3. 预防措施　（1）施工前做好地基勘察工作，对沉井壁下部 3m 以内的各种地下障碍物，下沉前挖井取出。（2）对局部软硬不均地基或倾斜岩层，采取先破碎开挖较硬土层或倾斜岩层，再挖较弱土层，使其均匀下沉。

4. 治理方法　（1）遇较小孤石，可将四周土掏空后取出；较大孤石或大块石、地下沟道等，可用风动工具或用松动爆破方法破碎成小块取出。炮孔距刃脚不小于 50cm，其方向须与刃脚斜面平行，药量不得超过 200g，并设钢板、草垫防护，不得用裸露爆破。（2）钢管、钢筋、树根等可用氧气烧断后取出。（3）不排水下沉，爆破孤石，除打眼爆破外，也可用射水管在孤石下面掏洞，装药破碎吊出。

（五）沉井悬挂

1. 现象

沉井下沉过程中，刃脚下部土体已经掏空，而沉井的自重仍不能克服摩阻力下沉，产生悬挂现象，有时将井壁拉裂。

2. 原因分析（1）井壁与土壁间的摩阻力过大，沉井自重不够，下沉系数过小。（2）沉井平面尺寸过小，下沉深度较大，遇较密实的土层，其上部有可能被土体夹住，使其下部悬空，有时将井壁拉裂。

3. 预防措施　（1）使沉井有足够的下沉自重；下沉前应验算沉井的下沉系数，应不小于 1.1 ~ 1.25。（2）加大刃脚上部空隙，使井壁与土体间有一定空间，以避免被土体夹住。

4. 治理方法　（1）用 0.2 ~ 0.4MPa 的压力流动水针沿沉井外壁缝隙冲水，以减少井壁和土体间的摩阻力。（2）在井筒顶部加荷载；或继续浇筑上节筒身混凝土增加自重和对刃口下土体的压力，但应在悬空部分下沉后进行，以免突然下沉破坏模板和混凝土结构。（3）继续第二层碗形挖土，或挖空刃脚土，必要时向刃脚外掏深 100mm。（4）在岩石中下沉，可在悬挂部位进行补充钻孔和爆破。

（六）筒体倾斜

1. 现象　沉井下沉过程中或下沉后，筒体发生倾斜，使筒体中心线与刃脚中心线不重合，沉井垂直度出现歪斜，超过允许限度。

2. 原因分析　（1）沉井制作时，就出现歪斜，详见"井筒歪斜"的原因分析。（2）土层软硬不均，或挖土不均匀，使井内土面高低悬殊；或局部超挖过深，使下沉不均；或刃脚下掏空过多，使沉井不均匀突然下沉，易导致沉井倾斜。（3）不排水下沉沉井，未保持井内水位高于井外，造成向井内涌砂，引起沉井歪斜。（4）刃脚局部被石块或埋设物搁住，未及时处理；或排水下沉，井内一侧出现流砂。

（5）沉井壁上留有较大孔洞，使重心偏移，未填配重使井壁各部达到平衡就下沉 （6）井外临时弃土或堆重对沉井产生偏心土压；或在井壁上施加施工荷载，对沉井一侧产生偏压。（7）在下沉过程中，未及时采取防偏、纠偏措施。（8）在软土中下沉封底时，未分格、逐段对称进行，造成沉井不均匀下沉而引起倾斜。

3. 预防措施 （1）沉井制作时出现歪斜详见"井筒歪斜"的预防措施。（2）根据不同土质情况，采用不同的挖 1j 顺序，分层开挖，使挖土对称均匀，刃脚均匀受力，沉井均匀、竖直平稳下沉。 对松软土质，可先挖沉井中部土层（每层约深 40～50cm），沿沉井刃脚周围保留土堤，使沉井挤土下沉；对中等密实的土，如刃脚土堤挖出后仍很少下沉，可再从中部向刃脚分层均匀削薄土堤，使沉井平稳下沉；对土质软硬不均的土层，应先挖硬的一侧，后挖软的一侧；对流砂层只挖中间不挖四周；对坚硬土层，可按撤除垫木州顷序分段掏空刃脚，并随即回填砂砾，待最后几段（即定位承垫木处）掏空并回填后，再分层逐步挖去回填填料，使均匀下沉。沉井倾斜如受地下水方向影响时，先挖背水方面的土，后挖迎水方向的土。（3）不排水下沉应常向井内注水，保持井内水位高于井外 1～2m，以防向井内涌砂。排水下沉井内侧出现流砂，应采取措施减小或平衡动水压力，或改用不排水下沉，或用井点降水。（4）刃脚遇到小块姜石、孤石搁住，可将四周土挖空后立即橇去；较大姜石或孤石，用风动工具破碎，或钻孔爆破成小块取出，炮孔应与刃脚斜面平行，药量控制在 200g 以内。（5）井壁孔洞应封闭，内用填配重（块石、铁块等）办法，保持井壁各段重量均衡，以达到平衡下沉。（6）井外卸土、堆重，井上施工荷载，务使均匀、对称。（7）下沉井过程中加强测量观测，在沉井外设置控制网，沉井顶部设十字控制线和基准点，在井筒内壁按四或八等分划垂线，设置标板，吊锤球（图 11-2），以控制平面和垂直度。下沉过程中，每班观测不少于 2 次，发现倾斜（锤球偏离 5cm）应及时纠正。

4. 治理方法

（1）在初沉阶段，一般可采取在刃脚较高部位的一侧加强挖土，在较低的一侧少挖土或回填砂石来纠正。如系不排水下沉，一般可靠近刃脚较高的一侧加强抓土。（2）在终沉阶段，一般可利用设在井外侧的射水管冲刷土体或采取井外射水来纠正倾斜。（3）在刃脚底的一侧加垫木楔，刃脚高的一侧多挖土。（4）在井口上端加偏心压载纠正，务使在沉井封底以前纠正达到合格。

第三节　模板和支架

一、现浇混凝土结构的模板

（一）基础模板缺陷

1. 现象　桥台的基础及桥墩的承台（水中墩除外）一般采用开挖基坑后浇筑垫层混凝土，然后在垫层上安装侧模。常发生沿基础的通长方向不顺直，顶面不平整，模板不垂直，模板底部走动，模板拼缝过大，接头不平整，模板表面不光洁等现象。

2. 原因分析：（1）长度方向未拉直线进行校正。（2）模板安装时，挂线垂直度有偏差。（3）模板上口内侧未采取定尺支撑。（4）模板直接支撑在基坑土壁上，无坚固的后靠力。（5）模板平整度偏差较大，模板表面残渣未清理干净。（6）模板设计不合理，刚度不够。（7）未设置对拉螺栓。（8）模板未涂脱模剂或者脱模剂选用不好等。

3. 防治措施　（1）垫层混凝土的标高及平整度必须符合要求。（2）模板应予设计，并有足够的强度和刚度。（3）支撑应该满足强度和刚度的要求，不得直接支撑在土壁上，避免虚撑现象。（4）模板在组装前应清理干净，并涂刷脱模剂，模板拼缝应该符合质量要求。

（二）承台吊模缺陷

1. 现象

高桩承台由于在水中或虽在陆上但离原地面有一段距离，搭支撑架不经济，就采用吊模的办法，常发生吊杆松弛，底模下沉的现象。

2. 原因分析　（1）模板设计的安全系数不够，支承系统不能承受承台混凝土和施工作业的全部重量，产生过量的挠度，甚至模板搁栅断裂。（2）底模搁栅未采用纵、横两道与基桩夹紧。（3）吊杆紧固不够或强度不足。

3. 防治措施　（1）合理的模板设计是确保模板安全使用的关键。（2）吊杆宜与基桩主筋焊接，并确保焊接质量。（3）吊杆的直径与根数应经过计算。

（三）立柱模板缺陷

1. 现象　（1）模板走动造成立柱面变形、鼓出、尺寸不准、漏浆、混凝土不密实或出现蜂窝麻面。（2）柱模纵、横拼缝不密贴，造成漏浆，棱角不挺直，错缝明显，柱面不平。（3）柱身偏斜，上下不垂直，一排立柱不在同一条轴线上。（4）矩形立柱柱身扭曲，圆柱柱身失圆。（5）柱根部漏浆严重。

2. 原因分析 （1）模板设计对混凝土的侧压力考虑不足，对立柱模的柱箍间距设置太大，采用的柱箍材料本身刚度不够，拼接螺栓偏小。（2）配置模板的精度不够，板缝不严密。（3）成排的立柱未按基准轴线定位，柱身上下未按轴线进行垂直校正或由于柱身支撑设置不够，造成柱身偏斜；或由于立柱钢筋本身偏移未经校正，就进行立柱套模。（4）柱模使用中，防护不当，造成柱模变形，使用后对模板表面的残渣未清理干净，拆模过早，拆模时任意敲拆，造成柱身棱角破损确角。（5）柱模安装时，基底不平，未采取嵌缝找平措施。

3. 防治措施 （1）成排立柱在模板安装前，应事先定出立柱的纵横轴线，在立柱模板上同时定出模板的纵横中线，安装时模板纵横中线对正定出的纵横轴线，并用垂线校正柱模的垂直度。（2）柱模安装前必须先找平基座，纠正立柱钢筋位置，当钢筋位置正确后方可安装模板。（3）根据立柱断面的大小及高度，计算按混凝土的侧压力，配置适当的柱箍及连接螺栓，防止跑模、鼓模。（4）立柱模板定位无误后，底部应支撑牢固，不得松动，可在基础浇筑时设置支撑用的预埋件（钢筋或者角钢等）以作支撑。在四角设置牢固的斜撑，以保证立柱位置的正确和稳固。（5）立柱模板不论是采用木模还是定型模板，拼缝都应平直、严密，板面应光滑平整，在拼缝处应采取嵌缝措施，确保不漏浆。（6）柱模在使用过程中，应保养，维修。拆模时应按顺序进行，严禁敲打拆模，防止损坏柱身棱角。拆模后应随时清除模板表面的残渣，并涂防护剂。如发现有变形、损坏应随即整修。

（四）盖梁模板缺陷

1. 现象 盖梁梁身不平直，梁底不平，梁底下挠，梁侧模走动，形成下口漏浆、上口偏斜。盖梁与立柱接口处漏浆及烂根。梁面不平，影响支座安装。

2. 原因分析 （1）模板未按基准线校正，支撑不劳。（2）模板支架地基未做处理，支架设置在软硬不均匀地基上，混凝土浇筑过程中，底模受荷载后，造成支架及底模的不均匀下沉，梁底模未抛高或者抛高不足，使梁底下挠。（3）盖梁侧模刚度差，未设置足够的对拉螺栓。（4）侧模下口围檩未撑紧，在混凝土侧压力作用下，侧模板下口向外位移，底模不平未采取嵌缝措施。（5）模板上口未设置限位卡具，对拉螺栓紧固不均，斜撑角度过大（大于60度），支撑不牢造成局部偏位。（6）盖梁底模与立柱四周接口处缝隙未嵌实或盖梁底模板高出立柱顶面，造成漏浆及烂根现象。

3．防治措施　（1）盖梁侧模在安装前应事先定出盖梁两侧的基准线，侧模按基准线安装定位，并设斜撑校正模板的线形和垂直度。（2）盖梁支架应设置在经过加固处理的地基上，加固措施应根据地基状况及盖梁荷载确定，当同一个盖梁部分支架设在基础上，部分支架设在地基上时，对基础以外的地基应做加固处理，并应设置刚度足够的地梁，防止不均匀沉降。盖梁底模要垫平、填实，防止底模虚空，造成梁底不平。盖梁支架搭设宜做等荷载试验，以取得盖梁底模的正确抛高值。（3）盖梁侧模无论采用什么材料的，均应根据混凝土的侧压力，设计具有足够强度和刚度的模板结构，并应根据盖梁的结构状况设置必要的对拉螺栓，以确保侧模不变形。（4）在侧模下口，应在底模上设置牢固的侧模底夹条，以确保侧模不向外移动，并对侧模与底模的接缝处进行嵌缝密实，防止漏浆。（5）侧模上口应设置限位卡具或对拉螺栓，对拉螺栓在紧固时，应保持紧固一致，同时对所设置的斜撑角度不得大于60度，并应牢固，这样才能确保盖梁模板上口线条顺直，不偏斜。（6）盖梁底模与立柱四周的接缝缝隙，应嵌缝密实，防止漏浆。立柱的顶标高宜比盖梁底标高高出1——2cm。

（五）支架现浇梁模板缺陷

1．现象　支架变形，梁底不平，梁底下挠，梁侧模走动，拼缝漏浆，接缝错位，梁的线形不顺直，混凝土表面粗糙，封头板不垂直，箱梁内倒角陷入混凝土内。箱梁腹板与翼缘板接缝不整齐。

2．原因分析　（1）支架设置在不稳定的地基上。（2）除由于支架的不均匀沉降外，梁底模铺设不平整、不密实、底模与方木铺设不密贴，梁底模板抛高值控制不当。（3）梁侧模的纵横围檩刚度不够，未按侧模的受力状况布置合理的对拉螺栓。（4）模板配置不当，模板接缝不严密，缝隙嵌缝处理不当。

3．防治措施　（1）支架应设置在经过处理的具有足够强度的地基上，地基表面应平整，支架材料应有足够的刚度和强度，支架立杆下宜加垫槽钢或钢板，以增加立柱与地基的接触面。支架的布置应根据荷载状况进行设计，以保证混凝土浇注后支架不下沉。（2）支架搭设应按荷载情况，根据支架搭设的技术规程进行合理布置。（3）在支架上铺设梁底模要与支架上的梁或者方木密贴，底模要与方木垫实，在底模铺设时要考虑抛高值，抛高值宜通过等荷载试验取得。（4）梁侧模的纵横围檩要根据混凝土的侧压力进行合理的布置，并根据结构状况布置对拉螺栓。

（六）悬臂现浇梁模板缺陷

1．现象　施工挂蓝底模与模板的配置不当造成施工操作困难，箱梁逐节变化的底板接缝不顺，底模架变形，侧模接缝不平整，梁底高低不平，梁体宗轴向线形不顺。

2. 原因分析 （1）悬臂浇筑一般采用挂蓝法施工，挂蓝底模架的平面尺寸未能满足模板施工的要求。（2）底模架的设置未按箱梁断面渐变的特点采取措施，使梁底接缝不平，漏浆，梁底线形不顺。（3）侧模的接缝不密贴，造成漏浆，墙面错缝不平。（4）挂蓝模板定位时，抛高值考虑不够或挂蓝前后吊带紧固受力不均。（5）挂蓝的模板未按桥梁纵轴线定位。（6）挂蓝底模架的纵横梁连接失稳几何变形。

3. 防治措施 （1）底模架的平面尺寸，应满足模板安装时支撑和拆除以及浇筑混凝土时所需操作宽度。（2）底模架应考虑箱梁断面渐变和施工预拱度，在底模架的纵梁和横梁连接处设置活动钢铰，以便调节底模架，使梁底接缝平顺。（3）底模架下的平行纵梁以及平行横梁之间为防止底模架的几何尺寸变形，应用钢筋或型钢采取剪刀形布置牢固连接纵横梁，以防止底模架变形。（4）挂蓝就位后，在校正底模架时，必须预留混凝土浇筑时的抛高量（应经对挂蓝的等荷载实验取得），模板安装时应严格按测定位置核对标高，校正中线，模板和前一节段的混凝土面平整密贴。（5）挂蓝就位后应将支点垫稳，收紧后吊带、固定后锚，再次测量梁端标高，在吊带收放时应均匀同步，吊带收紧后，应检查其受力是否均衡，否则就重新调整。

（七）防撞护栏与栏杆模板缺陷

1. 现象 混凝土表面粗糙，有气孔，线形不顺直，顶面高低不平，相邻孔伸缩处栏杆顶面有高差，防撞护栏与栏杆的伸缩缝不在同一垂直线上。栏杆柱不垂直。

2. 原因分析 （1）模板表面不光洁，模板表面混凝土残渣未清除干净，使用时未涂脱模剂。（2）模板支撑不牢，未按基准线进行校正，预埋钢筋有偏差。（3）护栏与栏杆模板未垫平，基底标高未校正。（4）伸缩缝模板支撑不牢，混凝土振捣时模板走动。造成护栏及栏杆与伸缩缝偏斜，位置不准确。

3. 防治措施 （1）防撞护栏及栏杆的模板宜采用光洁度较高的防水胶合板或定型钢模板，支撑牢固。（2）防撞护栏及栏杆的位置应精确放样，预埋钢筋如有偏差，应按质量标准进行校正。在防撞护栏及栏杆施工前应对全桥的桥面标高进行统测，如发现有偏差，应做统一调整。模板安装时应按基准线和标高认真进行校正。保持线形顺直，顶面平顺，标高正确。（3）防撞护栏及栏杆的伸缩缝必须与桥面伸缩缝在同一直线上，伸缩缝端模应保持与桥面伸缩缝在同一直线上，并支撑牢固。栏杆柱的立模，不论桥的纵坡有多大，栏杆柱应始终保持成铅垂线。（4）拆下来的防撞护栏及栏杆的模板，应进行养护和维修，确保使用时模板光洁完好。

二、预制构件模板

（一）梁外模板缺陷

1. 现象　梁身沿纵向不平直，梁底不平整有露筋，梁两侧模板拆除以后发现侧面有水平裂缝，掉角，表面气泡粗糙。

2. 原因分析　（1）模板纵向不顺直。（2）梁底板垃圾没有清除。（3）模板自身质量较差，混凝土浇筑后变形较大。（4）底模未设置拱度。

3. 防治措施　（1）梁的侧模板与底模板之间宜采用帮包底形式。（2）侧模刚度要进行验算，尽量采用刚度较大的截面形式。（3）梁的外模宜采用钢模板。（4）模板使用完毕，应进行养护和维修，确保使用时模板光洁完好。（5）在支架上现浇的梁，支架必须安装在坚实的地基上，并应有足够的支撑面积，以保证不下沉。并应有排水设施。（6）后张法预应力混凝土梁的底模应设置在台座上，同时考虑到张拉时的两端的集中反力，两端的地基必须做加固处理，满足需要。

（二）梁内模上浮

1. 现象　（1）在浇筑腹板混凝土时，梁内模开始上浮，是梁顶板混凝土变薄。（2）在浇筑顶板混凝土时，梁内模开始上浮，造成梁顶面抬高并有龟裂性裂缝。

2. 原因分析　内模定位固定措施不力

3. 防治措施　（1）橡胶气囊史内模，应设置固定钢筋并于梁主筋焊接。（2）空心木模内模应与顶板对拉进行支撑。

三、施工胀模通病防治措施

模板是桥梁混凝土结构工程施工的重要工具，特别是现浇结构的模板技术，由于直接影响到工程建设的质量、造价和企业经济效益，因此它是推进我国建筑技术进步的一个重要内容。混凝土胀模现象，会造成构件尺寸变化，外型不规整，一般需剔凿表面整型，严重影响了混凝土的外观质量。而且也影响混凝土表面下道工序的正常进行，现根据我北方地区施工技术及施工环境总结若干胀模通病进行原因分析，通过原因分析提出几点防治办法，以供施工参考。

（一）胀模的部位及原因分析

模板下口混凝土侧压力最大，一次浇筑过高过快时，容易发生胀模现象。阳角部位 U 形卡不到位或大模悬挑端过长时，易发生胀模。采用木板支模的门窗洞口、预留洞口，其支撑及定位比较困难，是胀模现象的多发区。由于表面留有残浆，二次接槎部位不能保证模板与墙、柱面拼接严密，故也易发生胀模。随意取消拉结片造成胀模。悬挑处支撑数量不够，标高不准造成胀模。采用定型钢模时，未使用阴角模，大角常连接不紧密，有空隙，时有胀模现象发生。无外脚手架时，周边梁外模安装困难，质量无法保证，外模支撑不顺直，支撑不牢造成胀模。梁跨中未按规定起拱时，易发生梁下沉现象。梁柱节点及楼板与剪力墙、柱交接处模板拦搓拼接不严也容易造成胀膜。

（二）模板安装质量控制措施

1. 模板施工方案（1）荷载组合计算时除侧压力外，应考虑到混凝土的浇筑方法，堆料方式等可能发生的其它荷载。（2）模板的组合型式要合理，支撑计算准确，对拉螺栓和拉结片的布置要可靠有效。对不当设置对拉螺栓或拉结片的部位，应采取支撑进行补强，模板下口应有钢筋支脚固定位置。（3）设计好门窗洞口模板，预留洞口模板的支撑形式和安装定位方法。（4）对楼板的支撑应在结构计算基础上，分别计算梁板支撑架，并依实际情况支撑大头柱，必要时画出详细的模板图辅助施工。（5）按照建筑结构实际情况进行模板预排，将非标准模板放置在跨中便于处理的部位。（6）确定模板安装顺序，保证整体安装质量。（7）最后还应处理好以下问题：角模形式、大小及与墙、板模板的连接方式；模板之间的拼接方法、模板与角模的拼接方法、梁柱节点、与墙、柱交接处内外模板支撑方法。

2. 模板的安装 模板安装应严格按照模板施工方案进行，所使用模板应保证形状、尺寸、相对位置正确，有足够的强度、刚度和稳定性。在安装过程中设置防倾覆的临时固定设施。消除拼缝不严，板面不垂直，模板下口与构件间有空隙，对拉螺栓未拧到位，拉结片松动，模板拼接漏上 U 形卡及模板支撑未按计算支设，支撑悬空等引起模板胀模的质量隐患。

3. 模板安装验收 除检查构件尺寸是否符合设计要求外，还应检查模板施工方案的执行情况，对梁、楼板应验收支撑情况，起拱情况，边模支撑及节点模板安装情况；对墙柱模板应验收拼接情况，阴阳角连接情况以及模板下口支撑情况，最后应验收其整体安装是否合理。

（三）混凝土浇筑时应注意的问题

施工中应认真执行混凝土浇筑方案，严格控制分层厚度及二次浇筑时间，确保实际施工与计算相一致，确保混凝土侧压力不超出计算值，同时应控制好浇筑速度和混凝土初凝时间，掺有外加剂的混凝土还应加入外加剂影响系数，以有利控制胀模现象 的发生。浇筑时应经常检查模板及支撑稳定情况，及时处理漏浆，跑模事件。混凝土浇筑完毕，拆模后，应对模板进行维修和保养，对模板面、肋的损伤应及时维修、加固。模板使用前涂刷隔离剂，以延长模板寿命。综上所述，模板施工前认真编制模板施工作业指导书，绘制模板施工图及模板支撑计算书；模板安装保证质量；浇筑时控制好模板稳定性；模板使用后及时维修保养。是确保混凝土施工不发生胀模现象的有效手段。

第四节　钢筋施工质量通病防治

一、钢筋焊接质量通病及防治

（一）钢筋闪光对焊

1. 未焊透

（1）现象 焊口局部区域未能相互结合，焊合不良，接头镦粗，变形量很小，挤出的金属毛刺极度不均匀，多集中于焊口上部，并产生严重胀开现象。

（2）防治措施：第一，选择合理的焊接参数进行试焊，并通过试件检验确定焊接参数。第二，重视预热作用，扩大沿焊件纵向的加热区域，减少温度梯度。第三，选择合适的烧化留量，使焊件获得符合要求的温度分布。第四，避免采用过高的变压器级数施焊。

2. 焊口氧化

一种状态是焊口局部区域为氧化膜所覆盖，呈光滑面状态，另一种情况是焊口四周强烈氧化，失去金属光泽，呈现发黑状态。

防治措施：（1）确保烧化过程的连续性。（2）采用适当的顶锻留量。（3）采用尽可能快的顶锻速度，避免氧化形成。（4）保证接头处具有适当的塑性变形，有利于去除氧化物。

3. 焊口脆断 1. 现象 在低应力状态下，接头处发生无预兆的突然断裂。脆断可分为淬硬脆断、过热脆断和烧伤脆断几种情况，以断口齐平、晶粒很细为特征。防治措施：（1）针对钢筋的焊接性，采取相应的焊接工艺。我国建筑用钢筋状况是Ⅱ级及以上都是低合金钢筋，不论其直径大小，均宜采取闪光—预热—闪光焊的焊接工艺为宜。（2）对于难焊的Ⅳ级钢筋，焊后进行热处理时，要避免快速加热和快速冷却，对热处理加热温度略超过600℃即可。

4. 焊接处烧伤

钢筋端头与电极接触处，在焊接时产生熔化状态，这是不可忽视的危险缺陷，极易发生局部脆性断裂，其断口齐平，呈放射性条纹状态。防治措施：（1）两焊接钢筋端部130 mm的长度范围内，焊接应仔细清除锈斑、污物，电极表面应经常保持干净，确保导电良好。（2）在焊接或热处理时，应夹紧钢筋。

5. 接头弯折或偏心

现象 接头处产生弯折，折角超过规定值，大于4，或接头处偏移，轴线偏移大于0.1 d或2 mm。

防治措施：（1）钢筋端头弯曲或呈现马蹄状时，焊前应予以矫直或切除。（2）经常保持电极的正常外形，安装位置准确，电极磨损后应及时修理或更新。（3）焊接完毕，稍冷却后再移动钢筋，要轻放，不要扔、摔。

（二）钢筋点焊

1. 焊点脱点

钢筋点焊制品焊点周界熔化铁浆不饱满，如用钢筋轻轻撬打或将钢筋点焊制品举至地面1 m高使其自然落地，即可产生焊点分离现象。

防治措施：（1）点焊前应正确选择焊接参数，经试验合格后再进行成品焊接。（2）焊接前清除钢筋表面锈蚀、氧化皮、杂物、泥渣等。（3）对已产生脱点的钢筋点焊制品，应重新调整焊接参数，加大焊接电流，延长通电时间，进行二次补焊，并应在焊好的制品上截取双倍试件，试件合格后进行补焊。

2. 焊点过烧

钢筋焊接区上、下电极与钢筋表面接触处均有烧伤，焊点周界熔化铁浆外溢过大，而且毛刺较多，焊点处钢筋呈现蓝黑色。

防治措施：（1）调整焊接参数，降低变压器级数，缩短通电时间。（2）焊前清除钢筋表面锈蚀，避免局部导电不良，造成多次重焊。（3）焊接前应检查电极表面是否平正，电极处冷却循环水是否渗漏。（4）严格避免焊点二次重焊。

（三）钢筋电弧焊

1. 焊缝成形不良

焊缝表面凹凸不平，宽窄不匀，这种缺陷对静载强度影响不大，但容易产生应力集中，对承受动载不利。防治措施：（1）严格选择焊接参数。（2）提高焊工操作水平。（3）对已产生表面不良的部位，应仔细清渣后精心补焊一层。

2. 咬边

焊缝与钢筋交界处烧成缺口没有得到熔化金属的补充，特别是直径较小钢筋的焊接及坡口焊中，上钢筋很容易发生此种情况。防治措施：（1）选择合适的电流，避免电流过大。（2）操作时电弧不能拉得过长，并控制好焊条的角度和运弧的方法。（3）对已产生咬边部位，清渣后应进行补焊。

3. 电弧烧伤钢筋表面

已焊钢筋表面局部有缺肉或凹坑。电弧烧伤钢筋表面对钢筋有严重的脆化作用，往往是发生脆性断裂的根源。

防治措施：（1）精心操作避免带电的焊条、焊把与钢筋非焊部位接触，引起电弧烧伤钢筋。（2）严格操作，不得在非焊接部位随意引燃电弧。（3）地线与钢筋接触要良好紧固。（4）Ⅱ、Ⅲ级钢筋有烧伤缺陷时，应予以铲除磨平，视情况补焊加固，然后进行回火处理。回火温度一般以500℃～600℃为宜。

4. 夹渣

在被焊金属的焊缝中存在块状或弥散状非金属夹渣物，影响焊缝强度。防治措施：（1）正确选择焊接电流，焊接时必须将焊接区域内的脏物清除干净。（2）多层施焊时，必须层层清除焊渣后，再施焊下层，以避免层间夹渣。（3）焊接过程中发现钢筋上有脏物或焊缝上有熔渣时，焊到该处应将电弧适当拉长，并稍加停留，使该处熔化范围扩大，以把脏物或熔渣再次熔化吹走，直至形成清亮熔池为止。

二、钢筋电渣压力焊

（一）接头偏心和倾斜

焊接接头其轴线偏差大于 0.1 d 或 2 mm。接头弯折角度大于 4。

防治措施：（1）焊接钢筋端部必须平直，对端部歪扭和不直部分，焊接前应采用气割切断或矫正后，再进行焊接操作。（2）夹持两钢筋的上下夹具必须同心，焊接过程中应保持垂直和稳定。（3）夹具的滑杆和导管之间必须严紧，滑动自如。如间隙因磨损偏大时应及时修理后再用。（4）钢筋下送加压时，顶压力应适当，不得过大。（5）焊接完毕后，不得立即卸下夹具，应在停焊后约 1 min～2 min 再卸夹具，以免钢筋倾斜。

（二）未熔合

1. 现象　上下钢筋在接合面处没有很好地熔合在一起，在试拉或冷弯时断裂在焊口部位。

2. 防治措施：

（1）在引弧过程中应精心操作掌握好操纵杆的提升速度及高度。如操纵杆提升得太快太高，造成上下钢筋间隙太大发生灭弧；如操纵杆提升得太慢造成上下钢筋粘连形成短路，均会影响焊口的熔合。（2）适当增大焊接电流和延长焊接通电时间，使钢筋端阳部得到适当的熔化量。（3）及时检修焊接设备，保持正常使用。（4）对已焊好的成品，如发现未熔合缺陷时，应切除重新焊接。

（三）夹渣

1. 现象　焊口中有非金属夹渣物，影响焊口质量。

2. 防治措施：（1）适当调整焊接参数，延长通电时间，使钢筋在熔化过程中形成凸面，进行顶压使熔渣易排出。（2）根据焊接钢筋直径的大小选择合适的焊接电流和通电时间，因焊接电流过大或过小均会造成焊口夹渣。（3）熔化后熔渣粘度大的焊剂应进行更换或加入一定比例的萤石，以增加熔渣的流动度。（4）适当增加顶压力。

三、钢筋气压焊

（一）接头偏心和偏突

防治措施：（1）卡紧、卡正夹具，使受力点在中心位置，焊接面受热均匀。（2）降低初压力，焊炬摆幅适当缩小，温度适宜快速一次压成。

（二）焊炬回火或氧气倒流发生回火

1. 现象　焊炬回火或氧气倒流发生回火 2. 防治措施：（1）应尽量使用大功率焊炬，缩短加热时间，不使焊炬过热造成回火。（2）氧气阀关闭时不要过于用力，否则会胀裂引射嘴而使氧气倒流发生回火。

（三）焊接过程中停顿的处理　防治措施：焊接过程中的停顿，要视接缝闭合情况而定。如接缝已闭合可继续压接；如焊缝未闭合，接头处失去火焰保护会立即氧化，故必须重新处理后重新压接。

第五节　混凝土施工质量通病及防治

在桥梁混凝土工程施工过程中，经常发生一些质量通病，影响结构的安全和外观质量，如何最大限度的消除质量通病，保证工程结构安全，是工程施工人员急需解决的。混凝土质量通病主要有蜂窝、麻面、孔洞、露筋、缝隙、夹层、缺棱掉角、表面不平整、强度不够、均质性差等。

一、自拌混凝土

（一）坍落度不稳定

1. 现象　混凝土拌和物坍落度变化起伏大，超过允许偏差范围

2. 原因分析　（1）搅拌机水量控制器失灵，自动加水量忽多忽少。（2）操作手任意增减用水量。（3）砂石料计量不准。（4）没有按现场情况调整砂石料的实际含水量。

3. 防治措施　（1）严格控制加水量。发现坍落度异常首先检查加水量的大小和砂石料的实际含水量是否正确。（2）校正水及砂石料的计量装置。杜绝按体积比拌制混凝土。（3）根据气温、湿度、砂石实际含水量调整加水量。

（二）混凝土现场试块强度不合格

1. 现象　（1）同批次试件强度测定值和平均值低于混凝土设计强度 R。（2）同批试件强度最低测定值低于 0.85R。（3）同批试件中强度最低测定值低于 R 的组数——当试件为 6～10 组时，多于 2 组；当试件为 3～5 组时，多于 1 组；当试件少于 3 组时，每组强度测定值低于 R。

2. 原因分析

（1）混凝土配合比设计强度安全度不够。（2）试件制作有缺陷：如未按规定振捣、未进行养生、受冻或遭爆晒。（3）混凝土拌制质量低劣。

3. 防治措施　（1）混凝土配合比设计应有一定的安全储备。（2）按规定制作混凝土试件，并与结构或构件同条件养护。不得受冻或者爆晒。当发现现场留置的混凝土试件不合格，应与标养条件下的试件强度相对照，确认试件强度不符合要求，可以从结构中钻取试样或采取非破损方法查明结构实际混凝土的抗压强度和灌注质量。

二、蜂窝、麻面、孔洞等处理

（一）窝蜂

蜂窝现象就是混凝土结构局部出现酥松、砂浆少、石子多、石子之间形成空隙类似蜂窝状的窟窿。

1. 混凝土产生蜂窝的原因。（1）混凝土配合比不当或砂、石子、水泥等到材料计量不准，造成砂浆少、石子多；（2）混凝土搅拌时间不够，未拌合均

匀，和易性差，振捣不密实；（3）下料不当或下料过高，未设串筒使石子集中，造成石子砂浆离析；（4）混凝土未分层下料，振捣不实，或漏振，或振捣时间不够；（5）模板缝隙未堵严，水泥浆流失；（6）钢筋较密，使用的石子粒径过大或坍落度过小；（7）基础、柱、墙根部未稍加间歇就继续灌上层混凝土。

2. 防治混凝土蜂窝的措施。（1）认真按设计要求，严格控制混凝土配合比，经常检查，做到计量准确，混凝土拌合均匀，坍落度适合；混凝土下料高度超过2m应设串筒或溜槽；浇灌应分层下料，分层振捣，防止漏振；模板缝应堵塞严密，浇灌中应随时检查模板支撑情况，防止漏浆；基础、柱、墙根部应在下部浇完间歇1h～1.5h，沉实后再浇上部混凝土，避免出现"烂脖子"。（2）小蜂窝，洗刷干净后，用1：2或1：2.5水泥砂浆抹平压实；较大蜂窝，凿去蜂窝处薄弱松散颗粒，刷洗净后，支模用高一级细石混凝土仔细填塞捣实，较深蜂窝，如清除困难，可埋压浆管、排气管，表面抹砂浆或灌筑混凝土封闭后，进行水泥压浆处理。

（二）麻面　混凝土麻面现象就是混凝土局部表面出现缺浆和许多小凹坑、麻点，形成粗糙面，但无钢筋外露现象。

1. 混凝土产生麻面的原因。（1）模板表面粗糙或粘附水泥浆渣等杂物未清理干净，拆模时混凝土表面被破坏；（2）模板未浇水湿润或湿润不够，构件表面混凝土的水分被吸去，使混凝土失水过多出现麻面；（3）摸板拼缝不严，局部漏浆；（4）模扳隔离剂涂刷不匀，或局部漏刷或失效，混凝土表面与模板粘结造成麻面；（5）混凝土振捣不实，气泡未排出，停在模板表面形成麻点。

2. 防治混凝土麻面的措施。（1）模板表面清理干净，不得粘有干硬水泥砂浆79等杂物；浇灌混凝土前，模板应浇水充分湿润；模板缝隙应用油毡纸、腻子等堵严；模扳隔离剂应选用长效的，涂刷均匀，不得漏刷；混凝土应分层均匀振捣密实，至排除气泡为止。（2）表面作粉刷的，可不处理，表面无粉刷的，应在麻面部位浇水充分湿润后，用1：2或1：2.5水泥砂浆，将麻面抹平压光。

（三）孔洞　混凝土孔洞现象是指混凝土结构内部有较大尺寸的空隙，局部没有混凝土，钢筋局部或全部裸露。

1. 产生孔洞的原因。（1）在钢筋较密的部位或预留孔洞和预埋件处，混凝土下料被搁住，未振捣或振捣不实就继续浇筑上层混凝土；（2）混凝土离析，砂浆分离，石子成堆，严重跑浆，又未进行振捣；（3）混凝土一次下料过多，过厚，下料过高，振捣器振动不到，形成松散孔洞；（4）混凝土内掉入木块、泥块等杂物，混凝土被卡住。

2. 防治孔洞的措施。（1）在钢筋密集处及复杂部位，采用细石混凝土浇灌，认真分层振捣密实；预留孔洞处，应两侧同时下料，严防漏振；砂石中混有粘土块、木块等杂物掉入混疑土内，应及时清除干净。（2）将孔洞周围的松散混凝土和软弱浆凿除，用压力水冲洗，充分湿润后用高强度等级细石混凝土浇灌、捣实。

（四）露筋

混凝土露筋就是混凝土内部主筋、副筋或箍筋局部裸露在结构构件表面。

1. 产生露筋的原因。（1）灌筑混凝土时，钢筋保护层垫块位移或垫块太少或漏放，致使钢筋紧贴模板外露；（2）结构构件截面小，钢筋过密，石子卡在钢筋上，使水泥砂浆不能充满钢筋周围，造成露筋；（3）混凝土配合比不当，产生离析，模板部位缺浆或模板漏浆；（4）混凝土保护层太小或保护层处混凝土振捣不实；或振捣棒撞击钢筋或踩踏钢筋，使钢筋位移，造成露筋；（5）木模板未浇水湿润，吸水粘结或脱模过早，拆模时缺棱、掉角，导致漏筋。

2. 防治露筋的措施。（1）浇灌混凝土，应保证钢筋位置和保护层厚度正确；加强检、验、查，钢筋密集时，应选用适当粒径的石子，保证混凝土配合比准确和良好的和易性；浇灌高度超过 2m，应用串筒或溜槽进行下料，以防止离析；模板应充分湿润并认真堵好缝隙；混凝土振捣严禁撞击钢筋，操作时，避免踩踏钢筋，如有踩弯或脱扣等现象及时调整；正确掌握脱模时间，防止过早拆模，碰坏棱角。（2）表面漏筋处应冲刷洗净后，在表面抹 1 : 2 或 1 : 2.5 水泥砂浆，将漏筋部位抹平；漏筋较深的凿去薄弱混凝土和突出颗粒，洗刷干净后，用比原来高一级的细石混凝土填塞压实。

（五）缝隙、夹层　混凝土的缝隙、夹层现象是指混凝土内存在水平或垂直的松散混疑土夹层。

1. 产生缝隙、夹层的原因。（1）施工缝未经接缝处理，未清除水泥表面的松动石子，未除去软弱混凝土层并充分湿润就灌筑混凝土；（2）施工缝处锯屑、泥土、砖块等杂物未清除或未清除干净；（3）混疑土浇灌高度过大，未设串筒、溜槽，造成混凝土离析；（4）底层交接处未灌接缝砂浆层，接缝处混凝土未很好振捣。

2. 防治缝隙、夹层的措施。（1）认真按施工验收规范要求处理施工缝表面；接缝处锯屑、泥土砖块等杂物应清理干净并洗净；混凝土浇灌高度大于 2m 应设串筒或溜槽；接缝处浇灌前应先浇 50mm ~ 100mm 厚原配合比无石子砂浆，以利结合良好，并加强接缝处混凝土的振捣密实。（2）缝隙夹层不深时，可将松散混凝土凿去，洗刷干净后，用 1 : 2 或 1 : 2.5 水泥砂浆填密实；缝隙夹层较深时，应清除松散部分和内部夹杂物，用压力水冲洗干净后支模，灌细石混凝土或将表面封闭后进行压浆处理。

（六）缺棱掉角　混凝土缺棱掉角现象就是指结构或构件边角处混凝土局部掉落，不规则，棱角有缺陷。

1.产生缺棱掉角的原因。（1）木模板未充分浇水湿润或湿润不够，混凝土浇筑后养护不好，造成脱水，强度低，模板吸水膨胀将边角拉裂，拆模时，棱角被粘掉；（2）低温施工过早拆除侧面非承重模板；（3）拆模时，边角受外力或重物撞击，或保护不好，棱角被碰掉；（4）模板未涂刷隔离剂，或涂刷不均。

2.防治缺棱掉角的措施。（1）木模板在浇筑混凝土前应充分湿润，混凝土浇筑后应认真浇水养护，拆除侧面非承重模板时，混凝土应具有 1.2N/ mm² 以上强度；拆模时注意保护棱角，避免用力过猛过急；吊运模板，防止撞击棱角，运输时，将成品阳角用草袋等保护好，以免碰损。（2）出现缺棱掉角，可将该处松散颗粒凿除，冲洗充分湿润后，视破损程度用 1：2 或 1：2.5 水泥砂 浆抹补齐整，或支模用比原来高一级混凝土捣实补好，认真养护。

（七）表面不平整　混凝土表面凹凸不平，或板厚薄不一，表面不平，也是其质量通病。

1.产生表面不平整的原因。（1）混凝土浇筑后，表面仅用铁锹拍子，未用抹子找平压光，造成表面粗糙、不平；（2）模板未支承在坚硬土层上，或支承面不足，或支撑松动，致使新浇灌混凝土早期养护时发生不均匀下沉；（3）混凝土未达到一定强度时，上人操作或运料，使表面出现凹陷不平或印痕。

2.防治表面不平的措施。　严格按施工规范操作，灌筑混凝土后，应根据水平控制标志或弹线用抹子找平、压光，终凝后浇水养护；模板应有足够的强度、刚度和稳定性，应支在坚实地基上，有足够的支承面积，以保证不发生下沉；在浇筑混凝土时，加强检查，凝土强度达到1.2N/mm² 以上，方可在已浇结构上走动。

（八）强度不够，均质性差　混凝土施工过程中有时会出现同批混凝土试块的抗压强度不符合混凝土强度评定规定。

1.产生强度不够、均质性差的原因。（1）水泥过期或受潮，活性降低；砂、石集料级配不好，空隙大，含泥量大，杂物多，外加剂使用不当，掺量不准确；（2）混凝土配合比不当，施工中计量不准，随意加水，使水灰比增大；（3）混凝土加料顺序颠倒，搅拌时间不够，拌合不匀；（4）冬期施工，拆模过早或早期受冻；（5）混凝土试块制作未振捣密实，养护管理不善或养护条件不符合要求，在同条件养护时，早期脱水或受外力砸坏。

2. 混凝土强度不够、均质性差的防治措施。（1）水泥应有出厂合格证，新鲜无结块，严禁使用过期水泥；砂、石子粒径、级配、含泥量等应符合施工规范要求；严格控制混凝土配合比，保证计量准确；混凝土应按顺序拌制，保证搅拌时间和搅拌均匀；防止混凝土早期受冻；按施工规范要求认真制作混凝土试块，并加强对试块的管理和养护。（2）当混凝土强度偏低，可用非破损方法（如回弹仪法，超声波法）来测定结构混凝土实际强度，如仍不能满足要求，可按实际强度校核结构的安全度，研究处理方案，采取相应加固或补强措施。　混凝土严重的质量通病，影响结构安全，一般的质量通病，影响混凝土的外观评定质量。在混凝土的施工中，各工序应严格把关，克服人为的不定影响，按规范、规程进行操作，把混凝土的质量通病降到最低限度。

第六节　预应力混凝土 T 梁和箱梁质量通病及防治措施

一、后张法预应力混凝土工艺

（一）锚具碎裂

1. 现象　预应力张拉时或张拉后，锚板或锚垫板或夹片锚的夹片碎裂。

2. 原因分析　（1）锚具（锚板、锚垫板、夹片）热处理不当，硬度偏大，导致钢材延性下降太多，在高应力下发生脆性断裂。（2）锚具钢本身存在裂纹、砂眼、夹杂等隐患或因热处理淬火、锻压等原因产生裂缝源，在受到高应力的集中作用裂缝发展碎裂。3. 防治措施　（1）加强对锚夹具的出厂前和工地检验，锚夹具的技术要求应符合我国国家标准《预应力筋用锚夹具和连接器》（GB/T14370—93）类锚具的要求。有缺欠、隐患或热处理后质量不稳定的产品一律不得使用。（2）立即更换有裂缝和已碎裂的锚具。同时对同批量的锚夹具进行逐个检查，确认合格后才能继续使用。

（二）锚垫板面与孔道轴线不垂直或锚垫板中心偏离

1. 现象　张拉过程中锚杯突然抖动或移动，张拉力下降。有时会发生锚杯与锚垫板不紧贴的现象。

2. 原因分析　锚垫板安装时没有仔细对中，垫板面与预应力索线不垂直。造成钢绞线或钢丝束内力不一，当张拉力增加到一定程度时，力线调整，会使锚杯突然发生滑移或抖动，拉力下降。

3. 预防措施 （1）锚垫板安装应仔细对中，垫板面应与应力索的力线垂直。（2）锚垫板要可靠固定，确保在混凝土浇筑过程中不会移动。

4. 治理方法 另外加工一块楔形钢垫板，楔形垫板的坡度应能使其板面与预应力索的力线垂直。

（三）锚头下锚板处混凝土变形开裂

1. 现象 预应力张拉后，锚板下混凝土变形开裂。

2. 原因分析 （1）通常锚板附近钢筋布置很密，浇筑混凝土时，振捣不密实，混凝土疏松或仅有砂浆，以致该处混凝土强度低。（2）锚垫板下的钢筋布置不够、受压区面积不够、锚板或锚垫板设计厚度不够，受力后变形过大。

3. 预防措施 （1）锚板、锚垫板必须有足够的厚度以保证其刚度。锚垫板下应布置足够的钢筋，以使钢筋混凝土足以承受因张拉预应力索而产生的压应力和主拉应力。（2）浇筑混凝土时应特别注意在锚头区的混凝土质量，因在该处往往钢筋密集，混凝土的粗骨料不易进入而只有砂浆，会严重影响混凝土强度。

4. 治理方法 将锚具取下，凿除锚下损坏部分，然后加筋用高强度混凝土修补，将锚下垫板加大加厚，使承压面扩大。

（四）滑丝与断丝

1. 现象 （1）锚夹具在预应力张拉后，夹片夹不住钢绞线或钢丝，钢绞线或钢丝滑动，达不到设计张拉值。（2）张拉钢绞线或钢丝时，夹片将其夹断，即齿痕较深，在夹片处断丝。

2. 原因分析 （1）锚夹片硬度指标不合格，硬度过低，夹不住钢绞线或钢丝；硬度过高则夹伤钢绞线或钢丝，有时因锚夹片齿形和夹角不合理也可以引起滑丝与断丝。（2）钢绞线或钢丝的质量不稳定，硬度指标起伏较大，或外径公差超限，与夹片规格不相匹配。

3. 防治措施 （1）锚夹片硬度除了检查出厂合格证外，在现场应进行复检，有条件的最好进行逐片复检。（2）钢绞线或钢丝的直径偏差、椭圆度、硬度指标应纳入检查内容。如偏差超限，质量不稳定，应考虑更换钢绞线或钢丝的产品供应单位。（3）滑丝断丝若不超过规范允许的数量，可不预处理，若整束或大量滑丝和断丝，应将锚头取下，经检查并更换钢束重新张拉。

（五）波纹管线形与设计偏差较大

1. 现象 最终成型的预应力孔道线形与设计线形相差较大

2. 原因分析：浇筑混凝土时，预应力管道没有按规定可靠固定。管道被踩压、移动、上浮等，造成管道变形。

3．预防措施 （1）要按设计线形准确放样，并用 U 形钢筋按规定固定管道的空间位置，再用细铁丝绑扎牢固。曲线及接头处 U 形钢筋应该加密。（2）浇筑混凝土时要注意保护管道，不得踩压，不得将振捣棒靠在管道上振捣。（3）应有防止管道上浮的措施。

（六）波纹管漏浆堵管

1．现象 穿束穿不过去；采用混凝土浇筑前穿束的，待混凝土浇筑后预应力束拉不动。

2．原因分析 （1）预应力索管（波纹管）接头处脱开漏浆，流入孔道。（2）预应力索管（波纹管）破损漏浆或在施工中被踩、挤、压瘪。

3．防治措施 （1）使用波纹官作为索管的，管材必须具备足够的承压强度和刚度。有破损管材不得使用。波纹管连接应根据其号数，选用配套的波纹管。连接时两端波纹管必须拧至相碰为止，然后用胶布或防水包布将接头缝隙封闭严密。（2）浇筑混凝土时应保护预应力管道，不得碰伤、挤压、踩踏。发现破损应立即修补。（3）浇筑混凝土开始后，在其初凝前，应用通孔器检查并不时拉动疏通；如采用预置预应力束的措施，则应时时拉动预应力束。在混凝土浇筑结束后再进行一次通孔检查。如发现堵孔，应及时疏通。（4）确认堵孔严重无法疏通的，应设法查准堵孔的位置，凿开该处混凝土疏通孔道。（5）如不能采用凿开混凝土的办法恢复堵孔的预应力而不得不将其废弃，则可起用备用预应力管道或与设计商量采用其他补救措施。

（七）张拉后预应力筋延伸率偏差过大

1．现象 张拉力达到了设计要求，但预应力钢筋延伸量与理论计算值相差较大。 2．原因分析 （1）预应力筋的实际弹性模量与设计采用值相差较大。（2）孔道实际线形与设计线形相差较大，以致实际的预应力摩阻损失与设计计算值有较大的差异或实际孔道摩阻参数与设计取值有较大的出入也会产生延伸率偏差过大。（3）初应力用值不合适或超张拉过多。（4）张拉钢束过程中锚具滑丝或钢束内有断丝。（5）张拉设备未做标定或表具读数离散性过大。

3．防治措施 （1）每批预应力筋应复验，并按实际弹性模量修正计算延伸值。（2）校正预应力孔道的线形。（3）按照预应锚具力筋的长度和管道摩阻力确定合适的初应力值和超张拉值。（4）检查和预应力筋有无滑丝和断丝。（5）校核测力系统和表具。（6）如预应力束的断丝率已超过规范规定则应更换该束。

（八）预应力损失过大

1．现象 预应力施加完毕后预应力筋松弛，应力值达不到设计值。

2. 原因分析 （1）锚具滑丝或钢绞线内有断丝。（2）钢束的松弛率超限。（3）量测表具数值有误，实际张拉值偏小。（4）锚具下混凝土局部破坏变形过大。（5）钢束与孔道间的摩阻力过大。

3. 防治措施 （1）检查预应力筋的实际松弛率，张拉钢索时应采用张拉力和引伸量双控制。事先校正测力系统，包括表具。（2）锚具滑丝失效，应预更换。（3）钢束断丝率超限，应将锚具、预应力筋更换。（4）锚具下混凝土局部破坏，应将预应力释放后，用环氧混凝土或高强度混凝土补强后重新张拉。（5）改进钢束孔道施工工艺，使孔道线形符合设计要求，必要时可采用减摩剂。

（九）张拉预应力后结构产生较大的扭曲变形 1. 现象 构件在张拉后发生扭曲变形。尤其是高、薄腹板或宽翼板的 T 梁容易产生侧向弯曲或翘曲。2. 原因分析 张拉顺序未按设计要求进行操作，构件受力严重不对称。3. 预防措施张拉时按照设计要求的顺序进行，左右对称施加预应力张拉速度应一致。4. 治理方法由于预应力束张拉不对称引起的扭曲变形可释放某些预应力束后重新张拉纠偏；如偏差超限，且有裂缝产生，影响结构的安全，构件不能使用。

（十）预应力孔道压浆不密实

1. 现象 水泥浆从入口压入孔道后，前方通气孔或观察孔不见有浆水流过；或有的是溢出的浆水稀薄。钻孔检查发现孔道中有空隙，甚至没有水泥浆。

2. 原因分析 （1）灌浆前孔道未用高压水冲洗，灰浆进入管道后，水分被大量吸附，导致灰浆难以流动。（2）孔道中有局部堵塞或障碍物，灰浆被中途堵住。管道排气孔堵塞，灌浆时空气无法彻底排出。（3）灰浆在终端溢出后持荷继续加压时间不足。（4）灰浆配置不当。如所有的水泥泌水率高（3h 后超过 3%），水灰比大（大于 0.5）灰浆离析等。

3. 防治措施 （1）孔道在灌浆前应以高压水冲洗，除去杂物、疏通和润湿整个管道。（2）配置高质量的浆液。灰浆应具有良好的流动速度并不易离析，可掺入适量的减水剂和微膨胀剂，但不得掺入对管道和钢束有腐蚀作用的的外掺剂，掺量和配方应试验确定。（3）管道及排气口应通畅。压浆时应从低处往高处压（参考压力 0.3 ~ 0.5Mpa），待高端孔眼冒溢浓浆后，堵住排气口持荷（0.5 ~ 0.6Mpa）继续加压，待泌水流干后在塞住孔口。（4）对管道较长或第一次压浆不够理想的，可进行二次压浆。

三、预应力混凝土箱梁

（一）箱梁常见裂缝

1．现象　（1）纵向弯曲裂缝。（2）纵向弯曲剪应力裂缝。（3）预应力筋未能覆盖截面产生的裂缝。（4）桥墩两侧箱梁腹板和独立支撑处箱梁横隔板中的裂缝（5）温度收缩裂缝。（6）箱梁底板的锚下裂缝。（7）大吨位预应力引起的裂缝。

2．原因分析　（1）主桥总体设计中对箱梁截面尺寸的拟定不合理，其中包括梁高，腹板及顶板厚度尺寸，承托布置及尺寸。（2）设计抗弯剪能力不足。（3）位合理考虑温度应力。（4）对超静定预应力混凝土连续梁桥设计中的次内力影响估计不足。（5）预应力束布置不合理。（6）预应力张拉未达到设计要求。（7）材料自身强度不足。（8）施工技术差错或未考虑施工精度的误差。

3．防治措施　（1）设计时除了按有关规范进行主应力计算外，还要对各种应力，尤其是局部应力的可能分布状态要有足够的的定性分析和进行必要的定量分析。以便优化调整箱梁截面尺寸，合理布置预应力束；对预应力钢束锚固端两侧的危险截面应加以验算。（2）布置适量的普通钢筋，以提高箱梁结构局部区域的抗裂性能，增加构件的局部强度，取用合理的技术经济指标。（3）精心施工，充分考虑施工中的各种不利因素，对施工方法、材料强度及预应力张拉工艺等需要有可靠的保证，做到符合设计要求。（4）对工程中出现的裂缝应作详细的调查，进行科学的分析。必要时还应进行有关试验和测试，对症下药。采取相应的对策。以确保结构的强度、安全性和耐久性。

（二）箱梁底板在沿预应力钢束波纹管位置下出现的纵向裂缝

1．现象　采用支架现浇法施工的预应力混凝土箱梁底板，在沿预应力钢束波纹管位置下出现断断续续、长度不等的裂缝，宽度大部分在 0.2mm 以下。

2．原因分析　（1）预应力钢束的波纹管的保护层厚度偏薄，加上采用的高标号水泥用量偏多，水泥浆含量偏大，导致较大的收缩变形。由于箱梁结构的内约束，包括底板截面的不均匀收缩和波纹管对混凝土收缩的约束作用，导致较大的混凝土收缩应力，超过了当时混凝土的抗拉强度，从而出现沿波纹管纵向的裂缝。（2）箱梁底板横向分布钢筋间距偏大。（3）箱梁底板预应力钢束布置不合理。（4）混凝土振捣不密实，养护措施不到位。（5）张拉预应力钢束时的混凝土龄期偏小。

3．防治措施（1）改进混凝土的配置,优化降低混凝土收缩变形的材料配合比。其中包括水泥用量、水灰比、外加剂等。（2）采取技术措施，确保预应力钢束的波纹管的保护层厚度。（3）对底板构造钢筋和底板预应力钢束的间距采取合理布置。（4）加强对箱梁底板混凝土外表面的养护。（5）适当延长混凝土张拉龄期。

（三）箱梁腹板出现斜向裂缝

1. 现象　悬臂现浇混凝土箱梁拆模后张拉预应力束，腹板混凝土出现裂缝。一种是有规律地出现于底板约呈45度的斜裂缝；另一种为沿着预应力管道方向的斜向裂缝，往往是靠近锚头处裂缝开展较宽，逐渐变窄而至消失。

2. 原因分析　（1）出现与底板呈45度斜裂缝的原因极大可能是该区域的主拉应力超过了该处的预应力束和普通钢筋的抗剪及混凝土的抗拉强度。也有可能是混凝土拆模过早，混凝土尚未达到其设计抗拉强度。（2）出现沿预应力钢束管道方向的裂缝的原因往往是由于预应力钢束张拉时，管道及其周边混凝土受到集中的压应力。（3）混凝土未达到拆模、张拉的龄期。（4）腹板的非预应力普通钢筋网的钢筋间距过大，不能满足抗裂要求。（5）施工时临时荷载超载或在作用点产生过大的集中应力。

3. 预防措施　悬臂现浇混凝土箱梁腹板斜向裂缝的出现往往是设计、施工、材料、工艺等综合因素作用的结果，原因复杂。这里我们主要针对施工产生的原因进行分析。（1）施工工况、工艺流程必须与设计相符。如有变更应立即与设计单位联系，核算无误后方可施工。（2）混凝土未到龄期和强度，不得拆模。（3）施工时严格控制施工荷载，不得有超载或有不同于设计工况的集中荷载。（4）确保混凝土的保护层厚度及其质量。

（四）箱梁拆模后在腹板与底板承托部位出现空洞、蜂窝、麻面1. 现象箱梁浇筑混凝土拆模后，在底板与腹板连接处的承托部位，部分腹板离底板1m高范围内出现空洞、蜂窝、麻面。

2. 原因分析　（1）箱梁腹板一般较高，厚度较薄，在底板与腹板连接部位钢筋密集，又布置有预应力筋使得腹板混凝土浇筑时不易振实，也有漏振的情况，易造成蜂窝。（2）若箱梁设置横隔板，一般会设预留人孔，浇筑混凝土时从预留人孔两边同时进料，易造成预留人孔下部空气被封堵，形成空洞。（3）浇筑混凝土时，若气温较高，混凝土坍落度小，局部钢筋密集，振捣困难，易使混凝土出现蜂窝，不密实。（4）箱梁混凝土浇筑量较大，若供料不及时，易造成混凝土振捣困难，出现松散或冷缝。（5）模板支撑不牢固，接缝不密贴，易发生漏浆、跑模、使混凝土产生蜂窝、麻面。（6）施工人员操作不熟练，振捣范围分工不明确，未能严格做到对相邻部位交叉振捣，从而造成漏振情况，使混凝土出现松散、蜂窝。

3. 防治措施　（1）箱梁混凝土浇筑前应做好合理组织分工，对操作人员进行技术交底，划分振捣范围，浇筑层次清楚。（2）对设置横隔板的箱梁，混凝土要轮流从横隔板洞口一边下料，并从洞口下另一边振出混凝土，避免使空气封堵在洞口下部。（3）合理组织混凝土供料。（4）根据施工气温，合理调整混凝土坍落度和水灰比。（5）当箱梁腹板较高时，模板上应预留人孔处，使得振捣器可达到各部位。（6）对箱梁底板与腹板承托处及横隔板预留人孔处，应重点监护，确保混凝土浇筑质量。

（五）预应力钢束张拉时，钢束伸长值超出允许偏差值

1. 现象 预应力钢束张拉时，钢束伸长值超出允许偏差范围。

2. 原因分析 （1）实际使用预应力钢材弹性模量和钢束截面积与设计计算值不一致。（2）由于预应力预留孔道的位置不准确，波纹管形成空间曲线，使张拉时钢束的摩阻力变大，当张拉到设计吨位时，预应力钢束的伸长值偏小。（3）预应力施工工序不规范。（4）千斤顶与压力表等预应力机具未能按规定定期进行校验。

3. 防治措施 （1）预应力筋在使用前必须按实测的弹性模量和截面积修正计算。（2）正确量得预应力筋的引伸量，按计算的引伸量误差修正伸长值。（3）确保波纹管的定位准确。（4）若实际发生的摩阻力偏大，预应力钢束张拉后的实测值相差较大，此时可考虑使用备用孔道增加预应力钢束。

（六）预应力筋的断丝和滑丝

1. 现象 预应力混凝土箱梁张拉时发生预应力钢束的断丝和滑丝，使得箱梁的预应力钢束受力不均匀或构件不能达到所要求的预应力。

2. 原因分析 （1）实际使用的预应力钢丝或钢绞线直径偏大，锚具与夹片不密贴，张拉时易发生断丝和滑丝。（2）预应力钢束没有或未按规定要求梳理编束，使得钢束长短不一或发生交叉，张拉时造成钢束受力不均，易发生断丝。（3）锚具与夹片的尺寸不准确，夹片的锥度误差大，夹片的硬度与预应力筋不配套，易发生断丝和滑丝。（4）锚圈放置位置不准确，支承垫块倾斜，千斤顶安装不正，也会造成预应力钢束的断丝。（5）施工焊接时，把接地线接在预应力筋上，造成钢丝间短路，损伤预应力筋，造成预应力钢束的断丝。

3. 防治措施 （1）穿束前，预应力钢束必须按技术规程进行梳理编束，并正确绑扎。（2）张拉前锚具与夹片需要按规范要求进行检验，特别对夹片的硬度一定要进行测定，不合格予以更换。（3）张拉时锚具、千斤顶安装要准确。（4）当预应力钢束张拉到一定吨位时，如发现油压回落，再加油压又回落，这时有可能发生断丝，若这样，需更换预应力钢束。（5）焊接时严禁利用预应力筋作为接地线，也不允许电焊烧伤波纹管与预应力筋。（6）张拉前必须对预应

力筋进行清理，如发生预应力筋锈蚀应重新更换。

第七节　预制梁安装施工质量通病及防治措施

一、一般缺陷

（一）支承面平整度偏差过大

1. 现象　支承平面搁置支座上，不能全部吻合。

2. 原因分析　（1）支承面模板走样。（2）支承面混凝土表面没有抹平。（3）支承面预埋铁件制作变形未予矫正。（4）混凝土级配不当，产生过多的收缩。

3. 预防措施　（1）加强模板的刚度，牢固地固定预埋件，减少模板与预埋铁件的变形。（2）合理设计预埋铁件和制订完善的加工工艺，减少制作、运输及安装等过程的变形。（3）加强预埋铁件入模前的平整度检查。（4）加强混凝土配合比的设计和管理。（5）做好混凝土的抹面整平工作。

（二）高程偏差过大

1. 现象　（1）预制梁支承端部高程不符合设计高程。（2）预制梁跨中高程高出设计高程。

2. 原因分析　（1）预制梁尺寸有误。（2）支承面高程有误。（3）预制梁预拱度过大。（4）预应力混凝土构件施加预应力后，由于混凝土的弹性模量过小，产生过多的上拱度。

3. 预防措施　（1）加强模板尺寸的复核。（2）健全测量复核制度，加强复核力度。（3）合理设计模板支架，正确计算弹性与非弹性变形，从而确定预拱度。（4）合理安排生产周期，注意早期强度与弹性模量的关系，适当利用龄期增长混凝土的强度，使之同时增加混凝土的弹性模量，减少梁的上拱。（5）改善混凝土配比设计，适当减少砂率与水泥用量，从而减少混凝土的徐变。

（三）支承中心里程偏差过大

1. 现象　（1）预制梁"过长"或"过短"，不能正确安装在支座上。（2）伸缩装置缝宽尺寸过宽或过窄。

2. 原因分析　（1）桥梁跨径测量有误。（2）预制梁长度有误。

3. 预防措施　（1）认真做好测量仪器的计量检查，消除仪器的自身误差。（2）加强测量放样复核制度，复核内容必须有完整的内业资料和完整的测量控制网。

（3）认真学习设计文件，正确领会各类数据的含义与量的概念。

二、预制梁移动和堆放

（一）过早搬运

1. 现象　（1）预制梁混凝土未达到规定的强度进行场内搬运。（2）先张法预应力混凝土梁未达到规定的强度，进行松张搬运出台座。（3）后张法预应力混凝土构件管道压浆或封头混凝土强度未达到规定的强度，进行起吊运输。

2. 原因分析　（1）生产计划进度过紧，计划周期短。（2）混凝土受气候或养护条件影响，强度增长速度慢。（3）混凝土配比设计不当造成混凝土强度增长过慢或达不到规定龄期强度。（4）受场地周期需要，过早对梁集中堆放。

3. 预防措施　（1）合理安排生产计划或工程进度计划，使构件有足够的时间增长强度。（2）正确、合理地进行混凝土配比设计。

（二）缺边掉角

1. 现象　预制梁边、角破碎、掉落

2. 原因分析　（1）拆模强度未到或拆模方法不当，造成由于拆模对构件的损伤。（2）搬运或吊运过程中，捆绑索或吊索对构件未采用木块或橡胶等物加以隔离，以致受力后勒伤构件的边角，甚至擦伤构件混凝土表面。（3）搬运、堆放过程中构件与其他物体发生撞击。（4）运输转弯时，构件与车架接触，产生挤压破损。

3. 预防措施　（1）合理安排生产，在达到规定强度后再拆除模板。（2）选择正确的拆模方法，不要猛打硬撬。（3）捆绑索或吊索与混凝土接触采取弹性物质垫衬。（4）合理安排堆放场地与运输路线，使之有足够的空间。（5）运输要选择有转盘的平板车。

三、安装

（一）支座与支承面不密贴

1. 现象　（1）支座安放后不平稳有翘动现象。（2）支座安放后与支承面有空鼓。（3）预埋铁件有空鼓。

2. 原因分析　（1）支承面铁件加工翘曲。（2）支承面不平整。（3）预埋铁件在浇筑混凝土时空气无法排除。

3. 预防措施　（1）改进预制梁或盖梁的预埋铁件的加工工艺，对锚筋以螺栓为宜，或认真矫正或通过表面刨铣，提高制作的精度。（2）加强支承面混凝土的抹平工作。（3）改善混凝土配比，减少收缩和泌水率。（4）在较大面积铁件上，适当设置溢出孔。

（二）支座中线与主梁中线不重合

1. 现象　目测或经过丈量发现支座中线与主梁中线不重合

2. 原因分析　（1）中线测量有误。（2）支座安装位置不正确　（3）支座固定不当，尤其是板式支座，在构件安装时，受到移动产生偏位。

3. 预防措施　（1）加强测量复核工作。（2）认真审图，明确支座各部件作用，正确安装。（3）当发现预制梁安装位置不准确时，应将构件提起，重新安装。

（三）橡胶支座安装偏差

1. 现象　（1）活动摩阻面的摩阻力过大。（2）固定螺栓露出太高，阻碍支座滑动。（3）滑动导向装置方位与所需滑动方向的角偏位。

2. 原因分析　（1）制作误差，验收不认真。（2）安装不认真。

3. 预防措施　（1）认真做好摩擦面的清洁工作，并按要求涂润滑油脂。（2）固定螺栓露出长度按要求留存。（3）按规定方位安装滑动导向装置。

（四）弯桥支座与梁脱开

1. 现象　两跨以上连续弯桥（包括预应力混凝土桥、钢筋混凝土桥和钢桥）中间支墩采用单支座，端部支墩采用双支座，有时会发现端部支座中的弯道内侧支座与梁脱开，支座起不到支承的作用。

2. 原因分析　（1）弯桥在自重作用下梁受扭矩，发生扭转变形，当中间单支座仍按梁中心线设置时，支座不能承受扭矩，因而梁体扭转变形会累积传到端支座上，当变形过大时就会出现弯桥内侧支座托离梁体。（2）弯道桥在预应力索张拉时会有非平面变形，具体变形形状与梁的形状和索的形状有关。（3）支座的标高不准确或有错误。

3. 预防措施　（1）弯桥在设计时应充分考虑梁在受扭后的变形，变形较小时可将中间单支座对梁轴预设偏心，偏心大小由计算取得；当扭转变形较大，用预设偏心的方法不能解决时，中墩应设置双支座。（2）支座的标高施工时严格测设和复核制度。

（五）T 梁发生侧倾

1. 现象　T 型梁在运输和安装过程中发生侧倾。

2. 原因分析　（1）T 型梁在运输和安装就位后两侧支撑布置不对称或支撑不牢靠，特别是边梁外侧无端横隔梁更易侧倾。（2）T 型梁运输车辆的转向架转向失灵或转弯时过快。（3）T 型梁支座布置偏位太大，在 T 型梁间没有连接前，更易发生。（4）T型梁安装完成后T梁间没有互相连接前，受到其他外力作用。

3．预防措施　（1）T型梁在运输和安装就位后，必须立即设置支撑，先安好的T梁，采取临时或永久的措施与后安装的梁横向连接，待整孔T梁安装完毕后立即连成整体。（2）T型梁在运输前应检查车辆的转向架，运输过程中速度不宜过快，转弯时放慢速度。（3）施工过程中注意避免对已安装到位的T型梁施加水平力。

第八节　悬索桥主要质量通病及防治技术

一、锚碇及索塔承台大体积砼施工

锚碇和索塔承台均属大体积砼，众所周知，由于混凝土内表温差及层间温差产生的温度应力超过混凝土的抗拉强度时，就会产生大体积混凝土的质量通病——温度裂缝。针对大体积砼施工中易产生温度裂缝，以温控为重点，辅以其他防裂措施，控防结合，实践证明温度裂缝完全可以得到有效控制。

（一）科学制定温控标准，量化温控指标　采用"大体积砼施工期温度场及温度应力场计算程序包"对锚碇大体积砼浇注进行了仿真计算，制定了砼在施工期间不产生有害裂缝的温控标准，具体内容如下。

砼最大水化热温升C25砼不超过28℃；C40砼不超过35℃。砼内表温差不超过25℃，其中基岩以上第1～第5层砼内表温差不超过20℃。相邻块体的砼温差不超过25℃。砼允许最大降温速率不超过1.5℃天。

（二）精选材料，采用"双掺"技术优化砼配合比，降低砼水化热温升。精选材料　通过试验研究，C25砼采用425号低热矿渣水泥；C40砼为525号中热硅酸盐水泥。两种水泥均为水化热较低的大坝水泥，选择优良级配的砂、石料也是重要环节。采用"双掺"技术、优化配合比，降低砼内部水化热绝对温升　通过试验研究，掺入II级以上粉煤灰可以在保证砼强度的条件下降低水泥用量，掺入适量缓凝高效减水剂可以在满足施工工艺的前提下延长水化热散发时间，降低水化热强度，推迟水化高峰出现时间，有效避免相邻块砼不利温升组合，优选配合比。

（三）合理分块、分层，化整为零，降低砼水化热温升。将锚碇水平方向分大块，竖向分层进行浇注，每层高度1.4～2.8m，平面尺寸减小和层厚的减薄均有利于水化热的散发，从而降低了温度梯度，减小了温度应力。

（四）严格控制砼浇注入仓温度，切实把好开盘关 在每次砼开盘之前，试验室要量测水泥、砂、石、水的温度，专门记录，计算其出机温度。砼从出机至浇注需经过砼输送泵运输、摊平、振捣等过程，经过多次测试还要升温。

1.5～2.5℃，当浇注温度超过上述控制标准时，必须夜间浇注，若不能满足要求，就需要采取砂石料降温，拌和水加冰等措施，再不符合控制标准就不得开盘。

（五）设置冷却水管，利用冷却水散发砼内部热量采用冷却水管降低砼内外温差是常用有效途径，利用冷却水循环带走砼内部热量。

（六）加强温度现场监测，及时调整温控措施

根据锚碇结构特点和温度场计算结果，在有代表性的各层分别布置了温度传感器和应变计，通过定期观测的数据，指导确定冷却水管通水流量、通水时间以及进水温度使之符合温控标准。

（七）控制各层浇注间歇期，减少层间约束 这是防止砼收缩裂缝的重要措施。温控细则规定砼间歇期应控制在 5 天，最长不得超过 7 天，尽量保证锚碇大体积做到短间歇、连续施工。若不能 满足上述规定，应通过验算，采用调整层厚等措施来满足温控要求。

（八）控防结合，主动采用防裂措施

1. 微膨胀砼的应用 锚碇后浇段和湿接缝砼浇注直接将平面上的分块连接为一个整体，砼干缩应力引起砼变形，严重的就产生干缩裂缝。为此，湿接缝和后浇段采用微膨胀砼以抵消和补偿砼收缩变形，对防止产生干缩裂缝收效明显。

2. 施工缝处治 每层砼浇注完成形成一定强度后，及时凿毛并冲洗干净，层与层之间设置了一层 159 mm ×75 mm 的金属扩张网以提高层间结合力，可防止层面产生裂缝。

二、索塔、塔身砼

钢筋砼索塔易产生施工中钢筋锈蚀、砼拆模后表面气孔、蜂窝、麻面、露筋、施工缝错位、错台以及砼开裂等质量通病，索塔塔身砼外观质量直接影响大桥整体形象，对此，可采用以下防治措施。

（一）防锈蚀 索塔钢筋在横梁施工时，一般在空气中要暴露 2 个月左右，若不采取措施，锈蚀往往难免，根据这一情况采取的措施是：除锈后涂刷水泥净浆再用雨布遮盖。

（二）砼表面气孔、蜂窝、麻面的防治 砼拆模后，砼表面出现的因气体未

排出形成的小坑眼被称为气孔，大大小小一定数量的坑眼、斑点集中在一起被称为蜂窝、麻面。防治措施：精选材料和外掺剂，降低水灰比，优化配合比，施工前进行模拟试验，施工中加强振捣控制。

（三）施工缝错位、错台防治 采用超大模板减少施工缝数量，加强砼收盘检平、凿毛，保证接缝砼平顺，加强模板刚度防止模板变形和走模。

（四）砼开裂防治 调整配合比，适当增加骨料，改进养生方式（不间断滴漏式），保证养生质量，增加 30 mm × 30 mm、直径 6.5 mm 防裂钢筋网等。

三、索鞍、索夹制造

主索鞍、散索鞍、索夹是悬索桥受力关键部件，主索鞍、散索鞍为铸焊结合件，其工程质量主要受铸件质量和焊接质量的影响。

（一）铸件质量通病的处理 质量通病或缺陷常表现为：夹砂、裂纹、缩孔、疏松和变形等。采取以下处治方法：对于较小的缺陷采用打磨、机加工的方法弃除，边弃除，边进行萤光（渗透）检查，直至缺陷全部弃除干净，对于较大的缺陷，修复采用局部加热处理和整体加热处理方法进行加热，至一定温度进行焊补，焊补后采取局部或整体消除焊接残余应力，热处理后打磨、探伤，如仍有超标缺陷，则重复进行上述工序，直至缺陷完全弃除。

（二）索鞍焊接质量通病及处治 索鞍焊接质量通病主要包括一般焊接质量通病和索鞍因特殊结构产生的焊接残余应力大、应力集中等。前者一般焊接质量通病类型、产生原因及防治措施可参照钢箱梁对于索鞍焊接及安装。对焊接残余应力大和应力集中的防治措施：设计上合理分块、合理确定焊接部位结构尺寸，制造中保证对接部位尺寸精度，焊接时严格按照试验确定的工艺实施；焊接应力集中一般发生在焊缝交叉处。防治措施：在次要受力部位割成圆角，可减少焊缝交叉造成的应力集中。

四、钢箱梁制造及安装

钢箱梁制造及安装，包括钢箱梁制作、节段匹配、运输、吊装及焊接。现就各阶段的质量通病类型及防治措施分述如下。

（一）钢箱梁焊接质量 钢箱梁单元件焊接，节段总成焊接和工地现场焊接，影响因素多，防治措施采用常规方法即可。

（二）对接间隙与预拼不一致并超过规定值，缝宽不一致，板边平整度超标等，防治措施如下：采用无余量精密切割工艺，保证下料尺寸准确。单元件制造采用反变形工艺，减少单元件变形。将空中工作量提前到地面，在吊装前实施 3+1 匹配预拼装消除梁段制造误差。吊装过程中通过千斤顶、手动葫芦或其他手段予以矫正，并通过匹配件、马板及时固定。

（三）钢箱梁桥面标高及线型钢箱梁桥面标高及线型是按一期恒载梁内无应力设计的，其竖向线型通过梁段接缝处顶板与底板间隙不同形成拱度来实现。其质量通病是桥面标 高偏离设计值、线型不匀顺。防治措施：加强监控的科学性及时予以修正，严格控制影响因素，认真执行预拼装确定的控制指标。

五、主缆系统制作及安装

主缆系统制作及安装包括镀锌钢丝加工、索股编束、猫道架设和索股架设。现就各阶段的质量通病类型、防治措施分述如下。

（一）钢丝制作 钢丝加工制作质量通病一般为：扭转指标达不到设计的次数、直线性差、弹性模量离散性大、编束所需的粗糙度不够等。防治措施：一是从原材料选择上下功夫，通过大量的实践，选择了日本产 DLP 盘元，提高了钢丝抗扭转性能，满足了设计要求；二是在试生产期间，通过大量统计数据研究决定，采用对直线性要求更严的指标即一米矢高，代替原合同规定自由圈径和自由翘头，既减小了检测工作量，又有效控制了质量；三是改进工艺，在钢丝整直工序中减少或不用润滑剂，提高了钢丝编束所需要的粗糙度；四是合理确定弹性模量区间和代表值，通过稳定原材料和生产工艺来减小弹性模量离散性。

（二）钢丝编束 索股编束的质量通病一般有：索股扭转、鼓丝、呼啦圈（即索股因自身重力的影响出现上盘不紧的现象）。防治措施：在工艺上狠下功夫，采用 S 法上盘，利用上盘紧缩装置来减少和消除束股扭转、鼓丝、呼啦圈现象。

（三）猫道架设 猫道是主缆架设的空中走道，其安全性和线型是施工质量控制的关键，结合宜昌长江公路大桥实际，其质量通病主要有：底板索锚头锚具破损（环状裂纹等），浇铸合金松动、脱落、裂纹，上、下游两副猫道面层标高差引起的横向走道倾斜，同副猫道底板索标高差过大而导致底板索不能均匀受力，猫道出现偏斜等。锚具破损，浇铸合金松动、脱落、裂纹的产生原因主要是宜昌大桥猫道底板索是利用虎门大桥的，锚头在拆卸、运输过程中容易受损，而锚头又是猫道重要受力部件，直接关系到上部结构施工的安全，为此，对全部旧锚头逐一探伤检查，经严格查验，不合格，全部重新制作，新制作锚头由经验较丰富的单位承担，新制锚头按规定比例抽检，直至合格率100%。横向走道倾斜、猫道偏斜和底板索不能均匀受力，主要是承重索下料和架设精度不够造成的，为此，除严格控制承重索下料长度外，还明确规定了两个控制指标，上、下游两副，猫道标高差 ≤ 10cm，同副猫道承重索标高差 ≤ 5cm，通过施工严格监控从而保证了施工安全，满足了施工需要。

（四）主缆索股架设　主缆索股在牵引和架设中出现的质量通病主要有：索股的扭转、松弛，钢丝的鼓丝、交叉、磨损和包扎带断裂等，若不及时处理，将严重影响主缆架设质量和进度。防治措施：一是索股上盘采用 S 法减小上盘时产生的内力；二是利用着色丝（标志丝）及时检查索股扭转情况，通过控制锚头位置，入鞍整形纠扭保证每一跨段内无扭转。对索股钢丝的鼓丝、交叉、磨损和包扎带断裂采取的措施：一是增加上盘紧束装置，减少索股自重形成的"呼啦圈"现象；二是在放束装置上增加刹车系统以便索股牵引停止时，速度同步；三是选择摩擦阻力较小的尼龙滚轮代替橡胶滚轮减少钢丝的错动、磨损和包扎带断裂。

六、桥面铺装

钢箱梁沥青铺装的质量通病主要有：车辙、拥包、横向推移、开裂、脱层等。防治措施如下。

（一）搞好气候环境调查，合理确定使用温度调查本地区近几十年来气温、降雨、风速风向和极端气温，推算钢箱梁的使用温度，是确定合理的铺装方案的关键。

（二）进行受力分析，优选试验铺装方案对桥面铺装的受力状况进行力学分析，弄清受力特征，选择追从性好、适应性强的铺装方案，并作好钢桥面铺装疲劳性能、层间剪切、高温稳定性分析。

（三）加强试验研究，选用优质材料　在室内进行多种级配的混合料动态剪切流变、低温弯曲、透水率、浸水马歇尔稳定度、车辙试验等，选择性能好的基质沥青、改性沥青、石料、纤维和矿粉材料等。对粘结材料不但要求具有防水作用，还要重点进行不同温度条件下的剪切试验，以及高温条件下的滑移稳定性试验，以保证铺装层与钢板之间的粘结牢固。

（四）通过直道试验研究确定推荐铺装方案　经室内试验初拟几种铺装方案后，主要通过疲劳试验和高温浸水车辙直道试验，测定各方案的疲劳特性、高温车辙变形和剪切流动变形，综合分析评价各方案的优劣，从而确定最佳铺装方案。

（五）制定施工工艺、严格工艺纪律　认真制定施工工艺、严格工艺纪律是保证桥面铺装质量的重要环节。合理确定施工工艺流程，明确规定每道工艺控制参数和技术要求，通过试验路铺筑，修改完善施工工艺。施工过程中，以严格控制拌和、摊铺、碾压温度，保证层厚为重点，严格控制工艺参数，严格技术要求，保证施工质量。

（六）加强工后观测，及时处理个别病变 桥面铺装施工完成后，受其他工程施工、营运环境、排水、养护等不利因素影响，会出现不同程度的病害，及时观测、及时处理对维护桥面铺装整体质量十分必要。

第九节　桥头及桥梁伸缩缝处的跳车

一、产生原因

1. 桥头跳车 桥头跳车台阶的产生和形成是多方面的，包括地基地面条件、填料、施工材料以及设计、施工方面的诸多原因。

（1）桥台及台后填方地基的受力与沉降变形分析 我国地域辽阔，作为桥台及台后填方地基的地层岩性状况也千差万别，如基岩（岩浆岩、沉积岩、变质岩）地基、黄土地基、软土地基、冻土地基、盐渍土地基、膨胀土地基等等，除基岩（指次坚石以上的岩类）地基外，其它类型的地基一般情况在桥台及台后填方的作用下，均要发生不同程度的沉降或竖向固结变形，所以对地基必须进行加固处理设计，如采用扩大基础或桩基础等，以保证地基的稳定性。桥台及台后填方的地基一般情况为同一性质或同一类型的地层，但从目前设计情况看，仅对桥台地基进行加固处理设计，而对台后填方路段下的地基一般不进行加固处理设计。桥台和台后填方是两个性质不同的结构体，虽然桥台作用在地基上的压力大于台后填方，但由于桥台基础一般都进行了加固处理，所以它一般不发生竖向沉降变形。而台后填方的地基一般不进行加固，其竖向沉降变形都远大于桥台下的地基变形，由于地基的这种差异变形，反映到上部路面，就出现了桥台和台后填方段的差异沉降变形。

（2）台后填料受渗水侵蚀及变形分析 桥台一般由浆砌片石和钢筋混凝土砌筑，在桥台和台后填方之间或者锥坡部位，大气降水易沿路面或锥坡体（锥坡体的压实度较难达到要求）下渗，下渗水对桥台一般不产生破坏作用，但是对土类填料，易产生侵蚀和软化，特别对于填方体压实度不够，更易产生侵蚀和软化，降低强度，从而导致填方体变形。对砂砾石类填料，从填方横断面看一般填方体中部为砂砾石，两侧为土类，这种结构只利水的下渗，而不利水的横向排泄。对不加固的地基来讲，填方体中部压力大，向两侧边坡压力逐渐减小，从而使地基产生凹形沉降变形，当水沿砂砾石下渗到地基后，下渗水不易快速排泄，从而软化地基，并加速地基的变形。

（3）台后填料压实分析　靠近桥台处填方体的压实度很难达到设计规范要求，这也是一直困绕设计和施工的难点。目前在设计上和施工中主要采用强夯、人工夯实、填筑砂料等方法和措施。对于轻型桥台，重型压路机靠近桥台进行压实，特别是振动压路机可能破坏桥台的结构；而对于"U"型桥台，重型压路机难以靠近，从而使靠近桥台部位的填方土体不易达到设计和压实度要求，造成桥台与台后填方差异沉降变形。

（4）桥头跳车台阶产生的主要原因　通过以上分析，可得出产生桥头跳车台阶的主要原因有：①地基强度不同。桥涵、通道与路基大都是同年平行进行施工的，桥涵是刚性体，其地基强度一般都有较高的要求，并进行加固处理，沉降较小或不沉降（岩石地基）。而台后填方段地基未进行加固处理，从而使桥台和台后填方产生差异沉降变形，以致形成台阶。②设计不周。设计人员有时对施工过程如何便于碾压考虑不周，对于填料的要求不严格，台背排水考虑欠佳。桥涵结构物两端的路堤，由于过水、跨线或通道的要求，一般填土都较高，除了过水的桥涵两侧路堤往往受水浸淹，地基条件也较差，设计上对路基断面结构和边坡防护上有所考虑外，其他多数情况对高路堤设计上并无特别的要求，如压实度等指标均与一般路堤无异。但由于路堤较高，在填筑以后受到自重和行车荷载的作用，路堤填土必然要产生竖向变形值。③台后填料不当。施工时对桥台台后的回填土未能慎重考虑，施工人员用料不当、控制不严，未能达到设计要求。但需特别指出，施工不良比材料不良更易造成构造物台后填料的下沉。④台后压实不足。施工时工期工序安排不当，以致桥头填土处于工期末期，被迫赶工，不能很好地控制台背填土的压实度，致使填料压实度不满足设计和规范要求，使填方体产生竖向固结变形，形成较大的工后沉降，在台背与路基连接部造成沉陷形成台阶。⑤地基浸水软化。软土地基、湿陷性黄土地基浸水等造成路基沉降。⑥桥台伸缩缝的破损。据上分析，形成桥头台阶的原因是多方面的，结构的差异、设计的不周和施工控制的不严、综合因素的作用导致了差异沉降的发生和发展。

2. 桥梁伸缩缝处跳车　桥梁伸缩缝处跳车台阶产生的主要原因是桥梁伸缩缝发生病害或损坏引起的。

（1）桥梁伸缩缝的作用　众所周知，在气温变化的影响下，桥梁梁体长度会发生变化，从而使梁端发生位移，为适应这种位移并保持行车平顺，就必须设置桥梁伸缩装置。由此可见，桥梁伸缩缝的 作用，在于调节由车辆荷载环境特征和桥梁建筑材料的物理性能所引起的上部结构之间的位移和上部结构之间的联结。桥梁伸缩缝装置是桥梁构造的一部分，如果设计不当安装质量低劣、缺乏科学的和及时的养护，大部分桥梁会在桥梁伸缩缝处形成台阶，直接影响到桥梁的服务质量。

（2）桥梁伸缩缝的使用与发展 在橡胶伸缩缝出现以前，小位移桥梁一般采用锌铁皮伸缩缝，这种结构的装置在伸缩过程中会形成沟槽，使桥面失去平整，使用寿命缩短。大中位移的桥梁一般采用齿口钢板伸缩缝，车辆通过时受冲击振动大，缝体容易损坏，且不能防水，效果差。60 年代末期我国开始研制和试用橡胶伸缩缝产品，产品有空心板型和 W 型，这种伸缩缝只能适应梁端位移量为20-60 的中小跨径桥梁，且容易发生胶条弹出现象而导致损坏。80 年代中末期我国开始生产使用板式橡胶伸缩装置，这种装置由氯丁橡胶和加劲钢板组合而成，是一种刚柔相结合的装置。其接缝平整，吸震性好，适应面加大，基本上能满足中小跨径桥梁的需要。90 年代，在板式橡胶伸缩装置的基础上生产了 BF 伸缩装置，其实质是橡胶板和钢梳齿组合成的伸缩装置，与板式橡胶缝装置相比合理性有所提高。90 年代初，我国开始引进毛勒型钢伸缩缝装置，并进一步加以开发研究。到 90 年代中末期，开始大量生产和使用，此装置适用于所有大中桥梁的伸缩缝。毛勒型钢伸缩缝装置近几年来得到大范围推广使用，由于其结构形式和锚固形式大大改进，其合理性大大增强，普遍反映比其他类型装置先进、可靠。但发生病害损坏的现象却也不少。针对位移量小的中小跨径桥梁，近几年又引进了弹性性与碎石填充型伸缩装置，虽大量推广，但仍存在一些问题。

（3）桥梁伸缩装置损坏原因分析 目前，工程上常常采用的伸缩装置有板式橡胶缝、BF 缝、毛勒型钢缝以及 TST 弹性体伸缩装置。板式橡胶伸缩装置及 BF 缝装置是使用最多、最广泛的伸缩装置，但损坏也比较严重，这种损坏首先表现在过渡段的混凝土破坏，继而锚固系统破坏，最后整个伸缩装置破坏而无法使用。对目前常用桥梁结构而言，伸缩装置的锚固系统很难准确地预埋在梁中，甚至不能 预埋，大部分锚固在铺装层混凝土中。一般的桥梁铺装厚度为 8-12cm，最厚也不超过 15cm。板式橡胶伸缩装置和 BF 缝装置锚固系统由于缝本身厚度的影响，锚固深度一般只有 5-7cm，最多不过 10cm。伸缩装置一般设计要求过渡段混凝土采用 C40、C50 甚至更高的高标号混凝土，由于混凝土厚度太薄、体积太小，还加上预埋件的位置干扰，施工难度大，过渡段混凝土的锚固作用实际上大打折扣，预埋件的锚固质量也大受影响。桥面通常采用沥青混凝土料铺装，往往伸缩装置安装在先，桥面铺装在后，沥青面层和过渡段混凝土之间很难铺平，加上刚柔相接，容易产生台阶。车辆通行振动产生冲击使 伸缩装置锚固系统和过渡段混凝土受力瞬时加大，而由此产生的振动又是高频振动，在反复的车辆瞬时荷载作用下，伸缩装置锚固混凝土不能保持弹性而破坏，锚固装置在反复动载震动下产生变形并与混凝土剥离，最终全部破坏。

桥梁的设计施工质量也是影响伸缩装置的使用寿命的一个主要原因。从设计上看：设计工程师在伸缩缝设计过程中只注重计算桥梁的伸缩量，并以此进行选型，而往往对伸缩装置的性能了解不全面，忽视了产品的相应技术要求。从施工上看：伸缩装置安装是桥梁施工的最后几道工序之一，为了赶竣工通车，施工人员对这道细活难活易疏忽大意，施工马虎，不按安装程序及有关操作要求施工。另外，伸缩装置安装后混凝土没有达到强度就提前开放交通，致使过渡段的锚固混凝土产生早期损伤，从而导致伸缩缝营运环境下降。另外，伸缩装置的受力复杂，而与之密切相关起决定作用的锚固系统却不尽合理，锚固混凝土太薄，强度很难达到设计要求，极容易损坏。

（4）桥梁伸缩装置破损的原因 桥梁伸缩装置由于设置在梁端构造薄弱的部位，直接承受车辆荷载的反复作用，又多暴露于大自然中，受到各种自然因素的影响，因此，伸缩装置是易损坏、难修补的部位。伸缩装置产生破损的原因是多方面的，主要有：①设计不周。设计时梁端部未能慎重考虑，在反复荷载作用下，梁端破损引起伸缩装置失灵。另外，有时变形量计算不恰当，采用了过大的伸缩间距，导致伸缩装置破损。②伸缩装置自身问题。伸缩装置本身构造刚度不足，锚固的构件强度不足，在营运过程中产生不同程度的破坏。③伸缩装置的后浇压填材料选择不当。 对伸缩装置的后浇压填材料没有认真对待、精心选择，致使伸缩装置营运质量下降，产生不同程度的病害。④施工不当。施工过程中，梁端伸缩缝间距没有按设计要求完成，人为地放大和缩小，定位角钢位置不正确，致使伸缩装置不能正常工作。这样会出现下列情况：由于缝距太小，橡胶伸缩缝因超限挤压凸起而产生跳车；由于缝距过大，荷载作用下的剪切力以及车辆行驶的惯性，会将松动的伸缩缝橡胶带出定位角钢，产生了另一类型的跳车。施工时伸缩装置的锚固钢筋焊接的不够牢固，或产生遗漏预埋锚固钢筋的现象，给伸缩缝本身造成隐患；施工时伸缩装置安装的不好，桥面铺装后伸缩缝浇筑的不好，使用过程中，在反复荷载作用下致使伸缩缝损坏。⑤连续缝设置不够完善。为了减少伸缩缝，现在大量采用连续梁或连续桥面。桥面连续就需设置连续缝，目前连续缝的设置不够完善，致使连续缝破损，而产生桥面跳车。桥面连续缝处，变形假缝的宽度和深度设置得不够规范，不够统一，这也不同程度地影响着连续缝的正常工作。⑥养护不当。桥梁在营运过程中，后浇压填材料养护管理不善，桥面没有经常进行清扫，导致伸缩装置逐渐破损。⑦桥面铺装的影响。 接缝处桥面凹凸不平，桥面铺装层老化等均可引起伸缩装置破损。⑧交通流量影响。桥梁在营运过程中，车流量大、车速快、载重车辆多，巨大的车轮冲击力造成板式伸缩缝、橡胶伸缩缝的某些伸缩装置的部件破损、脱落、松动，有的甚至引起桥面破坏，严重影响行车安全。总之，形成桥梁伸缩缝处跳车的原因是多方面的，设计考虑不周、材料不足、营运条件恶劣、施工管理不善和养护不当等诸多原因都可导致桥梁伸缩装置不同程度的损坏。

二、防治跳车的基本措施

根据目前我国公路修建中桥涵及桥涵两端路堤设计、施工的实际情况，以及桥梁伸 缩装置设计选型和安装的具体情况，结合关于产生跳车原因的分析，跳车防治措施应该 是综合的。

1. 桥头跳车防治措施

（1）地基加固处理

为消除桥台和台后填方段的差异沉降变形，需对地基进行加固，尤其是特殊地基，如软土地基、湿陷性黄土地基、河流相冲击洪积物地基等更需进行特殊处理。台后填方段的地基压力，一般小于桥台的压力，其次台后填方的高度一般情况下沿纵向（远离桥台）不断降低，即压力不断减小，所以在进行地基加固处理时，首先应了解地基的地层岩性情况，并取样做土的含水量、密度和剪切试验，对特殊地层如黄土和膨胀土还需做湿陷性等试验，从而确定地基沉降变形特性（固结变形计算），其次分段计算填方自重压力，根据具体的地层情况设计地基加固方案，使台后填方路段的地基沉降变形与桥台地基沉降变形保持一致，对不同的地层采用不同方法和措施。

①软土地基。 软土属高压缩、大变形地基，对该地基首先应采用插塑料板、袋装砂井等超载预压等方法进行排水固结，其次根据填方路堤的压力计算，采用喷粉桩、挤密桩等进行加固处理。

②河流相冲洪积物地基。 该地层分布广、类型多、相变较大，地貌一般为河漫滩，或一、二级阶地，该地基无论地层岩性条件，还是固结变形情况都优于软土地基，但由于该地基岩性和固结情况变化较大，在地基加固设计前，应做地

质勘察和土工实验，计算固结沉降量和填方压力，在此基础上进行地基渐变加固处理。

③黄土地基　黄土地基（除 Q1 和 Q2 老黄土外）主要特点是具有湿陷性。设计前应做地基土的湿陷性指标和压缩试验，在计算台后填方土体压力的基础上，采用同上的地基加固处理设计，但需注意防排水设计，防止地基产生湿陷。

（2）桥头设置过渡段

在路堤和桥涵结构物的连接段上，考虑结构的差异，设置一定长度的过渡段。根据具体情况和所采用的措施，过渡段可以分为两种：①路面类型过渡。桥涵两端路堤的施工，在一定长度范围（该长度可以考虑与路堤高度成比例）内铺设过渡性路面，待路堤沉降基本完成以后改铺原设计的路面，这种措施对水泥混凝土路面比较适合。②搭板过渡。设置搭板可以使在柔性结构路段产生的较大沉降通过搭板逐渐过渡至桥涵结构物上，车辆行驶就不致于产生跳跃。需要控制好搭板的长度。搭板的使用，在一段时间内效果尚好，但是在路堤一侧搭板搁置在路面基层上或特制的枕梁上，基层或枕梁的沉陷可能在该处形成凹陷，还有导致搭板滑落的。鉴于此，施工时还需进行特别加固，保证搭板质量。此处，在路堤与桥涵接缝处设置排水槽，避免或减少对路基、路面材料的冲刷和浸润，将会减少沉陷值和减弱冰冻的影响。

（3）台背填料的选择　设计及施工中，台背填料应在现场择优选用。采用粗颗粒材料填筑桥涵两端路堤，或者设置一定厚度的稳定土结构层。用粗颗粒材料作为路基的填料不仅改善了压实性能，使其易达到要求的密实度，而且对北方地区特别有利于减缓冻融的危害。设置稳定土的改善层能够使路基、路面的整体刚度有所提高，从而减少沉降。国外台后填方采用轻质填料，其目的也是减小填方容重，减轻填方土体对地基的压力，提高地基的承载力和抗变形的能力。在挖方地段的台背回填部位，因场地特别窄小，应选用当地的石渣、砂砾等优质填料（在湿陷性黄土地区宜用水泥、白灰稳定土），填料的施工层厚度，以压实后小于 20m 为宜。无论填方或挖方地段的台背填料，最好不要采用容易产生崩解的风化岩的碎屑，以免因填料风化崩解而产生下陷，这一点在土方调配时应予以重视。在高填方的拱涵及涵洞与侧墙的相接部位，应尽量使用内摩擦角大的填料进行填筑，而且施工时应注意填料土压的平衡，不得发生偏压，以免造成工程事故。

（4）台背填方碾压方法　施工过程中尽可能扩大施工场地，以便充分发挥一般大型填方压实机械的使用，认真施工，给以充分压实。为了便利大型压实机械的使用，当受场地限制时，可采用横向碾压法，以能使压路机尽量靠近台背进行碾压。对于压路机不能靠近台背时，采用小型压路机配合人工夯实、碾压，最终压实度满足设计要求。在洞涵的翼墙周围特别容易产生因压实不足而引起的沉陷，给养护工作带来麻烦，应注意压实。扶壁式桥台在施工时很可能使用大型压实机械，这种情况下应与小型振动压路机配套使用，给以充分压实。

（5）设置完善排水设施

填方的排水措施对填方的稳定极为重要，特别是靠近构造物背后的填料，在施工中及施工后易积水下陷，因此，设计及施工时，应保证施工中的排水坡度，设置必要的地下排水设施。另外也可以在桥台与填方段结合处及过渡段的路面下设置垫层，防止路面下渗水进入填方体。对中间为砂砾石填料、两侧为土类填料的填方体与加固地基的连接处做30–50m纵向集水管和每10–15m的横向排水管，以排泄填方体与加固地基之间的下渗水。

（6）强化施工质量管理，提高桥涵两端路堤的施工质量

由于桥涵两端路堤所处的位置和特定条件使其有别于一般地段的路基质量要求，应采用相应的方法达到较高的质量。桥涵端部路堤桥涵是两种不同性质的结构物，都有各自的设计施工要求，为了使沉降差尽量小一些，应该将该处路堤的压实要求在现有基础上有所提高。除了路基顶部土层可提高至98%或更高外，整个路堤的压实度都应提高。为了使桥台填方达到要求的密实度，必须完善施工工艺、方法和强化施工质量管理，比如压实土层厚可以适当减薄以及增加压实遍数。为适应桥涵端部路堤施工场地窄小，压实区域形状不规则而工期又紧迫的特点，应使用专用的小型压实机械。

（7）加强工程监理工作　监理应对台背填土施工的填料选择、压路机具的选择、填土厚度进行检查，分层验收，对排水情况应予以检查，严格执行工序验收制度。为了防止形成桥涵端部路堤的沉降台阶，防止桥头跳车，除了对路堤的设计、施工予以改善以外，还要加强管理，提高路基碾压质量。

2. 桥梁伸缩缝处跳车防治措施

（1）梁端特殊设计　梁端部要具有足够的刚度，以满足营运过程中反复荷载的作用。设计过程中要采用恰当的伸缩间距，以保证伸缩装置的正常营运使用。

（2）连续缝的设置　连续缝的宽度按桥的设计跨径和梁（板）的设计长度之差值进行设置，30m组合T梁连续缝宽6cm；各种板桥连续缝宽4cm；弯道上的桥在盖梁上设置楔形块调整桥面曲线，楔形块部位的连续缝按两条缝进行设置，每条缝宽不宜小于4cm，通常设计缝宽2cm偏小。桥面连续缝外，变形假缝的宽度和

深度必须规范、统一，缝的宽度和深度宜按 0.5—2.5cm 的锯缝进行设置，这样方便施工。

（3）锚固区混凝土的浇筑　桥面行车道混凝土铺装应该同伸缩装置锚固区的混凝土同时进行浇筑，不允许在该部位及整个桥面上留有施工缝。

（4）加强伸缩缝的养护　伸缩装置在营运过程中必须加强养护，为伸缩装置创造良好的工作环境，使其正常工作。

（5）完善连续缝的设置

目前连续缝的设置不够完善，需从设计上进行改进。①增设镀铲铁皮　连续缝处通常采用涂两层沥青，于中间铺设一层油毛毡（简称二油一毡）或涂两层乳化沥青，于中间铺设一层土工布（简称二油一布）。这样施工中就存在一些需要解决 的问题：a、在铺设桥面混凝土时，缝顶部位上的油毛毡、土工布容易下挠，甚至胀裂；b、混凝土在插捣中，油毡容易被戳破；c、混凝土会存在振捣不密实的问题。为解决上述问题，需在二油一毡或二油一布底部增加设置一块宽度为 50cm 的镀锌 铁皮。②调整上部结构部分钢筋的设置。对预应力 % 梁封锚顶面部分钢筋需要适当调整，以不伸出顶面为原则。否则，伸露 出的钢筋会妨碍连续缝上二油一毡或二油一布和镀锌铁皮的设置。③二油一毡、二油一布的设置宽度。

二油一毡、二油一布的设置宽度在设计中需要文字说明交待清楚，宽度宜控制在 50cm 左右。　④轻质包装材料不宜使用。　连续缝内填塞轻质包装材料，主要是为了衬托油毛毡或土工布不下挠和不被胀裂（实际上难以达到预期的效果）。该材料种类繁多，且无桥梁专用的产品，施工中使用的很混乱，掩盖了梁（板）缝内的杂物，甚至是坚硬块件。由于接缝中增设了镀锌铁皮，优化了二油一毡或二油一布的使用效果，轻质包装材料可以不用。

（三）产生跳车台阶的补救措施

桥端头台阶已经产生，跳车现象随之发生，需要我们考虑的是，应该采取什么措施 进行修复补救。

1. 桥头路车台阶的修复补救措施　当路面铺装以后产生沉降时，在桥涵构造物两端形成台阶，据调查所形成的台阶高度一般小于 20cm 时，对车速的影响不太严重，可以不予修复。当台阶高度逐步增大时对跳车的影响将大为加剧，应予修补。（1）更换填料　个别桥台背部因场地狭小、赶工填筑，填料压实度不足，需对桥涵两端 10m 范围内 的台背填料进行换填处理。采用抗水侵蚀性好的填料，如半刚性填料，砂石填料等，以 改善填料的水稳性。（2）采用半刚性基层路基上部 0.5—0.8m 厚的路基土应用水泥或石灰稳定处理，也可采用二灰稳定碎 石进行填筑，以期提高整体强度。（3）加铺沥青混凝土 为使沉降后的路面与缓路段端部衔接顺适，应对端部开挖处理，一般下挖 15—20mm 为宜。错位沉降的修被可用热拌沥青混凝土加铺，以求增大与原路面的粘结能力，加铺层的强度也比较稳定。

2. 无论采用何种措施，修补长度应视台阶高度、形状而异，一般为 10—15m 为宜，缓和段的坡度控制在 0.5% 以内。桥梁在营运过程中，由于伸缩缝装置损坏至一定程度即会引起桥面跳车，因此对于损坏的伸缩缝装置应及时进行修复、更换，以免造成更大的损失。伸缩缝装置在损坏初期只是局部构件不能正常工作，虽对行车影响不大，但也应及时维修，更换个别已损坏的部件，以满足伸缩缝装置正常工作的要求。 伸缩缝装置破损已引起桥面跳车，局部维修更换个别部件已不可能时，即应更换伸 缩缝装置。根据我们对伸缩缝的要求，从当前可供使用的伸缩缝装置中科学地比较、选型，同 时结合旧桥更换的特点，旧桥伸缩缝装置的类型、伸缩装置适用范围、以往的经验、使用的情况、伸缩缝装置损坏的程度以及施工条件能否阻车等多方面因素综合考虑，选出适合修复更称的伸缩缝装置进行复更换。

3. 修复更换伸缩缝装置的原则

修复更换伸缩缝装置应以经济合理为原则，即能利用的尽量利用，完全不能利用的彻底更换，以此达到我们修复更换的目的。无论是桥头还是桥梁伸缩缝处跳车现象出现后都应及时采取补救措施，进行修复。保证公路畅通是我们的最终目的。

（四）桥头、桥梁伸缩缝处跳车台阶的修补标准

桥头、桥面跳车现象是世界各国公路都存在的问题。由于各种因素的影响和作用，公路在建成使用以后尚无法完全避免台阶的出现，因此必须加强定期维修养护。那么在台阶达到多大时修补是比较合适的呢？为此，必须确定一个标准。

1. 桥头跳车台阶修补标准

国内外在研究高等级公路路堤沉降时，对软土地基上的公路提出容许工后沉降的标准，即指铺筑路面后至大修年限的容许剩余沉降值。对相邻人工构造物的路堤也提为了维持公路的良好使用质量，实际上，必定是在达到远小于上述数值的某一沉降值时就要进行多次的维修，因此，应该定出一个合适的维修标准。考虑到桥头台阶是间断非连续 的，行车间隔距离又稍长的情况，以及修补的频率，尤其是维修费用问题。根据修补标准确定：在桥涵端部路堤的沉降台阶达到一定时即应进行修补养护。具体数量，对沥青路面可以考虑采用低限，对水泥混凝土

路面可以略为放宽而采用高限数值。

2. 桥梁伸缩缝修补标准

桥梁伸缩缝装置的损坏导致桥面形成数个高低不一的台阶，此类台阶与桥头台阶 还有差异。桥头台阶是单一的台阶，而桥面台阶在每一伸缩缝处是间距在两个台阶，每座桥又有数条伸缩缝，因此桥面台阶的存在对行车速度的影响比桥头台阶大。

若台阶伸缩缝装置就基本损坏，不能工作。因此桥面跳车台阶修 复标准确定：在桥面伸缩缝处桥面台阶，即伸缩缝装置开始局部损坏时即应进行修复。由此也可以看出伸缩缝装置的修复工作是经常性的、不间断的。这就需要我们加强日常维修养护工作，保证伸缩缝装置处于正常工作状态。 总之，桥头、桥梁伸缩缝处跳车台阶问题是个比较复杂的问题，牵连到设计、施工、 养护各个方面，因而要解决这一问题也需要通过严密的设计、认真的施工才能解决或缓 解这一病害。

第七章　桥梁维修与加固标准化分析

第一节　桥梁维修加固的现状

　　桥梁维修与加固是桥梁养护管理的一项重要内容，是保证桥梁正常工作的有力手段。桥梁的维修与加固技术也是一个新的课题。目前，我国公路交通事业蒸蒸日上，不少高速公路已建成并投入运营中，另外还有不少正在建设的高速公路和其它等级的公路也将建成并投入运营。但由于设计、施工质量及养护等方面的原因，使得桥梁的维修和加固显得日益重要。此外由于历史和资金方面的原因，我国大部分二十世纪六七十年代甚或五十年代修建的桥梁仍在运营使用，因设计荷载标准偏低和桥梁宽度偏小等因素，这些桥梁已成为交通运输中的潜在隐患。这些都使得桥梁的维修和加固成为亟待解决的一个课题。

一、桥梁加固的任务和形势

　　桥梁建成后，经过一段时间可能就会产生维修、改造和加固的需求，这时就要针对桥梁不能继续正常使用的状况进行处理，这些状况可以分为三类：1.桥梁使用一定年限之后，出现结构陈旧老化、破损等影响到它原有设计承载能力而危及运行的，必须予以修补，使之恢复到原有设计的承载能力。2.桥梁基本完好，但当初设计标准低，经过一段时间的交通发展，荷载标准或桥上、桥下的净空不能满足新交通的需要，需对其加强才能适应新的交通要求。3.桥梁设计标准合理，结构基本完好，但桥梁遇到某种特殊需要，比如增加了原设计没有考虑在内的荷载或结构变化，因此需要临时加强。　对上述三类情况下的桥梁进行加固后，可以延长桥梁的使用寿命，用少量的资金投入，使桥梁能满足交通量的需求，缓和桥梁投资的集中性。实践证明：采用适当的加固补强措施，对恢复和提高旧桥的承载能力和通过能力，延长使用寿命，满足现代交通运输的新要求是可以办到的，还可以节约大量的建桥资金，社会经济效益可观。此外，尽管加固桥梁不是新建项目，难以作为地方政绩，但加固桥梁却可以预防和避免桥梁的坍塌造成物资和人身伤亡，避免政治、经济上的灾难。因此，根据实际情况对桥梁因地制宜地采取加固措施，确保道路的畅通，于国于民都具有积极的意义。

　　尽管如此，目前我国桥梁加固工作的开展仍然遇到一些困难，妨碍了桥梁加固的顺利发展，这些困难中的客观因素主要表现在：

1.已通车的桥梁，有现实的交通需要，因为要求在不中断交通的情况下进行加固，所以加固时可能会有交通干扰。

2.结构形式的限制：加固的原则一般须利用原有结构进行，只能在原有结构上做文章，所以受到局限。

3.新老结构的结合是一个难题：这里包含新老结构体系的变化和过渡，还包括新老桥体的结合面。

4.风险大：凡是要加固的桥梁，多半是危桥，结构已处在不利状态，有的岌岌可危。对旧桥有的缺乏原有的设计资料和施工记录，结构内部情况不详；现有的受力情况不一样，很难确定其结构极限，这给旧桥的加固带来了风险。

除了上述客观条件的限制以外，现有认识水平的差距也妨碍了桥梁加固的顺利发展：1.通常业主单位更愿意废弃旧桥另修新桥，除非必要时才利用旧桥采取加固措施。2.由于旧桥加固方案的设计工作量大，收费低，所以一般大的设计单位不愿意承担这样的设计任务。3.加固设计需要良好的桥梁理论水平和力学基础知识。确定加固方案时要能正确分析和判断旧桥的安危程度，即其结构状态和内力大小程度。这就需要一定的力学试验作为结构分析的支撑。4.加固方案实施中存在复杂性。加固方案和处理方法要有一定施工经验的专业队伍。　尽管存在这些困难，必须认识到：社会的发展必然会对交通运输提出更高的要求，交通流量迅速增加，车辆载重不断增大，现有公路桥梁的负担将日益加重，虽然桥梁具有一定的潜在能力，但总有一些桥梁或因设计施工中的"先天不足"；或因公路线路改造提高荷载等级；或因超负荷工作；或因年久失修；或因意外事故等，难以适应这些需要。对于这种弃之可惜，用则不放心的桥梁，迫切需要加固改造，为适应新的形势，必须对此有充分的认识并予以高度重视。

二、桥梁加固方法

与维修养护是为桥梁保持正常运营状态做保护性和预防性工作不同，加固是从承载受力的角度来处理的。一般来说加固方案可以考虑减少内力或增大截面，也可以应用加固新材料。目前的混凝土桥梁加固方法主要有：一是结构性加固，如采用体外预应力、在结构的受拉区粘贴钢板或增设钢结构支撑；二是非结构性加固，如对裂缝进行封闭或压浆处理等。在本章后面几节将对这些方法作详细介绍。加固方案的实施需要有一定经验的熟练工人和施工队伍来完成，对于工艺上也应有比较高的要求。加固后还需要对桥梁进行检测和观察，以确定加固的效果。目前对于结构的加固还只有一些规程可以参考，随着技术的进步和不断总结经验，相信不久将形成桥梁加固的专门规范，进一步推动其快速发展。

第二节　常用桥梁加固修补材料

桥梁的加固离不开修补材料，桥梁结构的修补材料种类繁多，性能各异，施工工艺及技术要求也不同。最常采用的是无机类的早强水泥、超早强水泥、速凝水泥及其砂浆或混凝土以及有机类的各种合成树脂及其砂浆或混凝土。另外还有由这两类材料配制而成的聚合物水泥砂浆、聚合物水泥混凝土，以及其他修补材料、灌浆材料、表层涂料等。

一、常用的水泥基修补材料

水泥基修补材料是过去最常采用的修补材料。它适用于修补宽度较大的裂缝及损伤面积较大的混凝土结构。由于要求修补后结构或构件应有较高的强度与原结构要有可靠的粘结以及较好的耐久性能，所以，用于修补的水泥基材料必须具有快硬早强性能及较小的干缩性，最好应稍具膨胀性。

1. 修补用高强混凝土及砂浆：在配制修补用的高强混凝土或砂浆时，应针对其破坏原因，采用适合于破损结构的水泥品种，且应选择较高标号的水泥，细骨料、粗骨料也应符合质量要求，并可选用必要的外加剂。如高效减水剂、引气剂、早强剂、早强减水剂、速凝剂、防冻剂等。其配合比也应根据修补要求经试验确定。2. 硅粉混凝土及砂浆：硅粉混凝土或砂浆具有良好的和易性、显著的增强效果和良好的耐久性等特性。但早期干缩率较大，所以必须有良好的养护，特别是在薄层修补时，尤其要注意切实做好养护工作，避免表层干裂。

3. 铸石骨料混凝土及砂浆：将铸石破碎成碎石及人工砂，作为混凝土的粗、细骨料，配制成的铸石混凝土或砂浆，具有强度较高、硬度很大、吸水率低、耐磨性好等特点。已在一些大型工程中作为抗冲磨修补材料采用，效果良好，缺点是造价较高。

3. 钢纤维混凝土：钢纤维混凝土是在混凝土中均匀散布直径为 0.3 ～ 0.6mm、长度为 20 ～ 60mm 短钢纤维的一种新型混凝土。横跨裂缝的钢纤维可极大地限制混凝土裂缝的进一步扩展。因此，钢纤维混凝土有效地克服了普通混凝土抗拉强度低、易开裂、抗疲劳性能差等固有缺陷。

4. 玻璃纤维水泥（GRC）：玻璃纤维水泥是利用玻璃纤维增强的水泥基复合材料，称为GRC，通过在水泥砂浆中掺入高抗拉强度的玻璃纤维可改善其脆性，提高其抗拉、抗弯和抗裂性能。

5. 喷射混凝土：喷射混凝土是借助喷射机将按一定比例的混凝土混合物通过管道输送并以高速喷射到受喷面上凝结硬化的混凝土。喷射混凝土与其他材料或建筑结构具有良好的粘结性，并能嵌入结构表面洞穴、裂缝，保证与被加固结构共同工作，具有较高的强度和较好的耐久性。

6. 真空处理混凝土：真空处理混凝土是将浇灌后的混凝土，立即利用真空泵等组成的真空吸水装置，在混凝土表面造成真空；从表面附近的混凝土中将气泡和水分吸走，同时利用大气将混凝土加压的一种工艺处理而获得的混凝土。采用真空作业处理的混凝土，可在不增加水泥用量的前提下，降低水灰比、增加密实度、较大幅度地提高混凝土的强度和耐久性。但因其施工比较麻烦、效率较低，尚有待改进。此外，还有环氧砂浆及环氧混凝土、不饱和聚酯树脂砂浆及混凝土、呋喃砂浆、玻璃钢（玻璃纤维增强塑料）、聚合物水泥基修补材料、丙乳砂浆（丙烯酸酯共聚乳液水泥砂浆）、BAC砂浆等材料都可以在桥梁加固中应用。

二、碳纤维布等其他修补材料

由于桥梁结构种类很多，用途不一，修补要求也各不相同。在修补工程中除常采用上述各种修补材料外，还有采用如橡皮、塑料等其他修补材料。另外，近几年从国外传入中国的碳纤维布、芳纶纤维布对桥梁结构具有良好的补强性能。加固混凝土结构用的纤维材料，目前主要有三种：玻璃纤维（GFRP）、碳纤维（CFRP）和芳纶纤维（AFRP）。纤维复合材料的力学特点是：应力应变量完全线弹性，不存在屈服点或塑性区。由于碳纤维材料具有高强、轻质、耐腐蚀、耐疲劳等优异物理力学性能，以及现场施工便捷，所以是旧桥加固补强的理想材料。在使用中必须注意既要满足修复工程的应用要求，又要充分适应所选用的修补材料的特性，不同情况，区别对待。

三、灌浆修补材料

常用的灌浆修补材料可分为水泥灌浆和化学灌浆材料两大类。水泥灌浆具有结石体强度高，材料来源广，价格低廉、运输、贮存方便，以及灌浆工艺较简单等优点。化学灌浆修补材料可分为：水玻璃类材料、甲基丙烯酸酯类材料（甲凝）、聚氨酯类材料、丙烯酰胺类材料（丙凝）、铬木素和环氧树脂类材料等，具有流动性好，强度高，抗震抗冲击性好等优点。

第三节　梁式桥上部结构加固改造技术

近 30 年来，我国交通运输的快速发展，对桥梁承载力提出了更高的要求，许多桥梁迫切需要改造或加固。需要加固的梁式桥，大多是由于主梁截面承载能力不足（截面尺寸偏小或配筋偏少），不能适应交通运输发展的要求。因此，最直接的加固方法就是通过增大主梁截面的惯性矩来提高截面的承载能力。如果这种加固方法在技术或经济上不够合理，则可改变结构体系或者增强主梁间的横向联系，以减小主梁中的内力，也可施加体外预应力或采用其它有效的加固方法，以提高桥梁的承载能力。现以梁式桥为例，介绍几种桥梁上部结构加固改造技术。

一、增大梁截面加固方法与技术

目前，国内有相当一部分桥梁，荷载等级仅适应修建时的要求，面对今天交通事业的发展，已表现出荷载等级偏低、承载力不足的缺陷，病害逐渐产生和发展，成为危桥。其主要原因是：原桥配筋偏少和（或）截面尺寸偏小，不能满足当今交通需要。对于这部分桥梁，可以采用增大构件截面的方法进行加固。增大构件截面的途径有：增加受力钢筋主筋截面、加大主梁混凝土截面、加厚原桥面板和喷锚四种方法。

（一）增焊主筋加固法

当结构因主筋应力超过容许范围，而桥下净空受到限制时，不能加大截面高度，只能采用增焊主筋进行加固，其加固要点如下：

1.增焊主筋

首先凿开混凝土保护层，露出主筋，将原箍筋切断拉直，再把新增钢筋焊在原主筋上，增焊钢筋断头宜设在弯矩较小的截面。采用断续双面焊缝，从跨中向两端依次施焊。

2.增设箍筋

如果原桥梁的箍筋不足，梁腹出现剪切裂缝，则加固过程中，在增焊主筋的同时，应在梁的侧面增加箍筋。具体作法是：在梁腹上埋入梢钉，把补充的箍筋固定起来，并把箍筋上端埋入桥面板中。

3. 卸除部分恒载

加固时，为了减少原结构的截面应力，使新增加的钢筋充分发挥作用，有条件时应采取多点顶起措施，将梁顶起或凿除部分桥面铺装，然后再进行加固。

4. 恢复保护层

钢筋焊接好并接长箍筋后，应重新做好保护层。材料最好是用环氧树脂小石子混凝土（砂浆）或膨胀水泥混凝土（砂浆）。修复保护层，通常可采用涂抹、压力灌注、喷护三种方式进行。

（二）增大梁肋加固法

在现有桥梁中，有一部分桥梁是属于 T 型截面的桥，这类桥常因原截面高度不够，或面积过小，导致承载能力不足，出现了病害。对于这部分桥梁，通常是将梁的下缘加宽加强，扩大截面，并在新混凝土截面中增设受力主筋。在靠近支座处，主筋上弯，与原结构主筋相焊接。

在浇筑新混凝土截面时，为了保证新旧混凝土之间有良好的粘结，须在浇筑混凝土前，先将结合部位的旧混凝土表面凿毛，露出骨料，清洗干净。同时每隔一定距离凿露出主筋。以便通过锚固钢筋将新增加的主筋与原结构中的主筋相连接，新增加的混凝土一般采用悬挂模板现场浇筑。

（三）加厚桥面板加固法

当原桥的承载能力不足，截面面积过小，而墩台及基础较好，承载力较大时，为了方便施工，有的桥将原有桥面铺装层拆除，在桥面板上浇筑一层新的钢筋混凝土补强层，用以提高桥梁的抗弯刚度，这种加固补强方式称为"加厚法"：为了使新旧混凝土有良好的结合，应把原桥面板表面凿毛洗净，设置剪力槽、剪力键等，或用环氧树脂作为胶结层。同时，在桥面板上辅设钢筋网，以增强桥面板的整体性和抗压能力。钢筋网的直径和间距根据板的受力要求来确定。加固后重新铺设桥面的铺装层。

这种方法由于加厚部分使桥梁自重和恒载弯矩增加较多，并且仍然是原结构下缘受拉钢筋应力控制设计，故此加固方法一般只适用于跨径较小的 T 形梁桥或板梁桥，而且在加固前应对梁（板）的受力状况进行详细分析，在梁（板）下翼缘强度容许的限度内确定桥面的加厚高度。

（四）喷射混凝土加固法

当原桥横截面积过小，下缘主拉应力超过容许值出现裂缝，而桥下净空又允许时，采用喷射加固法进行加固。其加固要点如下：1. 灌浆法修补裂缝。2. 布设钢筋网。按照提高承载能力的需要，在桥下缘布设钢筋网。钢筋网的作用在于承受拉应力，提高喷层强度，传递温度应力，减少收缩裂纹，加强喷射混凝土的整体性等。3.喷射混凝土。喷射混凝土层的厚度，根据设计需要确定，每次喷射厚度不宜超过 3～8cm，若需加厚，应反复多喷几次。采用锚喷法加固桥梁，施工不需立模、搭架简单、施工方便、工期短、补强效果好。但需要专门的喷射混凝土机具，对喷射手的技术要求较高，其技术水平将直接影响加固补强的质量。

二、粘贴加固方法与技术

（一）粘贴钢板加固法

粘贴钢板补强法是采用环氧树脂系列粘结剂，将钢板粘贴在钢筋混凝土结构物的受拉区域或薄弱部位，使之与结构物形成整体，用以代替需增设的补强钢筋，通过钢板与补强结构的共同作用，提高其刚度，限制裂缝开展，改善钢筋及混凝土的应力状态，提高梁的承载能力，以达到补强效果。

（二）粘贴钢筋加固法

当桥梁结构抗拉强度较低，受拉部位产生裂缝时，为了加强抗弯构件外纤维的抗拉能力，可以采用在受拉部位粘贴钢筋的方法对桥梁进行加固。粘贴钢筋具有与结构物粘贴性能较好、加工成型容易、加固效果明显的优点。用于粘贴的钢筋直径不能过大，以不超过 8mm 为宜，以减小树脂层的厚度，节省材料，降低成本。采用环氧树脂砂浆粘贴，环氧树脂砂浆的厚度以不使钢筋外露为标准，一般在 15～20mm 左右。

（三）粘贴玻璃钢加固法

随着复合材料的出现，近年来国内外一些交通部门开始使用增强塑料（玻璃钢）作为桥梁的加固补强材料。通常情况下是在构件表面用环氧树脂粘贴无碱无捻方格玻璃布形成玻璃钢，作为桥梁结构的加固补强层。但是由于玻璃钢的弹性模量比较低，因而在粘贴玻璃钢时，常在中间粘贴 $\phi6mm$ 的高强钢丝加劲。

粘贴玻璃钢布的层数，通常认为四层已足够。广东交通科学研究所的试验证实，含八层玻璃布的玻璃钢，其抗拉强度并无明显提高。玻璃钢的弹性模量较低，约为 $1.5×104MPa$，一般仅为混凝土的 1/20～1/15，受力时变形大，补强层与混凝土不能很好地共同受力，故使用时应该注意到其特点，合理使用。否则将影响其抗拉强度的发挥，使补强效果受到限制。

（四）粘贴复合材料纤维布加固法

目前粘贴复合材料纤维布加固法的优点已逐步为工程界所认识，比如碳纤维具有质轻、耐腐蚀、片材很薄、抗拉强度高的优点；而芳纶纤维布同样是一种重量轻、柔软、耐久、耐腐蚀、不导电、抗动载、抗冲击性能好的高性能补强材料。由于复合材料具有较多的优良性能，因此粘贴复合材料纤维布（片）加固法亦被视为梁式桥加固补强、提高承载能力，尤其是当高度受限制时的首选加固方法，其施工工艺也很简单。加固混凝土构件所用的复合材料纤维布，是由复合材料纤维长丝经编织而制成的柔软片材。纤维布在编织时将大量的纤维长丝沿一个主方向均匀平铺，用极少的非主方向纤维丝将主方向纤维丝编织连接在一起，形成很薄的主纤维方向受力的纤维布。　粘结材料是将连续纤维状的纤维结合在一起，同时又与混凝土表面粘合的系列粘接材料。它主要包括三类材料：底层涂料、整平材料和浸渍树脂。粘结材料的性能是保证纤维布与混凝土共同工作的关键，也是两者之间传力途径中的薄弱环节。

第四节　体外预应力加固方法与技术

一、预应力加固法基本概念

预应力加固是指运用预应力原理，在增设构件（以下简称"加固件"）或原有构件（如主梁梁体）中，施加了一定初始应力（即预应力）的一种加固方法。对于钢筋混凝土或预应力混凝土梁板，采用对受拉区施以预加压力的加固方法，可以抵消部分自重应力，起到卸载作用，从而能较大幅度地提高梁的承载能力。

用预应力方法加固桥梁结构时，应考虑的主要问题有：施加预应力的方式方法；预应力损失的估计和减少预应力损失的措施；以及预应力加固的计算等。用预应力法加固钢筋混凝土或预应力混凝土梁板，其加固件一般采用钢杆、粗钢筋或钢丝索等钢材，施加预应力的方法有纵向张拉法、横向张拉法和张拉钢丝束等。纵向张拉法在施加的预应力数值较小时可采用螺栓、丝杆等简易拉紧器进行张拉。在施加的预应力较大时，可采用千斤顶张拉或电热法张拉。横向张拉法基本原理是在钢拉杆中部施加较小的横向外力，从而可在钢拉杆内获得较大的纵向内力。钢丝束通常通过锚具用千斤顶进行张拉，如果张拉要求不高，可以采用撬棍等工具绞紧钢丝绳束亦可产生预拉应力。

预应力损失是影响到预应力加固的适用范围和加固后工作状态的重要问题。预应力损失由加固件本身和承受加固件作用的结构两方面的变形而产生，主要的具体因素有: 基础徐变和地基沉降、被加固构件收缩和其他变形、加固件本身徐变、温度应变等。为减少预应力损失以保证加固效果, 必须在加固过程中, 预留构造措施, 以便在使用过程及时调整加固件的工作应力数值。 预应力加固设计计算, 应首先绘制加固前后结构受力图形, 分析内力的变化。加固件中工作应力数值应满足原有结构加固的需要。加固件中施加的预应力数值应为工作应力和预应力损失数值之和。预应力损失值在具备一定经验和资料时可由计算确定, 在经验和资料尚不充分时宜在加固前用实验测定。预应力加固法具有许多优点, 如加固效果好工作可靠, 可以减少或限制结构的裂缝和其他变形; 对桥梁营运使用的影响较小, 可在不限制通行的条件下完成加固施工; 在人力, 物力和资金消耗方面也具有明显的经济合理性。因此, 预应力加固法既可作为桥梁通过重车的临时加固手段, 又可作为永久性提高桥梁荷载等级的措施。

二、预应力拉杆加固钢筋混凝土梁板

钢筋混凝土梁板是受弯或以受弯为主的横向受力构件。其预应力补强加固一般采用预应力拉杆, 常用的拉杆体系有三种: 水平预应力补强拉杆、下撑式预应力补强拉杆以及组合式预应力补强拉杆。各种拉杆体系的结构和加固原理分述如下: 1. 水平预应力补强拉杆加固法

对于钢筋混凝土或预应力混凝土的 T 梁或工字梁桥, 可采用在梁断面的受拉力, 即在梁底下加设预应力水平拉杆的简易补强方法进行加固, 加固结构。从加固原理上看, 这种补强加固法可提高梁构件正截面抗弯承载能力, 但不能提高支座附近斜截面抗剪承载能力。

2. 下撑式预应力补强拉杆加固法

将水平补强拉杆在接近支座处向上弯起, 锚固于梁板支座的上部, 弯起点处增设传力构造, 再施加预拉应力。这种加固装置即为下撑式预应力补强拉杆的加固方法。在桥下净空许可的条件下, 可采用下撑式补强拉杆加固梁式钢筋混凝土梁的方法。这种加固法的预应力补强拉杆用钢材做成, 拉杆弯起点设立柱, 立柱一般设在 1/4 跨径处, 以使预应力加固的斜拉杆与水平线的角度为 30° ~ 45°。

预应力加固件的斜拉杆, 装在被加固的梁腹板左右两侧支座上方的两端。在钢筋混凝土梁上凿开一个安装垫座的位置, 割去一部分梁的钢筋箍和竖钢箍, 将用角钢或槽钢做成的支承垫座安放在凿好的洞内, 并与斜拉杆成垂直角。斜拉杆的一端插入支承垫座内用螺帽扣紧, 另一端在立柱下面用一对节点板和水平拉杆

结合。装好之后，用花篮螺丝把加劲的水平拉杆拧紧。为减少对桥下净空的影响，预应力补强拉杆也可布置在主梁腹部的两侧为两种不同的布置形式。

由于下撑式预应力补强拉杆布置较为合理，拉杆中施加预应力后，通过拉杆弯起点的支托构件传力，与梁结构产生作用力，起到卸载的作用。这种加固方法的优点是可对受弯构件垂直截面上的抗弯强度和斜截面上的抗剪强度同时起到补强作用。此法加固效果显著，可将原结构的承载能力增大一倍。

3.组合式预应力补强拉杆加固法

既布置水平补强拉杆，又布置有下撑式补强拉杆，这种加固方式称为组合式预应力加固方法。组合式预应力补强拉杆的加固方法，既具有下撑式预应力补强拉杆，同时提高抗弯、抗剪强度的优点，又可在必要时将通常安设的两根拉杆增加到四根（两根水平拉杆），从而可更大幅度地提高承载能力。上述三种预应力补强拉杆加固法的采用，可根据具体情况进行选择。从补强的内力种类来看，当梁板跨中受弯强度不足，而斜截面上抗剪强度足够时，可采用水平预应力拉杆及其他两种拉杆。当梁板支座附近斜截面抗剪强度不足时，则采用下撑式和组合式预应力拉杆。从要求补强加固后承载力能提高较大时，宜采用组合式补强拉杆。此外，三种拉杆的选择均须考虑施工的方便与可能。

三、改变结构体系加固方法与技术

改变结构体系加固，实际就是通过改变桥梁结构体系以减少梁内应力，例如：在简支梁下增设支架或桥墩；或把简支梁与简支梁加以连接，从而由简支梁变为连续梁；或者，在梁下增设钢桁架等的加劲梁，或叠合梁等，以提高桥梁的承载能力。改变结构体系的方法很多，但往往要在桥下操作，或设置永久设施，因而影响桥下净空。因此，要在不影响通航及桥梁排洪能力的情况下使用。

在墩台地基安全性能好，并具有足够承载能力的情况下，可采用增设承载能力高和刚度大的新纵梁，这些新梁与旧梁相连接，共同受力。由于荷载在新增主梁后的桥梁结构中重新分布，使原有梁中所受荷载得以减少，由此使得加固后的桥梁承载能力和刚度得到提高。当增设的纵梁位于主梁的一侧或两侧时，则兼有加宽的作用。旧桥主梁中间增设纵梁时，可拆除个别主梁或两相邻主梁之间的翼板，从而形成空位，然后再在空位上安装承载能力和刚度都比原有主梁大的新纵梁。为保证新旧主梁能够共同工作，普遍感到困难的是使新旧混凝土得以连接。因此，必须注意做好新旧梁之间的横向联结。横向联结的做法很多，有企口铰接、键槽联结、焊接和钢板铰接等。对装配式板梁，可采用企口铰接、键槽联结的形式，而常用的是梁跨中部分采用企口铰接，而在较薄弱的梁端采用数道键槽联结。原桥为装配式 T 梁时，可采用沿梁跨设置数道键槽的方法，这种键槽联结能承受接头处的剪切应力和局部承压力，使新纵梁与原有主梁的翼板联结成一体。

第五节　桥梁基础加固技术

墩台基础在使用过程中，由于过桥车辆荷载的加重以及自然因素的影响，会使基础产生沉陷、墩台出现倾斜和过大的裂缝。为此，应根据墩台基础不同的损坏程度，不同的结构情况进行维修加固，以确保行车安全，延长桥梁使用寿命。同时可避免拆除重建，从而减少投资，充分发挥现有公路基本设施的经济效益和社会效益。在通常情况下，基础常用的加固方法有：扩大基础加固法、增补桩基法（打入桩或钻孔灌注桩）和人工地基加固（改良地基）法等。墩台的常用加固法有：用钢筋混凝土套箍或护套加固贯通裂缝的墩台法；用支撑法或增建挡土墙法处理墩台滑移；用顶升法加固产生过大沉降的桥梁结构等。

一、扩大基础加固法

扩大桥梁基础底面积的方法，称为扩大基础加固法。此法适用于基础承载力不足、或埋置太浅，而墩台又是圬工或混凝土刚性实体式基础时的情况。扩大基础底面积应由地基强度验算确定。当地基强度满足要求而缺陷仅仅表现为不均匀沉降变形过大时，采用扩大基础底面积的加固，主要由地基变形计算来加以选定。

扩大基础加固法可按下列顺序进行：1.通常在必须加宽的范围内先打板桩围堰，如墩台基底土壤不好时，应作必要的加固。2.挖去堰内土体，只挖至必要的深度，以保证墩台的安全。3.在堰内把水抽干后，铺砌石块（浆砌），或作混凝土基础。4.新旧基础要注意牢固结合，施工时可加设连系（锚固）钢筋或插以钢销，以使加固扩大基础和旧基础牢固地结合成一整体。

二、增补桩基加固法

在桩式基础的周围补加钻孔桩或打入钢筋混凝土预制桩并扩大原承台，以此提高基础承载力、增加基础稳定性。这种加固法称为增补桩基加固法。增补桩基法加固墩台基础的优点是不需要抽水筑坝等水下施工作业，且加固效果显著。其缺点是需搭设打桩架和开凿桥面，对桥头原有架空线路及陆上、水上交通均有影响。

对单排架桩式桥墩采用打桩（或钻孔灌注桩）加固时，如原有桩距较大（在4～16 5倍桩径时），可在桩间插桩。如原有桩距较小且通航净跨允许缩小时，可在原排架两侧增加桩数，成为三排式的墩桩。

如在桩间加桩，可凿除原有盖梁并浇筑新盖梁，将新旧桩顶连接起来。但此时必须检查原有盖梁在加桩顶部能否承受与原来方向相反的弯矩，如不能承受则必须加固原有盖梁或重新浇筑盖梁。加固原有盖梁时，可在盖梁顶部增设钢筋。

当桥台垂直承载力不足时，一般可在台前增加一排桩并浇筑盖梁，以分担上部结构传来的压力。打桩（或钻孔桩）时可利用原有桥面作脚手架，在桥台上开洞插桩。增浇的盖梁可单独受力，也可联结在一起，使旧盖梁、旧桩及新桩一起受力。

三、人工地基加固法

当基础下面的地基土松软，不能承受很大荷载，或上层土虽好，但深层土质不良引起基础沉陷时，可采用人工地基加固方法，以改善提高基础的承载能力。人工地基加固方法很多，一般常用的有砂桩法、树根桩法、高压喷射注浆法和灌浆法等。

（一）砂桩法

当软弱地基层较厚时，可用砂桩法改善地基的承载能力。加固施工时，将钢管或木桩打入基础周围的软弱土层中，然后将桩拔出，灌入经过干燥的粗砂，进行捣实，做成砂桩，达到提高土的密实度的目的。在含水饱和的砂土或粉土中，由于容易坍孔，灌砂困难，亦可采用砂袋套管法与振冲法加固地基。

（二）树根桩法

树根桩是一种小直径钻孔灌注桩，其直径通常为100～250mm，有时也采用300mm。先利用钻机钻孔，满足设计要求后，放入钢筋或钢筋笼，同时放入注浆管，用压力注入水泥浆或水泥砂浆而成桩、亦可放入钢筋笼后再灌入碎石，然后注入水泥浆或水泥砂浆而成桩。小直径钻孔灌注桩也有人称为微型桩。小直径钻孔灌注桩可以竖向、斜向设置，网状布置如树根状，故称为树根桩。

（三）高压喷射注浆法

高压喷射注浆法是将带有特殊喷嘴的注浆管置于土层预定深度，以高压喷射流使固化浆液与土体混合、凝固硬化加固地基的方法。

（四）灌浆法

灌浆法是在墩台基础之下，在墩台中心直向或斜向钻孔或打入管桩，通过孔眼及关孔，用一定压力把各种浆液（加固剂）注入土层中，通过浆液凝固，把原有松散的土固结为有一定强度和防渗透件能的整体、或把岩石裂缝堵塞起来，从而加固地基、提高地基承载力的一种加固法。注浆法加固桥梁墩台基础，所采用的方法和注浆材料一般都因地质情况的不同而异。灌浆法和高压喷射注浆法加固基础的应用已经越来越多，特别是高压喷射注浆法的旋喷法，已在桥梁工程中得到广泛应用。

四、钢筋混凝土套箍或护套加固法

如桥梁墩台出现贯通裂缝，为防止裂缝继续发展，使之能正常使用，可用钢筋混凝土围带或钢筋进行加固、如图 10-11 所示。加固时一般在墩身上、中、下分设三道围带；其间距应大致相当于桥墩侧面的宽度。每个围带的宽度一般为墩台高度的 1/10 左右，厚度为 10 ~ 20cm。为加强围带与墩台的连接，应在墩身内埋置直径 10 ~ 25mm 的钢销，埋入深度为钢销直径的 20 倍左右，先填满销孔再浇注混凝土，同时填塞裂缝。

当墩台损坏严重，如有严重裂缝及大面积表面破损、风化和剥落时，则可采用围绕整个墩台设置钢筋混凝土护套的方法进行加固。

五、桥台滑移倾斜的处理

支撑法加固 当埋置式桥台因墩台尺寸不足，难以承受台后壁的土压力而往桥孔方向产生倾斜或滑移时，可采用修筑撑壁法进行加固。对于单孔小跨径桥台，为防止桥台滑移，可在两台之间加建水平支撑，如整跨浆砌片石撑板，或用钢筋混凝土支撑梁进行加固。

对于因桥台后壁水平土压力太大而引起的桥台倾斜，应设法减少桥台后壁的土压力，可在台背加建一挡土墙，以增强挡土能力。

第六节　桥梁结构表层的缺陷及维修

一、钢筋混凝土桥梁表层缺陷及主要维修方法

钢筋混凝土桥梁结构表层的主要缺陷有：蜂窝、麻面、露筋、孔洞、层隙、磨损、表面腐蚀、老化、剥落、表面裂缝、掉角、模板走样、接缝不平、构件变形等。其产生原因及发生部位。混凝土桥梁结构中出现了蜂窝、空洞以及较大范围的破损等缺陷，一般可以采用新鲜混凝土进行修补。新鲜的混凝土要求达到良好级配、良好的和易性。维修方法可采用直接浇注、喷射、压浆、涂抹等。混凝土修补完成后，要进行最后处理，特别要注意新老混凝土交界面（缝）的处理；最后要注意和加强养护。

对于小面积的缺陷、损坏深度较浅部位的修补，常常采用水泥砂浆人工涂抹的方法进行修补。而大面积混凝土表层缺陷和破损则采用高压喷浆修补法。　钢筋锈蚀的一般维修方法和步骤为：凿除松脱、剥离等已损坏部分的混凝土，涂以环氧胶液等粘结剂。立模、配料浇注，喷浆、涂抹施工。对新喷涂或浇注的环氧混凝土进行表面处理。对于锈蚀而出现的微裂缝的部位，可以采用粘贴两层玻璃纤维布的方法进行修补。

二、砖石桥梁结构表层损坏及维修

砌体表层损坏表现在：抹灰层、砌缝脱落、砌体表面麻面、起皮、起鼓、粉化和剥落等，如果不及时处理将会向深度发展，造成内部材料变质、酥化，使强度降低，对此类问题常见的修补方法有：

1. 勾缝修补　对于砌缝砂浆的脱落、松散，都需要重新进行勾缝修补。勾缝时，可用手凿或风动凿子凿去已破损的灰缝，深度 3 ~ 5cm，用压力水彻底冲洗干净，再用 M10 以上的水泥浆重新勾缝。采用的方法是：用抹子把砂浆填入缝内，再用勾缝器压紧，形成凹形缝，切去飞边使其密实。

2. 抹浆或喷浆整治砖石表面风化　对于砌体表面风化、剥落、蜂窝、麻面，可以采用抹喷一层 M10 以上水泥砂浆进行防护，其防护步骤是：清理风化、剥落的表面；凿毛暴露的完好面；用水冲洗干净表面并保持湿润；然后再分别抹浆或喷浆，一般每层厚度 10 ~ 15mm。

3. 表面局部修补 对于砌体表面出现局部损伤，脱落不太严重时，可以将破损的部分清除，凿毛清洗，再用M10水泥砂浆分层填补至需要的厚度，并将其抹平；如果损坏深度和范围较大时，可以在新旧结构结合处设置牵钉，必要时挂钢筋网，立模板浇筑混凝土。

4. 镶面石的修补 局部破损，可以个别更换；如果破损面较大，则要在原结构上安置带倒钩的套扣，加强与新镶面的承托。

第七节　桥梁结构裂缝与维修

修补裂缝的目的在于使结构恢复因开裂而降低的功能，保证结构的耐久性。对于一般较细较短的裂缝，对梁的强度影响不大、当裂缝较多且宽度较大时，梁的刚度要相应降低，同时钢筋受有害介质的侵蚀，结构物的寿命也要缩短。《公路养护技术规范》提出，钢筋混凝土及须应力混凝土构件，应视裂缝的大小，分别采用下列方法处理：1. 裂缝宽值在允许范围内，应进行封闭处理。一般涂刷水玻璃或环氧树脂；2. 当裂缝宽超过容许最大限值时，应采取压力灌浆法灌注环氧树脂胶。3. 如裂缝发展严重时，应查明原因，采取合理的加固措施。修补裂缝的主要材料为环氧树脂和水泥，修补材料及其配合比也在不断地变化和改进。修补的常用方法是：表面封闭、压力灌浆等。

一、表面封闭

宽度较小的裂缝（一般是 0.2 ~ 0.25mm 以内），常采用封闭处理的方法。现以环氧胶泥封闭为例，介绍封闭处理裂缝的施工工艺。1. 扩缝：为取得较好的封闭效果，先将细小的裂缝凿成"V"形槽。"V"形槽顶宽20 ~ 25mm，槽深15 ~ 20mm、槽面应尽量平整。2. 清渣、吹风：用钢丝刷清除槽内及其周边的松脱物，凿去浮渣，再用高压空气将"V"形槽吹干净，使槽内混凝土面无灰尘、油污。3. 涂刷清胶（环氧胶液）：为了提高环氧胶泥与混凝土之间的粘结力，在封闭裂缝之前，用毛刷蘸上配制好的补缝清胶，沿"V"形槽口内均匀涂刷一层清胶。在垂直方向可静力灌注，使部分清胶灌入裂缝中。4. 环氧胶泥封闭：待清胶半干时，用配制好的环氧胶泥封缝并压实抹平。

二、压力灌浆

压力灌浆是以一定的压力，将某种浆液（一般是树脂浆液和水泥浆液）灌至裂缝深部，达到恢复结构的整体性、耐久性及防水性能的目的。适用于裂缝宽度较大（大于 0.2 ～ 0.25mm），深度亦较大的裂缝的修补。压力灌浆施工应按以下工艺流程进行：1. 裂缝处理：用刮刀、扁铲沿裂缝将粘附在混凝土表面上的灰浆、尘土铲去，并沿缝开凿"V"形槽，继而用高压空气吹干净。若有油污，则用丙酮清洗。2. 粘压浆嘴：将压浆嘴粘贴面用砂纸擦亮，清洗干净，并检查开关是否完好，然后在裂缝表面每隔 20cm 左右骑缝粘贴压浆嘴。原则上，缝窄应密，缝宽可稀，但每条裂缝至少要有一个进浆孔和一个排气孔。 3. 封闭裂缝：用环氧胶泥（或水泥砂浆）将压浆嘴及裂缝表面封闭密实，使裂缝形成一个密闭性的空缝。4. 密封检查：为保证密闭空缝的密闭性及承受灌浆压力作用，应检查封缝的密封效果。办法是：待封缝的环氧胶泥或水泥砂浆固化后，沿缝涂一层肥皂水，并从压浆嘴向缝中通入压缩空气，若无冒泡现象，表示密封效果良好，否则应予修补。5. 配制浆液：灌浆材料应当粘结力强，可灌性好。因此，树脂类材料（特别是环氧树脂）较水泥类材料应用得普遍。水泥类材料一般仅用于宽度大于 2mm 的裂缝灌浆。环氧树脂粘结强度高，在现场根据气温和裂缝的部位、宽度、走向选用合适的浆液配方，配制压力灌浆液。6. 压力灌浆：将浆液倒入压浆罐，盖好盖子，用扳手拧紧螺栓，不得漏气。打开空气压缩机送气阀，待压浆罐内压力达到要求时（一般压力为 0.25 ～ 0.35MPa），打开出浆阀门进行灌浆，直到把裂缝压满，并持压一段时间以后，方可对下一条裂缝压浆。7. 压浆后的封口处理：压浆完成后，关上压浆嘴的阀门，待缝内浆液初凝而不外流时，可拆下压浆嘴，清除其上的浆液，以备重复使用。待浆液固化后，再用环氧胶泥将压浆口封闭，并抹平。8. 压浆质量检查：压浆密实情况，可用超声波法测定灌浆前后声波速度的变化，并结合进浆量，确定灌浆的密实程度，也可采用向缝中通入压缩空气或压力水检验。如没有达到顶期效果，还需钻孔埋管进行补灌。

第八节　拱桥维修与加固

拱桥的改造加固方法，丰富多彩，不一而足，新的加固方法不断涌现，但归根结底，主要还是增大拱圈截面，增强拱肋、拱波之间的联系，加强横向联系，减轻拱上建筑的重量等几种基本方法及其衍生,这些方法可以因地制宜配合使用。

一、加强主拱圈

主拱圈是拱桥的主要承重结构,加强主拱圈是拱桥加固中最常用的方法。根据加固部位的不同,可采用由拱圈下部(拱腹)加固、由拱圈上部(拱背)加固和由拱圈上、下部同时加固。而上述加固办法又可采用不同的材料和不同的施工方法。

二、增强横向联系

由于双曲拱桥"化整为零"的施工方法,截面的整体性较差,增强横向联系的意义更为重大。早期修建的双曲拱桥,横向联系大多比较薄弱,特别是采用预制安装法施工的横系梁更为突出。 增强横向联系主要采取两种方法:一个是增大横向联系的刚度,如普遍采用的改横系梁为横隔板;另一个就是增加横向联系的数目,在拱顶和每个腹拱墩(或立柱)的下面一定要有横向联系,其余部分每隔 3 ~ 5m 亦必须设置一道横向联系。此外在所有拱肋分段的接头处,均需设置刚度足够的横隔板一道。采用以上办法设置横向联系,可使拱圈的受力比较均匀,避免因横向联系不足而产生的各种问题。

三、改拱式拱上建筑为梁拱式拱上建筑

具有拱式拱上建筑的拱桥,由于实腹段的存在,不便于从拱背加强拱圈,只好采用从拱腹加强拱圈的办法。常导致造价较高,质量欠佳,还不同程度地增大了桥梁的自重。为了减轻上部结构的自重,拆除拱上建筑中所有的传力结构,然后在主拱的拱背按梁板式的施工程序完成全桥的施工。由于拱上建筑既有梁又有拱(腹拱一般留作施工支架),故称为梁拱式拱上建筑。这种加固方法,因是在拱背上操作,不用搭设支架,施工快捷、方便,新老混凝土的联结较好,造价也较低,在加强了主拱圈的同时,还可减轻上部结构的重量。在加固多孔连拱时,一般无需加固其下部结构,在这种情况下,将拱式拱上建筑改为梁拱式拱上建筑的加固方法,优点更为突出。

四、拱桥维修加固的其他方法

(一)减轻拱上建筑的重量

当地基承载能力较低或桥台不够稳固时,可采用减轻拱上建筑自重的办法对

拱桥进行改造，以降低对下部构造的要求，同时也可减轻主拱圈的负担。在确定改造方案时，可以考虑以下几种方法：1.采用轻质的拱上填料、纵向穿孔等方法，减轻拱上建筑的重量，对拱项下沉过多或拱顶正弯矩过大可收到明显的效果。2.改造拱上建筑。将拱式拱上建筑改为轻型的梁板式拱上建筑。3.改变结构体系。将简单体系拱桥（无铰拱或两铰拱）改为钢筋混凝土刚架拱或桁架拱。应当指出，用上述方法减轻拱上建筑的重量时，应当注意拱中轴向力减小而恒载弯矩增加造成偏心力矩过大的问题，重视在施工时拱中弯矩的变化，切忌在施工过程中因某些截面受力过大甚至造成桥梁在施工中垮塌。

（二）体外预应力

在梁式桥中采用施加体外预应力减小弯矩的办法，在拱式桥中同样适用。鉴于控制拱圈设计的弯矩经常是拱脚负弯矩与拱顶正弯矩，因而可利用人工刚臂在拱的弹性中心附近施加预应力，通过调整张拉力的大小和着力点的竖标，可以抵消拱脚过大的负弯矩和拱顶过大的正弯矩。这一方法在提高上部构造承载能力的同时，还可适当减小对下部构造的水平推力。有时，在主拱的拱脚设置供张拉用的刚臂代价太大，亦可采用在跨内张拉的办法。为保证耐久性，可采用 PE 热挤注塑等防腐措施，而为进一步提高拱脚区段的抗力，可用钢筋混凝土加强拱脚区段。 在软土地基上建造的拱桥，常因桥台变位过大而影响上部结构的正常使用，此时可用顶推法消除桥台的变位，解决因桥台变位产生的病害，一般是直接顶推拱脚。此法是在顶推端的拱脚部位，用高强钢筋混凝土浇筑一道包围整个主拱圈的刚性横梁，使主拱圈在顶推过程中及顶推以后受力均匀，同时也便于安放千斤顶，在顶椎前，应使拱脚与拱座完全脱离，推力由安在拱脚的千斤顶传递。同时还要拆除第一孔腹拱，使拱上建筑与桥台脱离。

用顶推法消除桥台的变位时，也可采用顶管法在台后顶推（见图 10-19）。具体操作时可以一端推，也可以两端推。采用此法的前提必须是桥台已稳定，否则桥台会再次位移，导致顶推不成功其至失败。

第九节　桥梁抗震与抗震加固

强烈的地震，往往使桥梁结构遭到严重破坏。不但直接影响了交通，而且还可能引起次生灾害（例如由地震引起的水、火等灾害），加剧了地震的危害性。

因此，桥梁结构的抗震有着特殊要求，要做到以预防为主，兼顾治理。对现有的桥梁做好全面调查，建立档案，做好抗震加固工作；开展桥梁的抗震设计理论研究和试验，做好桥梁抗震强度和稳定的设计工作，使桥梁结构满足抗震要求。

一、地震对桥梁的影响

（一）梁式桥的震害

1. 地震位移

由于弹性设计理论、毛截面刚度及低横向力水平的影响，地震位移往往被低估。这样产生的直接后果是使活动节点处所设置的座长明显不足且相邻结构之间的横向距离不足引起相互冲击。落梁：无约束活动节点处的位移过大，会使桥跨在纵向的相对位移超出支座所控制的长度范围引起梁滑落，造成桥梁的破坏。这种问题常见于高墩柱的多跨梁桥、排架简支梁桥、斜交梁桥。地基软弱导致位移过大：这种状况通常发生在软土地基或可液化地基土上。软土通常会放大结构的振动反应，造成落梁。

桥梁结构相互冲击破坏：由于低估了地震位移，使得相邻结构之间的预留间距不足，导致两梁之间、梁与桥台之间发生冲击，造成桥梁破坏。这种问题主要发生在高度不同的相邻结构或墩柱跨度之间的结构。

桥台沉陷：这与软土和桥台填土的不完全固结有着密切联系。在地震中，桥台承受着填方的沉陷及桥台转动而破坏。在地震加速度的作用下，作用在桥台上的纵向土压力增大，桥梁与桥台之间的冲撞会产生相当大的被动土压力，增强了桥面以下的横向土压力及上部结构之间的冲撞；不够密实的天然土和填土有向桥梁方向坍塌的趋势，土体的运动推着桥台下部向内运动，上部又顶撞，造成桥台的转动和沉陷。

2. 墩柱弯曲强度和延性破坏　直到20世纪70年代，人们才认识到塑性铰区域的重要性：由于弯曲刚度不足，在考虑地震反应特性时，一般采用较低的横向水平地震力。由于弹性分析所采用的墩柱弯曲设计方法比较保守，错误地以为已经具有足够的安全性；但是实际强度值比设计值小得多，这与传统设计没能提供延性设计细节措施有密切关系。墩柱弯曲强度：在地震中钢筋接头处成为墩柱弯曲破坏薄弱处，特别是距墩底一半处的范围内，是地震中破坏的重点，这里是钢筋接头集中地点。弯曲延性不足：当位移延性水平为 2 ～ 3 时，当塑性铰区域内的混凝土压应力超过无侧限抗压能力时，混凝土保护层剥落，压碎区会很快扩展到核心区域，纵向钢筋屈服，强度迅速降低，最后结构破坏不再承受重力荷载，这时混凝土保护层剥落，搭接钢筋处的箍筋失去约束作用。

梁配筋过早切断：这一般是在桥墩的一半高度处发生的问题。地震作用下，桥墩中部呈现弯曲—剪切现象，而不少配筋是根据设计弯矩包络图进行切断而未考虑地震的作用，如果在这些位置采用了较短的钢筋搭接，出现的问题会更严重。

3. 墩柱剪切破坏

混凝土的剪力传递、沿弯曲—剪切斜裂缝的骨料咬合程度、遭受到轴向力后的拱作用，以及由箍筋的水平连接作用产生的桁架机制等，都影响着混凝土墩柱的界面剪切强度。剪切机理是以一种相当复杂的方式相互影响的，如果桁架体系的箍筋一旦屈服，弯剪裂缝的宽度将迅速增加，骨料咬合力也随之迅速减小，导致了剪切破坏是脆性的，因而延性的地震反应不适合于分析非弹性剪切变形。

4. 盖梁破坏

盖梁在地震作用下常出现三个方面的问题：抗剪能力弱，特别是在地震引起惯性力与重力共同作用的结构区域尤其突出；盖梁的负弯矩钢筋的过早切断；伸入盖梁末端的钢筋锚固不足。由于这些原因，往往造成盖梁在地震中遭受损坏。

5. 节点破坏

节点区常是结构抵抗地震作用的薄弱区域，往往发生剪切破坏。在地震作用下要承受来自其连接各构件的水平剪力和竖向剪力的组合，在这个部位往往会产生剪切、扭转、弯曲的组合效应，造成应力水平成倍增加，成为释放力的集中点。而设计中常常没有考虑这些剪力的分析，最终造成破坏。

6. 基脚破坏

基脚存在的问题常常难以确定：比如基脚通常受到地基的保护而受损较小，且基脚的破损大多在地面下不易发现。因此，通过分析难以发现基脚设计存在的缺陷。基脚弯曲强度问题；基脚剪切强度问题；柱底区域内的节点剪切强度问题；柱底配筋的延伸和锚固问题；抗拉桩与基脚连接问题，这些都是基脚设计中应当注意的问题。

7. 钢结构破坏 钢结构的性能比较优越，比如结构较轻、强度高等。但是，由于其部件或部分结构的屈服，造成整个结构破坏的情形也较常见，因此要引起足够的重视。

（二）拱式桥梁的震害

1. 单孔跨径拱桥的震害

刚性地基上的拱桥，直接受到地震惯性荷载和台背的动土压力，在地震作用下，拱平面内的基本振型，一般呈现反对称的两个波动形式，因而拱脚和拱的

1/4 跨处产生很大的弯矩，是最薄弱环节之一，特别是拱脚，最易出现剪切位移和弯曲开裂。在地震烈度较高时，可在两岸岸坡的滑移下将两桥台推向河心，使整个桥台倾斜，上部结构全部坠毁于河中；或者可能使两桥台之间跨径伸长，拱顶下陷，拱脚出现严重裂缝。另外单孔拱桥在地震中还可能出现基础严重下沉，由于不均匀沉降，导致桥梁结构破坏，甚至整个桥倒塌的严重震害。

2. 多孔拱桥的震害

刚性地基上的拱桥：主要问题在桥墩台的刚度上：墩台的刚度足够大时，其抗震能力与震害性质将与单拱相同；刚度较差时，墩越多，则抗震能力越差，地震中可能出现墩身开裂、折断、落拱等现象；顺桥方向的震害比横桥方向的震害要大。非刚性地基上的拱桥：岸坡滑移引起两边孔跨径明显缩短，往往导致边孔跨的拱脚、拱顶及 1/4 跨处严重开裂、破损，出现拱桥倒塌；基础沉陷和液化引发的墩台下沉、倾斜、开裂，从而造成桥上部结构的破损、开裂或者塌落。

三、桥梁抗震加固

（一）桥梁抗震加固的选择

对于设计时未考虑抗震措施的已建桥梁一般应作优先加固处理，首先，确定哪些最危险的桥需要马上加固处理，哪些可以以后处理等。这种优先方案，应结合考虑到大量的地震问题、结构问题和社会问题。应注意到：（1）强震的发生概率；（2）结构易损性，个别重要结构或敏感结构；（3）地震破坏造成的社会后果，桥梁破坏对社会的影响程度，桥梁破坏后对其他救护工作的影响程度。

（二）桥梁抗震加固原则

在《公路养护技术规范》中，对桥梁抗震加固做了如下规定：在烈度为 8 度及 8 度以上地震地区的公路桥均应局部加强其抗震薄弱的部分，如支座处、基桩与承台或盖梁与立柱联结处，基桩断面变化处等，以提高桥梁抗震能力或减少惯性力。对现有桥梁或被震坏的桥梁，要根据其不同结构型式，针对薄弱环节，进行加固处理。1. 桥梁抗震加固应根据桥梁的重要性、烈度高低、修复的难易程度和地基状况分别处理。一般来讲，重要的、修复难度高的、烈度高的、跨径大的桥梁应全面加固；对于一般的桥梁可作一般性处理；对于小桥要注意支座（特别是活动支座）的处理。2. 抗震加固应充分考虑到桥梁正常营运和使用情况下的要求，应使加固后的桥梁也满足桥梁在正常车辆荷载下的性能要求。3. 抗震加固时，应结合震害的状况加以分析，针对薄弱环节部位，采取切实有效的加固措施。4. 归纳桥梁破坏情况：顺桥向比横桥向震害严重，因此，加固时应对顺桥加固予以高度重视；地基液化是基础下沉、滑移、倾斜、断裂的主要原因；梁的纵横向移动、撞击、落梁、落拱或整体倒塌；拱上建筑物开裂、拱圈变形、开裂、折断、坍塌；桁架扭曲、位移、塌落；支座剪断、倾斜、变位等。5.重要线路应保证与相邻的公路连通，与旧桥、旧路、渡口相联，综合利用。

（三）桥梁抗震加固措施

1.预防落梁

滑动连接处座长（支座中心至盖梁边的距离）不够被认为是已建桥梁较普遍的问题之一，解决这一问题相对比较简单，最常用的方法是在伸缩缝两边的梁上或在梁柱之间设置拉索或拉杆以及阻尼装置等以限制梁的移动。为限制梁体的横向移动，通常也采取在边主梁外设置挡块、在主边梁外设置挡杆、主边梁外侧设置钢支架加固、主梁两侧埋设角钢和钢轨等办法来阻止桥的横向位移与横向落梁。

2.地基液化和桥台滑移加固

一般可以采用地基振浮压实法、放置石柱法或减少孔隙水压等方法来减少地基液化的可能性。通过增加桥梁的超静定次数也能减少液化引起的结构问题。因此，加固措施应尽量使上部结构连续，且让上部结构与桥墩整体连接。

3.柱失效加固

目前最常见的提高桥梁柱弯曲延性、抗剪强度或搭接性能的方法是采用专门钢套筒。其方法是根据柱尺寸轧制两块半径略比柱体大的钢壳，绕柱放置，现场焊接竖缝，然后将柱体和钢套筒间的小缝隙灌浆。钢套筒是极其有效的箍筋，以提高塑性铰的约束和桁架剪切机理的剪切强度。目前其它采用混凝土套筒或复合材料（玻璃钢纤维—环氧，碳纤维—环氧）提高约束和剪切强度的加固技术也已用在较小范围内使用。

4.加强盖梁承载能力

加固盖梁的目的通常是为提高其在柱的塑性铰形成后的抗弯延性和抗剪强度。最常用加固措施之一是给盖梁加预应力，用外部的预应力束锚固在端块上或将预应力束放置在盖梁中的导管里。预应力能提供必要的弯曲和剪切强度，通常耗费低且也能提高连接性能。

5.防止节点失效

由于节点的抗剪强度偏低或柱钢筋的锚固不足引起柱与盖梁或柱与基脚间节点的破坏问题通常需要精心设计加固方案以确保达到较好的性能。采用钢筋混凝土套筒裹在现存节点混凝土外部是比较常见的办法，对严重的情况需要先凿除节点混凝土并增焊节点剪切钢筋。无论是哪种方法，节点的尺寸在厚度和竖向范围都会增加，一方面是为了减少节点处的剪应力，另一方面是增加墩柱钢筋的锚固长度。前面提到，对盖梁施加预应力也能减少墩柱与梁连接区的主拉应力从而减少节点剪切破坏的趋势。

由于加固代价较高，因此对于节点剪切损坏的程度需要细心评估以避免不必要的加固成本。在许多情况下，有适当超静定次数的桥梁排架甚至在部分墩柱与基脚或墩柱与盖梁间的节点接连损坏后也可以承受一定水平的位移反应而不倒塌。在这些情况下，只要功能的损失能接受，可以认为排架的能力是不受节点退化而削弱。

6. 防止基脚破坏

和节点加固问题一样，对基脚的加固也是非常昂贵的，因此必须考虑地震荷载水平达到使基脚损坏时排架自身的抗倾倒能力。此外，基脚的破坏本身也是比较少见的，基脚的摇摆在许多情况下会起保护作用而被认为是一种隔震形式。摇摆作用可以将部分结构的响应控制在允许的水平，而基脚的不当加固会增加别处构件的应力而使其需要再加固。当基脚加固不可避免时，通常可以增加基脚的平面尺寸以保证稳定性或者设置一些附加的外围桩。在现有基脚顶部覆盖钢筋混凝土层并用密布的合缝钢筋连接新老混凝土进行加固可以减小墩柱与基脚连接处的剪应力且给墩柱钢筋在基脚处提供较好的锚固条件。

第八章　跨线桥梁施工标准化案例

第一节　编制依据和工程概况

1. 定远枢纽立交 BK0+736.455 桥：该桥位于定远镇定远村，桥梁为匝道上跨嶘柳高速而设，跨线位置净高 5.7m，桥梁标高受路线标高控制，墩台径向布置，桥面最大横坡为 4%，纵坡为 1.584% 和 2.8%。该桥上部结构采用：2×（3×30）+3×（4×30）m 预应力砼现浇连续箱梁，共五联。设计荷载等级公路－Ⅰ级，桥面净宽 1× 净 9.5m；下部结构采用柱式墩（8# 墩采用钢管砼柱），0# 桥台采用肋板台，18# 桥台采用柱式台，墩台采用钻孔灌注桩基础，桩基均为摩擦桩。与嶘柳高速交点桩号为 BK0+700.163（嶘柳高速桩号为 YK1852+025.609），其中 8# 墩位于嶘柳高速中央分隔带位置。

2. 定远枢纽立交 CK1+114.575 桥：该桥位于定远镇定远村，桥梁为匝道上跨嶘柳高速而设，跨线位置净高 11.7m，桥梁标高受路线标高控制，墩台径向布置，桥面最大横坡为 4%，纵坡为 0.500% 和 -3.855%。该桥上部结构采用：3×（4×30）+3×30m 预应力砼现浇连续箱梁，共四联。设计荷载等级公路－Ⅰ级，桥面净宽 1× 净 9.5m；下部结构采用柱式墩台（11# 墩采用钢管砼柱），墩台采用钻孔灌注桩基础，桩基均为摩擦桩。与嶘柳高速交点桩号为 CK1+218.005（嶘柳高速桩号为 YK1852+187.993），其中 11# 墩位于嶘柳高速中央分隔带位置。

3. 定远枢纽立交 K0+255.263 天桥：该桥位于定远镇定远村，桥梁为嶘柳高速下穿农道而设，跨线位置净高 6.7m，桥梁标高受路线标高控制，墩台径向布置，桥面横坡为 2%，纵坡为 -1.550%。该桥上部结构采用：桥面宽度（0.5+8.1+0.5）m，采用一联（5×20）m 预应力砼连续箱梁，先简支后连续，设计荷载等级公路－Ⅱ级；下部结构采用柱式墩台，桥台采用柱式台，墩台采用钻孔灌注桩基础，桩基均为摩擦桩。与嶘柳高速交点桩号为 K0+245.263（嶘柳高速桩号为 YK1852+546），其中 2# 墩位于嶘柳高速中央分隔带位置。

4. 嶘柳高速原有路基加宽：嶘柳高速 YK1850+942.3 ～ YK1851+622.3 段及 YK1852+462.3 ～ YK1852+942.3 段两侧路基及涵洞需进行加宽施工，长度 1160m，其中 4 道涵洞须接长。路基加宽采用原有路基边坡挖台阶或增设混凝土挡土墙的方式进行施工；其中 YK1852+692.3 ～ YK1852+802.3 段右侧为高填方，最大填土高度为 19.5m，基底及路基每填高 5m 全断面须进行强夯处理。

5. 定远枢纽立交匝道顺接：定远枢纽立交共含 4 条匝道，匝道的端头须与巉柳高速顺接，以连接巉柳高速与兰州南绕城高速公路。

主要工程量

结构物名称	主要工程数量				
	桩基	1.2m 钢管柱	1.3m 圆柱墩	预制箱梁	现浇箱梁
	根	根	根	片	联
BK0+736.455 匝道跨线桥	2	1			1
CK1+114.575 匝道跨线桥	2	1			1
K0+255.263 汽车天桥	4		4	6	
合计	8	82	4	6	2
路基加宽	砂砾土填筑 54654m^3，强夯面积 3014m^2，涵洞接长 42.8m/4 道				

第二节　交通组织方案

跨巉柳高速桥梁施工首先应保证高速公路通行畅通及行车安全。在对跨线区域高速进行加宽后，再进行桥梁施工。桥梁基础及下部结构施工时封闭中央分隔带两侧超车道，安全防护通道搭设时应保证高速公路通行畅通，完成后恢复双向四车道通行。

（一）施工区域布控划分

为使施工区域的交通安全设施能够为道路通行车辆和施工作业人员提供最大的安全保护，我部对施工区域内交通安全设施根据各段不同的功能进行划分，共划分为四个区域：施工告示区、渐变段、施工区域、净空区。

1. 各功能区划分的作用：

（1）施工预告区：警告、提示前方道路施工，使司机注意交通变化情况，及时采取相应措施。

（2）渐变段：提供行驶车辆改变行驶方向（变换车道）的空间。

（3）施工区域：施工封闭区域，严禁除施工及应急救援车辆、人员通行。

（4）净空区：净空区的大小应能容纳施工车辆及应急救援车辆。

2. 各功能区划分长度

（1）施工告示区：2000m；

（2）渐变段：2×150m；

（3）施工区域：600m；

（4）净空区：2×50m。

（二）施工范围道路封闭布控方案

根据我标段跨线施工特点，施工期间，需对巉柳高速 YK1851+900 ～ YK1852+900 段进行阶段性封闭管理。封闭布控方案采用对高速两侧进行加宽，封闭中央分隔带两侧超车道，保证双向四车道通行。为减小布控时对行车的影响，除必要的施工人员、机械外，其它所有的车辆不得进入高速公路作业区段，布控用的标示牌等均利用定远收费站、柳沟河收费站及两侧护栏开口位置运至巉柳高速公路，按布控方案在规定位置安放行车标示牌及锥形交通标。

具体方案如下：

1. 交通布控施工

按照高速公路管理部门审批的交通布控图布设交通警示标志，以提醒过往车辆提前变换车道并减速慢行。为避免个别车辆强制在施工区域段超速行驶，建议在施工区域两端 YK1851+900 及 YK1852+900 位置来车方向设置减速设施。

拆除物由运输车暂时运离巉柳高速，待全部施工结束进行恢复。

2. 施工区域高速加宽施工

为保证跨巉柳高速占道施工时不影响车辆通行，需对桥位处高速公路两侧进行加宽。由于 BK0+736.455 桥与 CK1+114.575 桥距离较近（162 米），计划进行整体加宽；K0+255.263 天桥距离较远（358 米），计划进行单独加宽。受桥梁结构物与现有高速净距的影响（最小净距为 2.1 米），两侧可各加宽 2 米，使高速公路宽度达到 2×13.2 米。

在进行跨线施工时，每幅需占用一个车道及边缘地带 2×4 米，剩余 2×9.2 米可满足双向四车道通行。

3. 基础及下部结构施工

跨巉柳高速桥梁基础及下部结构位置位于中央分隔带位置，施工前须注意保护高速公路收费管线，施工期间不得损坏管线。施工时需拆除桥位处中央分隔带护栏及植被作为施工操作场地，待施工结束进行恢复。

利用砂桶、反光锥、大型水马等材料封闭 YK1851+900 ～ YK1852+900 段两侧超车道作为桥梁基础及下部构造施工区域，来车方向摆放警示标志提示标识引导车辆减速慢行并及时变换车道。利用反光锥及警示标志将桥位处单幅原有行车道、应急车道、硬路肩及加宽段合并为两车道（单幅 9.2 米），以满足双向四车道通行。

基础及下部结构施工所需人员、机械、材料自定远收费站及柳沟河收费站进出。

桩基采用旋挖钻成孔，旋挖钻机在高速公路上行驶时，须铺设轮胎等物品，严禁损坏既有路面。施工时，应埋设不小于 2 米深的钢护筒；施工时废料直接装入备好的装载机内，再转入自卸车内，避免污染高速公路路面，采用自卸车运离高速公路，运至指定地点进行处理。

承台及墩身采用定型模板施工。进入施工区域的材料均堆放在 30cm 高的方木上方，避免损伤高速公路路面结构。根据桥梁结构需求，承台宽度为 2.9 米，基坑开挖时需破坏 YK1852+020 ～ YK1852+030 及 YK1852+183 ～ YK1852+193 段左右幅各 50cm 的既有高速公路结构，高速公路侧基坑坡面采用钢板桩支护并设置锚杆进行固定加强，顺中央分隔带侧基坑边坡坡率采用 1:0.5，基坑长 8m×宽 3m，以保证施工安全。完成下部结构施工后，恢复原有高速公路结构，且各项指标不低于原有高速公路结构指标。

4. 安全通道架设

在下部构造施工完成后，在 YK1851+900 ～ YK1852+900 段中央分隔带两侧封闭区域内浇筑安全通道条形基础并安放钢管柱及横梁，条形基础需占用两侧中央分隔带边缘至超车道标线位置各 50cm，利用反光锥及弹力棒做好条形基础的安全防护工作。

将中央分隔带两侧超车道封闭区域安全防护拆除后，利用砂桶、反光锥、大型水马等材料封闭 YK1851+900 ～ YK1852+900 段桥位处加宽段道路，浇筑高速公路两侧安全通道条形基础并安放钢管柱及横梁。此时单幅行车道宽度为 10.7 米，可满足双向四车道通行。

在加宽段道路封闭区域安全防护拆除后，利用砂桶、反光锥、大型水马等材料封闭 YK1851+900 ～ YK1852+900 段应急车道及外侧区域，浇筑中间部位安全通道条形基础，安放钢管柱、横梁及外侧安全通道纵梁。此时单幅行车道宽度为 7.5 米，可满足双向四车道通行，时间为 2 天。

在应急车道及外侧区域安全防护拆除后，利用砂桶、反光锥、大型水马等材料封闭 YK1851+900 ～ YK1852+900 段超车道及行车道，安放内侧安全通道纵梁。

此时单幅行车道宽度为 4 米，仅能满足双向两车道通行，时间为 5 天。

浇筑安全通道条形基础前，在基础与原有高速路面间铺设一层防水土工布，以免污染原有路面。

受 BK0+736.455 匝道桥结构限制，施工时，桥位处 20 米长度范围内仅保证车辆通行净高 5 米。避免超限车辆对通行的影响，须联系媒体发布通告，提醒超限车辆提前绕行。为避免个别车辆强制在施工区域段通行，对安全通道造成碰撞等隐患，应在定远收费站（K1850+670）及柳沟河收费站（K1857+065）的来车方向设置高度为 4.5 米的限高架，并设置警示标志提示限高 4.5 米，限宽 3.5 米。

搭建安全通道用材料均堆放在 30cm 高的方木上方，避免损伤高速公路路面结构。安全通道搭建完成及路面杂物处理干净后，开通双向四车道通行。

4. 拆除安全通道并清理路面残留物，恢复巉柳高速原有面貌，恢复双向四车道通行

现浇箱梁施工完成后，及时拆除两桥安全通道，搭设安全防护棚，以防施工过程中杂物掉落至高速路面，安全防护棚需设置明显的安全警示标志及安全警示灯。该段交通布控措施同步骤 3 的阶段性封闭施工。

5. 巉柳高速加宽及匝道顺接施工

在保证原有道路通行顺畅的前提下，施工前后须封闭施工侧部分应急车道，拆除原有公路护栏，加宽施工结束后，重新布设于道路外沿。该处施工期间应尽量避免与桥梁同时施工，尽可能保证车辆通行顺畅。

利用防护栏、防撞桶及反光锥，封闭 YK1850+900 ～ YK1853+000 段施工侧的应急车道作为施工平台。通过提示标及反光锥提示来往车辆减速慢行，限速 60km/h。施工期间，机械、人员不得进入高速公路范围。

第三节　跨巉柳高速桥梁施工安排

（一）施工布置

为尽量减小位于跨线道路上桥墩的施工时间，我部将安排三个工作面进行平行施工，加大人员、机械设备投入，确保位于巉柳高速公路中央分隔带的基础及下部构造施工的连续性，争取尽快完成 BK0+736.455 匝道桥 8# 墩、CK1+114.575 匝道桥 11# 墩、K0+255.263 天桥 2# 墩的基础、下部构造及箱梁的全部施工。

（二）人员、机械配备

管理层人员配备

1	项目经理	1	
2	项目总工程师	1	
3	项目副经理	1	
5	综合办公室	3	
6	财务管理部	3	
7	计划合同部	3	
8	工程部	14	含测量6人
9	物资设备部	4	
10	安全环保部	6	
11	试验室	10	

劳动力需要量及进场计划表

序号	工程项目	人工数量	进场时间
1	桩基	15	2016.3
2	下部构造	40	2016.3
3	梁板预制	40	2016.5
4	梁板安装	30	2016.8
5	现浇箱梁	80	2016.4
6	桥面系	30	2016.9

主要机械设备进场计划一览表

序号	设备名称	规格及型号	计划进场数量（台/套）	计划进场时间	性能状况
1	挖掘机	JGM923-LC	2	2016.3	良好
2	装载机	ZL-50D	4	2016.3	良好
3	自卸车	15T	5	2016.3	良好
4	洒水车	8.5T	2	2016.3	良好
5	混凝土罐车	10m³	10	2016.3	良好
6	吊车	QY25T/50T	4	2016.3	良好
7	砼拌合站	HZS90	2	2015.7	良好

序号	设备名称	规格及型号	计划进场数量（台/套）	计划进场时间	性能状况
8	空压机	3m³	2	2016.3	良好
9	混凝土输送泵	80型	4	2016.3	良好
10	旋挖钻		2	2016.3	良好
11	架桥机	HZQ40-140B	1	2016.8	良好
12	发电机	250KW	2	2016.3	良好
		120KW	2	2016.3	良好
		75KW	2	2016.3	良好

主要材料用量计划

序号	材料名称	型号	单位	数量
1	钢管	Φ48×3.5mm	m	18000
		Φ400×8mm	m	750
2	工字钢	I14	t	18
		I32a	t	16
		I40a	t	35
3	方木	10×10cm	m³	25
		10×15cm	m³	50
4	钢板	1cm厚	t	2
5	竹胶板	122×244×1.5cm	张	500

（三）施工工期

根据总体进度计划安排，跨巉柳高速桥梁施工计划时间2016年7月11日至2016年11月22日，历时4.3个月；巉柳高速加宽施工计划时间2016年7月20日至2017年5月20日，历时10个月（其中冬休4个月）。

施工计划表

主要工程项目	主要工程数量	天数	开工日期	完工日期
前期准备工作	转向车道铺设	5	2016.7.11	2016.7.15
桩基	6根	7	2016.7.16	2016.7.22

主要工程项目	主要工程数量	天数	开工日期	完工日期
桩基破头、检测	6 根	5	2016.8.8	2016.8.12
承台、系梁	3 座	8	2016.8.13	2016.8.20
墩柱	4 根	7	2016.8.21	2016.8.27
盖梁	1 个	5	2016.8.27	2016.8.31
防护墩	50m（双侧）	3	2016.9.1	2016.9.3
搭设单幅安全通道		10	2016.9.4	2016.9.13
搭设单幅安全通道、修复双向四车道通行		10	2016.9.18	2016.9.27
现浇箱梁施工	2 联	45	2016.9.28	2016.11.12
预制箱梁架设	2 跨	3	2016.11.10	2016.11.12
恢复原貌、搭设安全防护棚		10	2016.11.13	2016.11.22
原有路基加宽			2016.7.20	2017.5.20

第四节　承台基坑稳定性验算

根据跨嶦柳高速桥梁综合统计，选取基坑埋置深度最大的 BK0+736.455 匝道桥 8# 墩承台进行基坑验算说明，其余承台基坑开挖均采用本次验算说明中的支挡参数进行布置，以保证承台基坑稳定。BK0+736.455 匝道桥 8# 墩承台基坑深度为 h=4 米，采用一道锚杆的拉森 SP Ⅲ 型钢板桩支挡结构，拉森 SP Ⅲ 型钢板的主要技术参数为：惯性矩 I=16800cm⁴/m，截面模数 W=1340 cm³/m，每桩单重 Q=60kg/m；锚杆距离地面 d=2.0m，水平间距 a=2.0m，基坑周围土层重度为 γ=18.9KN/m³，内摩擦角 φ=20°，考虑最不利情况，粘聚力取 0。

主动土压力系数 $Ka=tg^2(45° - φ/2)=0.49$

被动土压力系数 $Kp=tg^2(45° + φ/2)=2.04$

假定土压力为零点处弯矩为零，土压力零点距基坑底面的距离为：

$$u=\frac{e_a}{\gamma \cdot (Kp-Ka)}=\frac{\gamma \cdot h \cdot tg^2\left(45^o-\frac{\varphi}{2}\right)}{\gamma \cdot (Kp-Ka)}=\frac{18.9 \times 4 \times 0.49}{18.9 \times (2.04-0.49)}=1.26m$$

基坑开挖面以上主动土压力为：

$$Ea_1 = \frac{1}{2} \cdot \gamma \cdot h^2 \cdot Ka = \frac{1}{2} \times 18.9 \times 4^2 \times 0.49 = 74.09 KN/m$$

Ea_1 的作用点距地面的距离为：$ha_1 = \frac{2}{3} \cdot h = \frac{2}{3} \times 4 = 2.67m$

钢板桩后侧开挖面至土压力零点间净土压力为：

$$Ea_2 = \frac{1}{2} \cdot \gamma \cdot u^2 \cdot (Kp - Ka) = \frac{1}{2} \times 18.9 \times 1.26^2 \times (2.04 - 0.49)$$

$$= 23.25 \ KN/m$$

Ea_2 的作用点距地面的距离为：$ha_2 = h + \frac{1}{3} \cdot u = 4 + \frac{1}{3} \times 1.26 = 1.06m$

钢板桩后侧净土压力为：$Ea = Ea_1 + Ea_2 = 74.09 + 23.25 = 97.34 \ KN/m$

Ea 的作用点距地面的距离为：$ha = \frac{Ea_1 \cdot ha_1 + Ea_2 \cdot ha_2}{Ea} = 2.28m$

锚杆拉力为：$T = \frac{h + u - ha}{h + u - d} \cdot Ea \cdot a = \frac{4 + 1.26 - 2.28}{4 + 1.26 - 2} \times 97.34 \times 2$

$$= 177.96 \ KN$$

土应力零点处钢板桩剪力为：$Q_0 = \frac{ha - d}{h + u - d} \cdot Ea = \frac{2.28 - 2}{4 + 1.26 - 2} \times 97.34$

$$= 8.36 \ KN$$

钢板桩有效嵌固深度为：$t = \sqrt{\dfrac{6 \cdot Q_0}{\gamma \cdot (Kp - Ka)}} = \sqrt{\dfrac{6 \times 8.36}{18.9 \times (2.04 - 0.49)}}$

$$= 1.31m$$

钢板桩最小长度为：$l = h + u + 1.4t = 4 + 1.26 + 1.4 \times 1.31 = 7.09m$

土压力零点以上钢板桩最大弯矩的截面距地面为 h_0，则

$$\frac{T}{a} - \frac{1}{2} \cdot \gamma \cdot h_0^2 \cdot Ka = 0$$

由此得：$h0 = \sqrt{\dfrac{2 \cdot T}{\gamma \cdot Ka \cdot a}} = \sqrt{\dfrac{2 \times 177.96}{18.9 \times 0.49 \times 2}} = 4.38m$

该段的最大弯矩为：$Mmax = \frac{1}{6} \cdot \gamma \cdot h_0^3 \cdot Ka - \frac{T}{a} \cdot (h_0 - d)$

$$= \frac{1}{6} \times 18.9 \times 4.38^3 \times 0.49 - \frac{177.96}{2} \times (4.38 - 2)$$

$$= -82.08 KN \cdot m$$

土压力零点以下钢板桩最大弯矩的截面距地面为 t_0，则

$$t_0 = \sqrt{\dfrac{2 \cdot Q_0}{\gamma \cdot (Kp - Ka)}} = \sqrt{\dfrac{2 \times 8.36}{18.9 \times (2.04 - 0.49)}} = 0.76m$$

该段的最大弯矩为：$M_{max} = Q_0 \cdot t_0 - \frac{1}{6} \cdot \gamma \cdot t_0^3 \cdot (Kp-Ka)$

$$=8.36 \times 0.76 - \frac{1}{6} \times 18.9 \times 0.76^3 \times (2.04-0.49)$$

$$=4.21 \text{ KN} \cdot \text{m}$$

钢板的折减系数 $\beta =0.7$，允许抗拉强度 $[\sigma]=200MPa$

钢板的最大抗弯矩 $M= \beta \cdot W \cdot [\sigma]=0.7 \times 1340 \times 10^{-6} \times 200 \times 10^{-3}$

$$=187.6 \text{ KN} \cdot \text{m} > M_{max}$$

则钢板强度满足要求。

根据拉森钢板性能指标及以上计算可得：承台基坑支护钢板桩可采用拉森 PSP Ⅲ 型钢板桩，钢板桩长度 8m、埋入基坑底面 4m，于基坑顶面向下 2m 位置设置一道间距 2m、长 6m 的砂浆锚杆。

第五节　满堂支架及门洞验算

（一）碗扣支架验算

支架搭设前，将嶻柳高速边坡施作为高 20cm、宽 60cm 的台阶，并采用 C25 砼进行硬化。

1. 计算荷载取值

支架布置：支架采用 $\phi 48 \times 3.5mm$ 的碗扣式架，碗扣支架片面布置为纵桥向为 0.6m，横桥向为 0.6m，竖向步距为 1.2m；采用 1.5cm 厚优质竹胶板；模板下顺桥向方木采用 $10 \times 10cm$ 粗皮落叶松，间距 b=25cm；横桥向方木采用 $10 \times 15cm$ 粗皮落叶松，间距 60cm；碗口支架平面布置为 60cm×60cm，竖向步距为 1.2m。混凝土容重 $\gamma =2.6t/m^3$，人群荷载 $g_r=2.5KN/m^2$，混凝土振捣冲击荷载 $q_3=4KN/m^2$（垂直面），在计算强度时考虑冲击系数 p=1.2。

2. 箱梁底模竹胶板计算（忽略模板自重）

对于箱梁底模计算，应按混凝土浇筑施工为控制工况，此时混凝土全部作用于底模板上。

本次计算取箱梁腹板荷载为计算控制荷载，计算将方木作为模板的支座，间距按 0.25 布置，按均布荷载作用下的连续梁来计算模板，取最大截面箱梁作为计算控制荷载。

底模采用竹胶板的参数（JG/T 156-2004）：

静曲弹性模量：$4.5 \times 10^3 \text{N/mm}^2$　静曲强度：50N/mm^2　b=0.25m　l_1=0.25m

结构自重：

g_1=dγ=2.4×26=62.4KN/m^2

施工人员 g_r=2.5KN/m^2

倾倒混凝土时产生的冲击荷载和振捣混凝土时产生的荷载按 4 KN/m^2 考虑。

模板上每米长的荷载为：

g=（g_1+g_r+4）×b=（62.4+2.5+4）×0.25=17.225KN/m

跨中弯矩：$M_{1/2}$=gl_1^2/10=0.1077KN.m

按集中力 P=1.5KN 计算，$M_{1/2}$=Pl_1/6=0.0625KN.m ＜ 0.1077KN.m

临时结构采用竹胶板，容许弯应力 σ_w=50MPa，模板需要的截面模量：

W=M/σ_w=0.1077/（50×10^3）=$2.15 \times 10^{-6} \text{m}^3$

根据 W、b 得为：

$$h= \sqrt[2]{6 \times \frac{W}{b}} = \sqrt[2]{6 \times 2.15 \times 10^{-6} / 0.25} = 0.0072\text{m}$$

故模板截面厚度采用 0.015m

3. 顺桥向 10×10 方木计算（忽略模板自重）

横桥向跨径为 l_1=0.25m，顺桥向跨径为 l_2=0.6m，那么有：

纵梁单位荷载：g=（g_1+g_r+4）l_1=68.9×0.25=17.23KN/m

跨中弯矩：

$M_{1/2}$=gl_2^2/8=17.23×0.6^2/8=0.775KN.m

临时结构采用粗皮落叶松，容许弯应力 σ_w=17MPa，需要的截面模量：

W=M/σ_w=0.775/（17×10^3）=$0.456 \times 10^{-4} \text{m}^3$

顺桥向方木宽度 b=0.1m，那么有：

$$h= \sqrt[2]{6 \times \frac{W}{b}} = \sqrt[2]{6 \times 0.456 \times 10^{-4} / 0.25} = 0.033\text{m}$$

故方木截面初步取 0.1m×0.10m，根据截面核算其挠度，粗皮落叶松弹性模量为 E=10×10^3MPa，则有：

$$I= \frac{bh^3}{12} = \frac{0.1 \times 0.1^3}{12} = 8.33 \times 10\text{-}6\text{m}4$$

$$f=\frac{5}{384}\times\frac{gl_2^4}{EI}=\frac{5}{384}\times\frac{17.23\times0.6^4}{10\times10^6\times8.3\times10^{-6}}=0.00035m$$

$$\frac{f}{l_2}=\frac{0.00035}{0.6}=0.0006<\frac{1}{400}$$

则满足要求。

4. 横桥向 10×15 方木计算（忽略模板自重）

纵桥向跨径为 $l_2=0.6m$，横桥向跨径为 $l_1=0.6m$，那么有：

横桥向梁单位荷载：$g=(g_1+g_r+4)l_1=68.9\times0.6=41.34$ KN/m

跨中弯矩：

$M_{1/2}=gl_2^2/8=41.34\times0.6^2/8=1.86$ KN.m

临时结构采用粗皮落叶松，容许弯应力 $\sigma_w=17MPa$，需要的截面模量：

$W=M/(1.2\times\sigma_w)=1.86/(17\times10^3)=1.094\times10^{-4}m^3$

横向方木宽度 $b=0.1m$，那么有：

$$h=\sqrt[2]{6\times\frac{W}{b}}=\sqrt[2]{6\times1.094\times10^{-4}/0.1}=0.08m$$

故方木截面初步取 $0.1m\times0.15m$，根据截面核算其挠度，粗皮落叶松弹性模量为 $E=10\times10^3MPa$，则有：

$$I=\frac{bh^3}{12}=\frac{0.1\times0.15^3}{12}=28.13\times10^{-6}m^4$$

$$f=\frac{5}{384}\times\frac{gl_2^4}{EI}=\frac{5}{384}\times\frac{41.34\times0.6^4}{10\times10^6\times28.13\times10^{-6}}=0.0002m$$

$$\frac{f}{l_2}=\frac{0.0002}{0.6}=0.0004<\frac{1}{400}$$

则满足要求。

5. 横杆计算

按均布荷载进行计算，每孔桥长度为30m，底板宽度为7m，每孔梁体混凝土方量为211.4m^3，则每㎡混凝土方量为：

$$\frac{211.4}{30\times7}=1.01m/㎡$$

碗口支架纵向间距为0.6m，横向间距为0.6m，取小横杆计算跨径为

l_1=0.6m，忽略模板自重，混凝土高度为 1.7m，则有在顺桥向单位长度内混凝土荷载为：

g_1=0.6×1.01×26=15.76KN/m

施工人员 g_r=2.5KN/m²

倾倒混凝土和振捣混凝土产生的荷载为 4 KN/m² 考虑，横桥向作用在小横杆上的均布荷载为：

g=g_1+（g_r+4）×0.6=15.76+（2.5+4）×0.6=19.66 KN/m

φ48×3.5mm 碗 扣 式 架 抵 抗 矩 W=5.078×10³mm³，钢材强度极限值[σ]=215MPa，惯性矩 I= mm⁴，弹性模量 E=2.1 MPa，弯曲强度：

$$\sigma=\frac{gl_1^2}{10w}=\frac{19.66\times600^2}{10\times5.078\times10^8}=139.38 \text{ MPa}<[\sigma]=215\text{MPa}$$

挠度计算：

$$f=\frac{gl_1^4}{150EI}=\frac{19.66\times0.6^4}{150\times2.1\times10^5\times1.215\times10^5}=0.67\text{mm}<3\text{mm}$$

故满足要求。

6. 立杆计算

立杆承受由横杆传递来的荷载，因此得：

N=gl_2=19.66×0.6=11.8KN

横杆竖向步距为 1.2m，查《路桥施工计算手册》得回转半径 i=15.78mm，长细比 $\lambda=\frac{l}{i}=\frac{1200}{15.78}=76$，查《路桥施工计算手册》得截面积 A=4.89×10²mm²，立杆轴心受压构件纵向弯曲系数 φ=0.6758，那么有：

[N]=A[σ]= 0.6758×489×215=71.05KN

则 N[N]，满足要求。

7. 地基反力计算

立杆轴心压力为 11.8KN，垫木采用 0.6m 长 ×0.2m 宽 ×0.05m 高木板，垫木截面积为 A=0.6m×0.2m=0.12m²，则地基反力：

$$P=\frac{N}{A}=\frac{11.8}{0.12}=141.6\text{KPa}$$

验算结果满足要求。

（二）门洞支架验算

门洞设置：模板验算同碗扣支架验算。门洞采用 80cm（宽）×100cm（高）混凝土条形基础，立柱采用间距 2m、Φ400×8mm 钢管埋至条形基础内，道路两侧各一排，每排 6 根，排距 8.5m，同排立柱间用 $80 \times 60 \times 6$mm 角钢进行平斜撑连接；钢管顶放置 $60 \times 60 \times 1$cm 钢板，钢板与钢管四面焊接牢固。钢板上放置横梁，横梁采用单层双排焊接 I32a 工字钢；BK0+736.455 匝道桥纵梁采用 15 排单层双排焊接 I40a 工字钢，间距 0.5m，跨径 8.5m；CK1+114.575 匝道桥纵梁采用 19 排贝雷片，翼缘板设置 3 排，腹板设置 3 排，箱室中间设置 2 排，跨径 10m。双排焊接工字钢每 100cm 焊接 10cm，上下错开布置横桥向 10×10 方木采用 0.25m 间距。布置图祥见附图 8。

1. 单层双排焊接 I32a 工字钢横梁

钢管立柱间距取 2m，计算跨径 l=2m，查《路桥施工计算手册》得 I32a 工字钢截面模量 $W=692.5 \times 10^3$mm³，钢材强度极限值 $[\sigma]$=145MPa，惯性矩 $I=11100 \times 10^4$mm⁴，弹性模量 E=2.1 MPa，单位重量为 52.717Kg/m，单根顶宽为 b=130mm。

I32a 工字钢上承受的荷载分以下几种：

（1）箱梁混凝土自重，箱梁的平均断面面积为 $\frac{211.4}{30}$=7.05 m²，箱梁混凝土自重荷载：g_1=26 × 7.05=183.3 KN/m。

（2）模板自重荷载 g_2=20KN/m。

（3）施工人员、机具、材料及其它临时荷载（活载）g_3=2.5 × 7（底板宽）=17.5KN/m。

（4）倾倒混凝土和振捣混凝土产生的荷载 g_4=4 × 7（底板宽）=28KN/m

（5）I32a 横梁自重荷载：g_5=0.527 × 2（双排）=1.054KN/m

荷载组合：g=（$g_1+g_2+g_3+g_4+g_5$）/ 排数 × 1.2

=（183.3+20+17.5+28+1.054）/5 × 1.2=60KN/m

弯矩计算：M_{max}=gl²/8=60 × 2²/8=30KN.m

$\sigma = M_{max}/W$=30 × 10⁶/（692.5 × 10³ × 2）=21.66MPa ＜ $[\sigma]$=145MPa

挠度计算：

$$f= \frac{5}{384} \times \frac{gl^4}{EI} = \frac{5}{384} \times \frac{60 \times 2000^4}{2.1 \times 10^5 \times 11100 \times 10^4 \times 2} =0.27mm ＜ \frac{l}{400} =5mm$$

故满足要求。

2. 双排 I40a 工字钢纵梁计算

计算跨径 l=8.5m，查《路桥施工计算手册》得 I40a 工字钢截面模量 $W=1086 \times 10^3$mm³，钢材强度极限值 $[\sigma]$=145MPa，惯性矩 $I=21720 \times 10^4$mm⁴，弹性模量 E=2.1 MPa，单位重量为 67.6Kg/m，单根顶宽为 b=142mm。

I40a 工字钢上承受的荷载分以下几种：

（1）箱梁混凝土自重，箱梁的平均断面面积为 $\dfrac{211.4}{30}$ =7.05 ㎡，箱梁混凝土自重荷载：g_1=26×7.05=183.3 KN/m。

（2）模板自重荷载 g_2=20KN/m。

（3）施工人员、机具、材料及其它临时荷载（活载）g_3=2.5×7（底板宽）=17.5KN/m。

（4）倾倒混凝土和振捣混凝土产生的荷载 g_4=4×7（底板宽）=28KN/m

（5）I40a 纵梁自重荷载：g_5=0.676×2（双排）=1.352KN/m

荷载组合：g=（g_1+g_2+g_3+g_4+g_5）/ 排数 ×1.2

= （183.3+20+17.5+28+1.352）/15×1.2=20KN/m

弯矩计算：M_{max}=gl²/8=20×8.5²/8=180.6KN.m

σ = M_{max}/W=180.6×10⁶/（1086×10³×2）=83.15MPa＜[σ]=145MPa

挠度计算：

f=×=×=14.9mm＜=21.25mm

故满足要求。

3. 贝雷片纵梁计算

计算跨径 l=10m，查《路桥施工计算手册》得贝雷片截面模量 W=3579×10³mm³，抗弯强度极限值 1.3[σ]=273MPa，容许剪力 =245KN，惯性矩 I=250500×10⁴mm⁴，弹性模量 E=2.1 MPa，单位重量为 270/3=90Kg/m。

贝雷片上承受的荷载分以下几种：

（1）箱梁混凝土自重，箱梁的平均断面面积为 $\dfrac{211.4}{30}$ =7.05 ㎡，箱梁混凝土自重荷载：g_1=26×7.05=183.3 KN/m 。

（2）模板自重荷载 g_2=20KN/m。

（3）施工人员、机具、材料及其它临时荷载（活载）g_3=2.5×7（底板宽）=17.5KN/m。

（4）倾倒混凝土和振捣混凝土产生的荷载 g_4=4×7（底板宽）=28KN/m

（5）贝雷片纵梁自重荷载：g_5=270/3×13（底板设置 13 排贝雷片）=11.7KN/m

荷载组合：g=（g_1+g_2+g_3+g_4+g_5）/ 排数 ×1.2

= （183.3+20+17.5+28+11.7）/13×1.2=24.05KN/m

弯矩计算：$M_{max}=gl^2/8=24.05 \times 10^2/8=300.63KN.m$

$\sigma = M_{max}/W=300.63 \times 10^6/（3579 \times 10^3）=84MPa < 1.3[\sigma]=273MPa$

剪力计算：$R=lg/2=10 \times 24.05/2=120.25KN < 245KN$

挠度计算：

$f= \times = \times =5.95mm < =25mm$

故满足要求。

4．钢管立柱计算

钢管立柱采用间距2m、$\Phi 400 \times 8mm$ 钢管，共三排，每排6根，查《路桥施工计算手册》得，轴向应力 $[\sigma]=140Mpa$。

横断面立柱荷载：

（1）箱梁混凝土自重，箱梁的平均断面面积为$\dfrac{211.4}{30}$ =7.05 ㎡，箱梁混凝土自重荷载：$g_1=26 \times 7.05=183.3$ KN/m 。

（2）模板自重荷载 $g_2=20KN/m$。

（3）施工人员、机具、材料及其它临时荷载（活载）$g_3=2.5 \times 10.5$（桥面宽）$=26.25KN/m$。

（4）倾倒混凝土和振捣混凝土产生的荷载 $g_4=4 \times 10.5$（桥面宽）$=42KN/m$

（5）I32a 横梁自重荷载：$g_5=0.527 \times 2$（双排）$\times 2=2.108KN/m$

（6）I40a 纵梁自重荷载：$g_6=0.676 \times 2$（双排）$\times 15=20.28KN/m$

>贝雷片纵梁自重荷载 $=11.7$ KN/m

钢管立柱荷载由工字钢横梁传递，则横断面反力：

$N_总= g=（g_1+ g_2+ g_3+ g_4）\times 8.5/2+ g_5+g_6=2330KN$。

按所有荷载均作用底板12根立柱上，每根钢管轴心受压考虑，则每根钢柱受力为：

$N= N_总/12=194KN$

经计算，回转半径 $i= \dfrac{\sqrt{d^2 + d_1^2}}{4} = \dfrac{\sqrt{400^2 + 392^2}}{4} =140.01mm$，则 $\lambda = \dfrac{l}{i} = \dfrac{2900}{140.01}$ $=20.7$，查《路桥施工手册》附表三，得 $\phi = 0.9$，钢管截面积 $A=0.008m^2$，则有：

$\sigma = \dfrac{N}{\phi A} = \dfrac{194}{0.9 \times 0.008} =26944KPa=26.944MPa$

$< [\sigma] = 145MPa$

满足要求。

5. 地基反力计算

立柱下采用 11m 长 × 0.8m 宽 × 1mC20 混凝土条形基础，立柱间距 2m，基础截面积为 A=2m×0.8m=1.6m^2，则地基反力：

$$P=\frac{N}{A}=\frac{194}{1.6}=121.25KPa$$

验算结果满足要求。

第六节 安全应急预案

（一）疏导交通应急预案

为避免车流量过大或车辆出现故障滞留时出现交通阻塞，及时与巉柳高速管理部门联系，暂时开通和平收费站及定远收费站出口车辆从定远到和平段车辆从国道 G312 通行。

（二）施工安全生产应急预案

为快速、及时、妥善地处理本项目经理部，在定远枢纽立交 B 匝道桥、C 匝道桥跨线桥及天桥生产经营过程中可能发生的重大生产安全事故，做好应急处置和抢险救援的组织工作，最大限度地减少事故造成的人员伤亡、财产损失和社会危害，根据《中华人民共和国安全生产法》、《安全生产许可证条例》、《建设工程安全生产管理条例》、《国务院关于进一步加强安全生产工作的决定》以及国家有关部门和上级的有关要求，制定本预案。

1. 基本原则

（1）坚持"以人为本，预防为主"，针对施工过程中存在的重大危险源，通过强化日常安全管理，落实各项安全防范措施，查堵各种事故隐患，做到防患于未然。项目经理部各部门和施工工区要紧紧结合施工的实际情况，制定和完美施工应急预案，做好相关应急准备工作，包括救援器材。

（2）坚持统一领导，统一指挥，紧急处置快速反应，分级负责，协调一致的原则，建立项目经理部、各相关部门、工区应急救援体系，做到局部利益服从整体利益，关爱生命高于一切，确保施工过程中一旦出现重大事故，能够迅速、快捷、有效的启动应急系统。

2．适用范围

本预案适用于兰州南绕城高速公路 LRN01 标定远枢纽立交跨线施工建设中发生的涉及因工程施工，造成桥梁支架跨塌、交通车辆事故造成人员伤亡的重大安全事故。

3．预防措施

（1）封道之初在省级相关媒体和甘肃省相关媒体对封道的时间及路段进行公告，提醒过往车辆按行车标示行驶，确保安全；

（2）因发生应急情况是随机、不定时的，交通协管员必须 24 小时对封道施工路段进行巡视，出现异常情况及时上报项目部负责人和高速公路管理有关部门；

（3）在日常生活中经常关注新闻和报纸，经常与高速公路管理部门联系，掌握与高速公路有关的信息，配合高速公路管理部门作好执行特殊任务的保畅工作；

（4）在特殊节假日或执行紧急任务期间尽量不安排有碍交通正常运行的施工项目，如现浇梁施工等；

（5）项目部所有施工机械机具全部作为保巉柳高速公路封道施工路段的应急设备，在特殊情况下，暂停现场施工，听从项目经理的指挥，配合有关部门展开保畅工作；

（6）成立应急抢险队伍，由项目部经理部及施工站所有机械员组成应急抢险队伍，当巉柳高速公路封闭段出现异常情况时，停止一切作业，听从项目经理指挥，在交警、路政部门的指导下展开工作。

4．应急实施措施

封道施工期间，当高速公路行驶车辆在封道路段出现倾覆或不能及时处理的交通事故、巉柳高速公路执行紧急任务需要等应急情况时，采取如下应急预案：

（1）发现交通事故时，及时报告巉柳高速公路管理部门，并在需要时协助其疏通交通；

（2）施工路段因事故或车辆故障造成交通流的临时改道布控，项目部安全领导小级组应在交警、路政部门的监督和指导下展开工作；

（3）开通 G312 国道至施工路段的应急救援通道，施工路段出现事故或车辆故障时，应急救援车辆可及时到达现场，避免造成大范围拥堵；

（4）在施工区域内设置应急救援车辆临时停放场地，以提高救援效率，减少道路拥堵时间；

（5）在出现交通事故而不能及时处理完时，为避免巉柳高速公路交通堵塞，及时与嵝柳高速管理部门联系，暂时开通定远收费站出口，引导车辆绕过施工区（或事故发生地），从定远镇上通过，再顺接至原有未受管制段高速公路，待有关部门将事故处理完成后，再重新恢复高速通行。

5. 生产安全事故应急救援处置的指挥

重大生产安全事故由兰州南绕城高速公路 LRN01 标项目经理部生产安全事故应急救援指挥部负责组织指挥和救援处置。

（1）兰州南绕城高速公路 LRN01 标应急救援指挥部的组成

由项目经理部、安全环保部、工程部、物资设备部、财务部、综合办公室组成。

总指挥：（项目经理）

副总指挥：（项目总工）

处置组包括：综合协调组、安全保卫组、应急救援组、医疗救护组（联系附近医院）、后勤保障组、事故调查组、善后处理组。

（2）兰州南绕城高速公路 LRN01 标项目经理部应急救援指挥部和专业处置组的职责。

①应急救援指挥部的职责

在发生重大安全事故时，负责事故现场应急处置和抢险救援及善后处理的组织指挥工作。总指挥是处置重大生产安全事故的组织者和指挥者，负责组织、指挥事故应急救援处置工作。

②专业处置组的职责

综合协调组：由黄智云负责，承担重大生产安全事故的报告；通知指挥部成员立即赶赴现场；协调各专业处置组的抢险救援工作；按照事故报告的规定及时上报事故情况以及事故抢险救援的进展情况；落实上级和地方政府主管部门的指示和批示。

安全保卫组：由陈应龙负责，组织保安人员对事故现场及周边地区和道路等进行警戒，控制必要时组织人员有序疏散。

应急救援组：由张健负责组织救援队，组织协调现场紧急救援和外围工作。

医疗救护组：由李云贵负责，尽快联系附近医疗单位予以帮助。

后勤保障组：由陈灿发负责，紧急组织调配自有车辆进行救助。

事故调查组：由牛司洲负责，会同有关部门进行现场勘查、取证，配合政府等有关部门开展重大生产安全事故的调查处理工作。

善后处理组：事先由黄平负责善后处理组，与总指挥保持及时的信息沟通，会同有关部门处理伤亡人员的善后工作。

6．预防与应急救援措施

按区域、部位确认的潜在重大危险源：桥梁上部现浇连续箱梁施工发生的事故。可能导致的伤害类别、严重度：人身伤亡及重大经济损失。桥梁施工中发生支架受力超出承载能力，发生跨塌后，极易引起人身伤亡，及沈海高速公路交通中断。

事故发生的处置措施：

（1）事故发生后，由安全员迅速联系 122、120 处理事故现场，同时通知生产负责人组织紧急应变小组进行可行的应急抢救，如现场包扎、止血等措施。防止受伤人员流血过多造成死亡事故发生，现场人员应马上通知经理部指挥部。项目经理部立即启动应急救援预案，组织处置。

（2）现场总指挥先安排人员设立警戒线，封锁事故现场，防止无关人员围观，实施现场救援工作和调查处理。

（3）伤者救出后，只能由医务人员采取救护，应迅速送往医院救护。

（4）指挥部及时确定事故的严重性，迅速上级有关领导和部门，以便采取更有效的救护措施。事故报告时间不超过事故发生后 1 小时。及时报告内容为事故发生的时间、地点、单位、事故的简要情况、伤亡人数、初步估计的直接经济损失和已采取的应急措施等。

（5）事故发生地的有关单位必须严格保护事故现场，并采取必要措施抢救人员和财产，防止事故扩大和损失加重，确因抢险需要移动现场物件时，必须做出标志、拍照、详细记录和绘制现场图，并妥善保存现场主要痕迹、物证等。

第九章 桥梁工程施工技术发展趋势

进入 21 世纪以来，在党和中央的正确领导下，我国在各个方面均取得了非常大的进步，其中道路桥梁工程取得的进步也是非常的大。其中道路桥梁施工技术作为道路桥梁工程项目的主要组成部分，对整个道路桥梁工程有着决定性的影响。

新时期我国道路桥梁工程建设取得了快速发展，特别是在施工经验和理论知识方面都得到了扩充，与此同时，随着科学技术的发展，道路桥梁施工技术也取得了极大的提升，不断地更新着建设工程的面貌。随着新技术的不断涌现，需要进一步研发和推动道路桥梁工程施工技术，以应对质量与技术方面的日益提升的要求，使我国道路桥梁建设更上一层楼。

第一节　现阶段国内道路桥梁工程施工技术现状

随着我国市场经济的不断发展，人们生活水平的不断提高，现阶段的道路桥梁工程的施工技术相对于先前传统的道路桥梁工程施工在道路桥梁防水施工技术、道路桥梁工程地基加固技术以及混凝土钢筋施工技术等很多方面都取得了较大的进步，现详述如下：

1. 道路桥梁工程在防水施工技术的进步

现阶段的道路桥梁在防水施工过程中已经实现了对于高分子聚合物的使用，同时随着国内外对于高分子聚合物的不断研究，很多高科技新型的高分子聚合物防水材料不断涌现，这大大增强了道路桥梁工程施工中的防水施工。相对于传统道路桥梁工程中钢性防水施工不同，现阶段的道路桥梁施工主要采用柔性施工或者刚柔并济型施工，主要施工的柔性施工材料有：高分子聚乙烯板、新型沥青防水材料、高分子胶结密封装置以及新型防水涂料等，给道路桥梁工程带来的施工防水效果相对于先前的刚性防水施工有了非常大的进步。

2. 道路桥梁工程中地基加固技术的进步

随着我国经济的不断发展，我国经济的发展规模已经从传统的海边地区逐步伸向了内地，特别是在国家实施西部大开发以及南水北调工程的施工过程中，很多超大型以及大型的道路桥梁工程得到了非常多的实施，随着道路桥梁工程建设规模的不断扩大，给整个道路桥梁工程的地基施工带来全新的要求，同时，我国在道路桥梁工程的地基工程施工过程中也取得了长足的进步，现阶段道路桥梁工程中的地基施工技术主要采用的新型复合型地基施工技术，在采用复合型地基施工技术的过程中，施工技术人员对于地基各个技术参数的设置主要根据地基所在处的地层情况，然后选择出适合该地质下的具体施工工艺。现阶段的具体施工技术分为：地基渣土夯填施工技术、地基石灰桩施工技术、地基水泥桩施工技术以及地基粉煤灰施工技术，这些地基施工技术相对于传统的地基施工技术带来的地基施工质量效果是非常显著的。

3. 道路桥梁工程施工中的混凝土钢筋施工技术

众所周知，道路桥梁工程中的混凝土钢筋施工是整个道路桥梁工程的骨架施工。现阶段道路桥梁中混凝土钢筋的施工支护的关键技术为钢筋混凝土连接技术以及钢筋混凝土预应力支护技术其中预应力支护技术对于整个混凝土钢筋施工的推动是非常显著的。

4. 现阶段国内道路桥梁施工过程中的技术缺陷

随着我国经济的快速发展，虽然国内的道路桥梁施工技术相对于先前有了质的提升，但是在实际的道路桥梁施工过程中仍然存在一系列的问题。这个道路桥梁工程的整体质量带来的影响是非常巨大的。现分别从现阶段道路桥梁工程施工中质量要求、管理技术方面进行详述如下：

（1）道路桥梁工程在施工过程中的质量问题

在调查中我们发现，现阶段道路桥梁工程在具体的施工过程中各个施工技术环节均存在较为严重的质量问题，主要存在的方面为，道路桥梁施工环境复杂多变以及施工所用相关材料在很大程度上均不能达到相关的施工质量标准。同时道路桥梁施工质量受到施工工艺带来的影响也是较大的，这就给道路桥梁工程整体的结构强度和刚度带来较大的影响，直接影响到道路桥梁工程整体的质量。在道路桥梁工程具体的施工过程中混凝土密实度不够是存在比较普遍的问题。这也是造成道路桥梁工程后期出现塌陷的主要原因。此外，在调查中发现，在钢筋混凝土施工过程中出现钢筋强度不达标，强度、韧性低的现象仍然较多。

（2）道路桥梁工程施工过程中出现的管理技术性问题

在道路桥梁工程的具体施工过程中如何保证道路桥梁工程各项技术性环节的顺利实施在现阶段的道路桥梁工程中存在比较严重的问题，这对于整个道路桥梁工程顺利施工有着非常大的影响。现阶段国内的道路桥梁工程管理技术相对于国外发达国家仍然比较落后，国内的道路桥梁工程施工管理在很多情况下仅仅是对整个道路桥梁工程进行简单的记录，此外，从事道路桥梁工程管理等相关工作在整个道路桥梁工程中没有得到应有的重视其从事人员的整体素质水平相对于国外有着明显的差距，此外在调查中我们还发现在很多道路桥梁工程的施工现场出现由一些普通工人代替管理员的职位，而这些普通工人对施工管理技术的全面概念不够熟悉，这样就导致所得施工技术资料不够真实和完整。上述两个方面的因素，最终导致道路桥梁工程技术人员无法制订出合理有效的对道路施工的技术方案。

（3）对桥梁建设的质量要求不高，只是一味的追求经济效益，并且没有相应的桥梁建设工程质量预案，工程在项目管理过程中较为混乱，在施工过程中经常性的违法国家相关的法律、法规和行业建筑程序、规范，同时公路桥梁建设的项目管理和监理机构形同虚设。特别是桥梁施工单位的领导层，对工程质量重视不够，从而导致桥梁施工过程中，经常存在不按照工程施工规范、设计要求进行施工的现象出现，为了得到更高的利益，在施工中偷工减料，为了加快施工进度，减少施工材料。同时，有的施工单位，在发现了施工质量问题后，存在应付了事的现象，并没有采取实质性的措施对问题进行有针对性的解决。

（4）桥梁工程建设质量所存在的问题

由于在桥梁的建设过程当中，建设单位因为工程限期和相关经济效益方面的要求，所以在桥梁建设的过程中并没有严格按照相关行业规范来执行，或者由于设计时间有限没有对桥梁可能出现的问题做好充分考虑，导致了桥梁在建设完成之后质量并没有达到相关的规定，在桥梁的设计使用年限之内，出现个别桥梁梁板开裂、沥青路面出现破坏、桥梁钢结构锈蚀等问题。甚至有些质量问题相当严重的桥梁，在经过一段时间的使用之后，很快就会成为危桥，大大的浪费了国家的财力和人力。

（5）技术创新的匮乏

我国桥梁建设日新月异，但是由于各个设计单位、施工单位的技术力量和经验相差很远，所以即使是在我国桥梁设计建设水平不断提高的今天，各地区与各不同的单位之间还是存在着不平衡的。我国的桥梁技术和世界领先水平还是有一定的差距的，这具体就体现在理念，材料的使用和创新上。因为现在经济社会发展的需要，全国各地都在大力的建设一些桥梁，也正是由于这个原因，一些单位为了中标的需要，一味的压低工程造价和缩短工程建设日期。正是因为这样，在一些桥梁的设计过程中，就直接套用了一些已经建设完成桥梁的设计，只是改动了一些相关的数据，这也就是我国为什么许多地方的桥梁看起来好像都是一个样的原因。而在施工的过程中，施工单位因为经济效率和施工工期的限制，只是一味的赶工期，而不去考虑在施工过程中可以有的创新，也是我国桥梁技术创新相对于欧美等国家很缺乏的原因。设计是桥梁工程的灵魂，施工是桥梁工程的关键。这种直接抄袭其他的桥梁，一味的追赶工期和经济效益，虽然可以在短期内得到一定的好处，但是这样做的结果就是会有许多粗制滥造的工程出现，而这些桥梁也只会是别的桥梁的复制品而已，无法变中国制造为中国创造。

（6）桥梁管理不完善

在桥梁建设完成之后，相关的数据监控和桥梁结构的养护就显得十分的重要了，但是在我国，对桥梁的管理与养护这方面做得还远远的不够，和欧洲日本等国家相去甚远。在我国，由于经济上的考虑，只对一些特大特别重要的桥梁建立了完整的监控管理系统，而对一般的桥梁的监控与管理仅仅停留在一年或者几年一次的例行检查上面，这也就为许多的安全隐患买下了伏笔。

（7）老旧桥梁众多，问题相当严重

因为历史上的诸多原因，我国在国民经济建设的初期，建设了许多的石拱桥，特别是双曲拱桥，在祖国的各个地方都有它们的身影，这些拱桥因为对水泥钢筋的需求少，在建国初期和以后的几十年时间里得到了很广泛的应用。但是，随着时间的流逝，这些拱桥逐渐变得老迈，有些桥甚至成为了危桥，而剩余的桥也不能适应现在的社会经济需求了，但是拆除这些桥梁在短时间内会产生很严重的问题，所以对这些老旧桥梁的改造问题变得棘手。

第二节　我国桥梁工程施工技术未来的发展主方向

近些年来，国内很多道路桥梁工程项目管理人员已经意识到到现阶段国内道路桥梁工程在施工过程中存在的具体性问题，同时很多道路桥梁工程项目单位对于现阶段国外道路桥梁工程中先进的施工技术进行了针对性的考察，这具体的考察过程中也引进了一定程度的具体的道路桥梁工程施工技术。先将未来道路桥梁工程施工发展具体新方向叙述如下：

1. 道路桥梁工程中将加大对于节能环保施工技术的选择

随着我国对于绿色环保施工技术以及绿色材料的不断要求，道路桥梁施工中的节能环保施工技术的选择已经成为必然的趋势，现阶段道路桥梁工程施工中主要可以采取节能环保施工技术有钢筋连接节能环保施工技术、预应力节能环保施工技术以及混凝土钢筋结构节能环保施工技术。在对于相关防水材料节能环保施工技术主要有三元乙丙橡胶材质和改性沥青油毡，其发展趋势是复合材料和有机材料的相关节能环保施工。

2. 道路桥梁工程智能化施工技术将得到逐步全面的应用

随着我国科学技术的不断进步，智能化施工技术在现阶段的道路桥梁工程的具体施工过程中已经得到初步的应用，其对整个道路桥梁工程的施工带来非常大的推动，同时，随着智能化技术的再次飞速发展，其在道路桥梁工程施工中的应用范围将更会广阔。

随着我国再次飞速发展，国内的道路桥梁工程的建设规模将会更加广阔，国家对于道路桥梁工程的投资将会更加巨大，这就要求道路桥梁工程的施工技术人员一定要认清时代所需，不断提高我国道路桥梁工程的施工技术水平。

经过改革开放 30 多年的发展，我国公路桥梁建设取得了举世瞩目的成就。截至 2014 年年底，我国公路桥梁总数已达 75.71 万座，4257.89 万延米。目前，仅黄河上已建和在建的大桥已达 228 座，长江上达到 162 座。我国建成的悬索桥、斜拉桥、拱桥和梁桥这四类桥梁的跨径均已居世界同类桥梁跨径的前列。从发展历程看，我国公路桥梁建设经历了从平原区向山岭重丘区、从一般江河湖泊到大江大河再向海湾及联岛工程建设的发展历程；桥梁结构从常规的以梁桥和拱桥为主，向大跨径斜拉桥、悬索桥、高墩、不对称结构、弯桥发展，再向离岸深海长联桥大型上下部预制结构、大型复合基础以及超大跨径结构发展。总体上，我国公路桥梁建设走过了一条自力更生、以我为主到技术引进、消化吸收再到注重原始创新、集成创新的技术发展道路，已逐步实现从最基本的注重强度、刚度、稳定性的设计方法向注重全寿命周期成本及环保、景观、品质、耐久的现代设计理念转变。这些成果来之不易，它得益于我国综合国力的极大提升和科技水平的快速发展；得益于国家经济社会发展对交通运输特别是桥梁建设不断提出新需求带来的机遇和挑战；得益于改革开放以来学习借鉴发达国家建设技术成果带来的新探索与实践；更凝聚了我国桥梁建设者攻坚克难、勇攀高峰、不懈追求高品质桥梁建设成果的智慧和心血。

第三节 当前我国桥梁建设发展与桥梁强国
相比存在的主要差距

尽管我国在桥梁建设核心技术、桥型与结构体系、材料性能和装备水平、桥梁监测与评估技术、标准规范等方面都取得了长足进步，获得了一大批自主创新成果，但也要清醒地认识到，与桥梁强国相比，还存在以下主要技术差距：

1. 在大跨径桥梁设计方面：技术储备不够，如主跨3000米级悬索桥及1500米级斜拉桥等结构体系与关键结构问题有待解决；高性能材料方面的研究与应用滞后；与超大跨径相匹配的支座、伸缩和阻尼等装置、设备研究开发不足，与国外先进产品有差距。

2. 在设计规范和设计理论方面：结构全寿命周期设计理论、混凝土耐久性设计方法及钢结构疲劳荷载验算等基础性研究不够，技术储备不足；对传统材料的组合结构研究、新型材料组合结构的探索和积累有明显差距；主要设计规范中原始创新内容与建设规模不相匹配。

3. 在桥梁施工方面：深海基础、抗震基础和装配式基础工厂预制化、整体化、大型化，以及现场施工大型、先进机械成套装备水平还有差距；钢构件下料、焊接、机加工等各工序的精度控制系统，混凝土构件模板以及相应的控制系统精度还不够高；中小跨径桥梁结构体系也需要改进。

4. 在旧桥检测、评估和维修加固方面：检测设备的自主创新、评估理论的基础性研究、加固机具的标准化和专业化，以及应急抢修装备的轻型化、小型化、系列化等方面差距明显。

5. 在桥梁养护管理方面：对大型桥梁、非常规结构桥梁的监管养护经验不足，专业机构和从业技术人员相对较少，技术手段和水平亦相对滞后。

上述五方面的差距，并不足以完全概括我国桥梁建设发展存在的全部问题，但都至少是较为基础和突出的问题。以问题为导向，才能更好地把握方向和目标，研究确立未来一个时期我国公路桥梁技术发展方向，尽快迈进世界桥梁强国的行列。

上述五方面的差距，并不足以完全概括我国桥梁建设发展存在的全部问题，但都至少是较为基础和突出的问题。以问题为导向，才能更好地把握方向和目标，研究确立未来一个时期我国公路桥梁技术发展方向，尽快迈进世界桥梁强国的行列。

第四节 "十三五"我国公路桥梁发展要坚持"创新引领，建养并重"

中央经济工作会议作出了我国经济发展进入新常态的重大判断。如何在我国经济发展进入新常态下，切实落实"四个全面"的战略布局，加快推动综合交通、智慧交通、绿色交通、平安交通发展，是我们面临的重大问题。"十三五"期是全面建成小康社会的攻坚期，是落实国家"三大战略"的关键期，作为交通运输业来说，服务国家"三大战略"，适度超前完善交通基础设施网络布局，开工建设一批重大工程、重大项目，既是我们的发展机遇，更是我们必须承担的责任担当。编制好"十三五"规划，组织建设好"十三五"重大项目，就需要清醒认识我国经济社会发展对交通运输的需求和我们现在所处的发展方式与内容的阶段性特征，以战略思维来审视今后一个时期的发展重点，在桥梁工程领域，坚持"创新引领、建养并重"是至关重要的。

1. 创新桥梁建设技术，努力实现支撑保障能力的新跨越。

到 2030 年我国还需新建 2 万多公里的国家高速公路，这些高速公路上有许多关键性控制工程是跨越长江、黄河和海峡的大型桥梁，或复杂地质、地形条件下穿越沟壑和崇山峻岭的高架桥梁，如琼州海峡通道、渤海湾海峡通道等重大工程在采用什么工程结构特别是桥梁结构方面都还在进行研究论证，有许多难点和关键技术尚待突破。需要重点开展以下技术创新：

（1）面对公路桥梁设计理念的提升和桥梁精细化设计的需求，需要完善公路桥梁抗风、抗震等减灾防灾设计方法，建立健全公路桥梁全寿命周期设计理论与相关规范，研发基于 BIM（建筑信息模型）技术的桥梁设计系统，以推动我国公路桥梁设计技术的升级换代。

（2）面对交通运输发展和长大桥梁建设的需求，需要解决长大桥梁适宜交通荷载、综合交通运输体系下的组合交通荷载，基于全寿命周期设计的耐久性作用、疲劳荷载等关键技术问题，以促进我国桥梁设计水平和可靠性的提升。

（3）面对琼州海峡、渤海湾和西部山区大峡谷等超长、超大跨越建设需求，需要研发轻质、超高强的工程材料和水深超过70米的基础施工技术，以提高桥梁的跨越能力、支撑超大跨结构体系的创新。

（4）随着综合交通运输体系的建立完善，以及城市群、城乡交通一体化的发展，需要研发多层承载结构桥梁，实现桥位资源和土地的集约化利用，以解决满足公路、市政道路、轨道交通与铁路共建的一桥多用问题。

（5）面对我国中小跨径桥梁通病根治和服役可靠性提升的现实需求，改进创新现有中小跨径桥梁结构体系，提升整体化性能，发展钢结构、钢混结构和无缝桥梁，以推动我国中小型桥梁建设向工厂化、标准化以及结构耐久性方向提高。

（6）面对公路桥梁标准化建设、工厂化制造和便捷化施工的需求，结合根治混凝土桥梁痼疾病害的需要，大力发展钢—混凝土组（混）合结构桥梁，以推动我国公路桥梁制造业的形成与发展，促进我国公路桥梁建设向资源节约、环境友好转型发展。

2. 改进桥梁养护技术，全面提升桥梁服役性能。

经过30多年的大规模基础设施建设，当前步入维修期的桥梁数量日益增多。据不完全统计，在我国公路网中，各类危桥数量达7.96万座，约占桥梁总数的10.5%，直接影响我国公路网的安全运行，尽管我们加大了改造力度，降低了国省干线的危桥数量，但农村公路上的危桥仍居高不下，未能从根本上控制和解决这一问题。随着经济社会的发展，交通运输量大幅度增长，行车密度及车辆载重越来越大，如何保障桥梁的安全性、耐久性和使用功能已成为目前桥梁工程界的巨大挑战。桥梁工程技术发展也面临以建设为主向建养并重转型，需要我们在桥梁养护理念、方式、设备与材料及养护设计方法等方面进行创新与改进，总体来说有以下几个方面：

（1）面对我国桥梁工程材质、损伤、缺陷和受力状态的检测需求，需要研发桥梁永久荷载下桥梁受力状态非破损检测技术及装备，发展桥梁损伤和缺陷的可视化检测诊断方法及装备体系，构建服役桥梁材质状况高精度量化无损检测技术体系，以支撑我国桥梁养护和安全保障水平的提升。

（2）面对我国桥梁长期性能研究和长大桥梁运营管理的技术需求，需要研发高精度、长寿命、智能化传感器，发展桥梁关键状态参数和性能指标长期跟踪监测技术，构建桥梁健康诊断以及性能和抗力衰变监测技术体系与标准，研发基于BIM技术的桥梁管养系统，以推动我国公路桥梁养护管理技术的发展。

（3）面对服役桥梁养护科学决策的技术需求，需要进一步完善和发展桥梁技术状况评定、承载能力和减灾防灾能力鉴定方法，构建桥梁安全可靠性评估和使用寿命预测等的理论体系及技术方法，以推动我国桥梁服役可靠性的提升和使用寿命的延长。

（4）面对我国服役桥梁养护管理和桥梁资产保全增效的技术需求，需要转变桥梁养护理念，发展桥梁预防性养护技术，提升桥梁机械化养护能力，构建符合我国国情的桥梁养护技术及装备体系，以促进我国桥梁技术向"建养并重"转型发展。

（5）面对服役桥梁病害处治和提高使用荷载等级的实际需求，需要完善加固设计理论与方法，研发快速可靠的加固技术，发展模式化加固技术和整体替代技术，以保证公路网的畅通与高效。

（6）面对灾后应急抢通和保通的需求，需要提升桥梁应急装备跨越和承载能力，拓展桥梁应急装备的品种，增强桥梁应急装备的施工便捷性，以提高我国公路的应急保障能力及水平。

此外，还要强化设计与施工精细化，提高桥梁建设的工程品质；要加大新结构、新材料、新工艺和新装备的研发与应用力度，为跨江跨海重大工程建设项目的建设提供技术支撑；要提升桥梁养护管理技术和水平，在开展桥梁常规检查、评价、维修与养护工作的同时，尤其要注重对特大型桥梁的安全运营与监测，确保重要桥梁的运营状况实时可控。

展望我国公路桥梁技术的发展，任重而道远，我们要坚持科学发展、安全发展的观念，要树立正确的桥梁建设目标，更加注重功能，更加注重质量安全，更加注重经济耐久，更加注重建筑美学，更加注重全寿命周期，更好地服务于国家经济社会发展和人民群众的安全便捷出行。

3．十三五规划要求

交通运输部发布《交通运输节能环保"十三五"发展规划》（简称《规划》），提出要把绿色发展理念融入交通运输发展的各方面和全过程，着力提升交通运输生态环境保护品质，突出理念创新、科技创新、管理创新和体制机制创新，有效发挥政府引导作用，充分发挥企业主体作用，加强公众绿色交通文化培育，加快建成绿色交通运输体系。

《规划》明确了6方面17项主要任务，要求各级交通运输部门完善制度建设，拓展资金来源，加强科技创新，培育绿色文化，强化合作机制，全力保障绿色交通运输体系建设。到2020年，适应全面建成小康社会要求的绿色交通运输体系建设取得显著进展。行业能源利用效率不断提高，能源消费结构得到明显改善；生态环保取得明显成效，国家各项污染防治行动要求得到全面落实，污染事故应急处置能力进一步加强；资源节约集约与循环利用水平全面提升；行业节能环保管理体制机制更加完善，监管与服务能力显著增强。

根据《规划》，"十三五"期间，继续推进交通运输结构调整，提升交通运输装备能效水平，优化交通运输能源消费结构，深化节能降碳制度创新与技术应用。加强新建交通基础设施生态保护，继续推进已建基础设施生态修复工程。加强行业大气污染防治工作，组织开展行业水污染防治，进一步提升污染事故应急能力。推进资源节约集约利用，加强资源综合循环利用。健全绿色交通制度和标准体系，强化行业节能环保管理，加强节能环保统计监测。

在服务国家发展重大战略方面，《规划》提出支撑京津冀一体化绿色交通发展，推进长江经济带绿色综合立体交通走廊建设，构建"一带一路"交通运输绿色发展管理体系。

第五节　桥梁标建设标准化发展的趋势

（1）在设计理论方面，借助计算机和非线性数值方法的不断进步，使力学模型日益精细化，仿真度提高，可以在设计阶段逼真地描述大桥在地震、强风、海浪等恶劣自然条件下施工和运营的全过程，为决策提供动态的虚拟现实图像。

（2）大跨度桥梁向更长、更大、更柔的方向发展，引发了对各种杂交组合体系、协作体系以及三向组合结构和混合结构等创新结构体系的研究，以充分发挥不同材料和体系各自的优点，并最终获得高经济指标、可靠的结构连接以及安全方便的施工工艺。

（3）桥梁设计、施工规范、标准的更新。近年来桥梁建设中出现了一些工程质量事故，对我国桥梁规范的适用范围提出了疑问。普遍的看法是目前的规范用于跨度小于200m的中小跨度桥梁还是合理的，是有试验依据的，但不适应近年来跨度迅速增大的桥梁工程，需要专门针对大跨度桥梁推出专门的规范。因此，应当加快中国桥梁规范的更新和修改周期，拨出专款进行专题研究，改变我国桥梁规范滞后于技术发展的被动局面。

（4）轻质高性能、耐久材料的研制和应用。新材料应具有高强、高弹模、轻质的特点，玻璃纤维和碳纤维增强塑料从最初作为加固补强材料向最终替代传统的钢材和混凝土两种基本建筑材料方向发展，从而引发桥梁工程材料的革命性转变。在这一过程中，高性能轻骨料混凝土、超强度钢材和预应力钢材及其防腐工艺的进步也不会停止。

（5）重视桥梁美学及环境保护。桥梁是人类最杰出的建筑之一，著名的大桥都是一件件宝贵的空间艺术品，成为陆地、江河、海洋和天空的景观，成为城市的标志性建筑。21世纪的桥梁结构必将更加重视建筑艺术造型，重视桥梁美学和景观设计，重视环境保护，达到人文景观同环境景观的完美结合。

（6）桥梁的健康监测和旧桥加固。随着桥梁的长大化、轻柔化和行车速度的提高，大跨度桥梁在运营阶段可能出现结构振动过大以及构件的疲劳、应力过大、老化失效、开裂等问题，并由此危及桥梁的正常使用和安全。这就需要建立完善的健康监测系统，对容易发生损伤的部位及时作出诊断和警报，对桥梁结构的健康状况进行评定，并向养护部门提供维修或加固的决策，以保证桥梁的使用寿命；同时，我国在经历了二十几年交通事业的迅速发展时期之后，既有桥梁存在的荷载等级不足、年久失修等问题逐渐显现，旧桥的检测和加固的重要性也日益提高。通过正确评估旧桥的现有承载能力，以及研究发展旧桥的加固方法，可以延长桥梁结构的使用寿命，更好地保障交通的畅通，获得更大的经济效益。

（7）大型工厂化预制节段和大型施工设备的整体化安装将成为桥梁施工法的主流，计算机远程控制的建筑机器人将逐渐代替目前工地浇注或分割成小型块件的拼装施工。在运用新技术的桥梁工程精细化施工中，工期的可操控性大大加强，操作人员可大批量减少，而且施工安全性也容易得到保证；材料、构件尺寸及质量等的可控性得到加强，工程质量得到整体提高；同时有条件采用抗腐蚀性能良好的材料及采用标准化方法对结构进行防护性涂装，以提高材料和结构的耐久性，延长桥梁的适用寿命。

（8）大型桥梁工程的施工管理技术。随着工程规模的日益扩大，对管理者的要求也逐渐提高。对大型的复杂工程，各工序的前后衔接安排及工期控制，物力和财力的安排及调度，设计、施工、监理、工程控制等各方的工作关系协调等问题成为制约工程质量的重大因素。通过营建管理技术的研究，培养一批既有工程技术又有管理经验的高素质工程主管人员，对提高大型桥梁工程的质量至关重要。

结语

　　桥梁是公路跨越水系、地质复杂区域的重要设施，是实现交通贯通，促进商品、能源和人员交换的重要连接性、沟通性和跨越性工程。我国经济发展迅猛，社会进步需要交通加大建设力度来满足发展中的各种交换和流通需要。

　　如果说一座现代化高层建筑具有高耸挺拔的雄姿，则一座大跨度桥梁具有凌空宏伟的魅力。桥梁即使一种功能性的结构物，也往往是一座立体的造型艺术工程，是一处景观，具有时代的特征。大力发展交通运输事业，建立四通八达的现代交通网络，对于发展国民经济，促进文化交流，消灭城乡差别和巩固国防等方面，都具有非常重要的作用。特别我国实行改革开放政策以来，路桥建设突飞猛进的发展，对创造良好的投资环境，促进地域性的经济腾飞，起到了关键作用。桥梁工程不但在工程规模上约占公路总造价的 10%～20%，而且往往也是交通运输的咽喉，是保证全线早日通车的关键。桥梁是人类在生活和生产劳动中，为克服天然障碍而建造的建筑物，也是有史以来人类所建造的最古老、最壮观、和最美丽的建筑工程，它体现了一个时代的文明与进步。

　　在进行桥梁建设过程中，要坚持标准化的原则，明确建设标准，进行全方位的管理，控制好施工过程，满足实际施工标准，提升施工质量。作为公路建设重要组成部分的桥梁建设也得到相应发展，跨越大江（河）、海峡（湾）的长大桥梁建设也相继修建，一般公路和高等级公路上的中、小桥、立交桥，形式多样，工程质量不断提高，为公路运输提供了安全、舒适的服务。

　　随着我国经济发展，材料、机械、设备工业相应发展，这为我国修建大跨径斜拉桥和悬索桥提供了有力保障。再加上广大桥梁建设者的精心设计和施工，使我国建桥水平已跃身于世界先进行列。我国幅员辽阔，经济发展水平参差不齐，经济上总体水平不高，公路桥梁发展还是要着眼于量大、面广的一般大、中桥，这类桥梁仍以预应力混凝土结构为主。首先，要着重抓多样化、标准化，编制适用经济的标准图，提高施工水平和质量，然后再抓住跨越大江（河）、海湾的特大型桥梁建设，不断总结经验，既体现公路人的建桥水平，又要保证高标准、高质量建桥。

参考文献

一、期刊论文

[1]《中国公路学报》编辑部．中国桥梁工程学术研究综述·2014[J]. 中国公路学报，2014，05:1-96.

[2] 刘伟山．现场施工技术在市政道路桥梁施工中的应用 [J]. 科技与企业，2014，15:445+444.

[3] 陆新鑫，徐秀丽，李雪红，张建东．基于肯特指数法的桥梁施工安全风险评估 [J]. 中国安全科学学报，2013，06:165-171.

[4] 于平屹，姚孟成．公路桥梁施工中的质量管理及控制分析 [J]. 江西建材，2016，03:147-148.

[5] 杜阿春．公路和桥梁的施工技术管理剖析 [J]. 江西建材，2016，03:219.

[6] 张喜刚，刘高，马军海，吴宏波，付佰勇，高原．中国桥梁技术的现状与展望 [J]. 科学通报，2016，Z1:415-425.

[7] 倪晓春．试析公路桥梁施工中的质量管理及控制 [J]. 门窗，2016，03:200+202.

[8] 苏略．探讨公路桥梁施工技术的不足与改进 [J]. 建材与装饰，2016，07:256-257.

二、硕博论文

[1] 桂许兰．公路桥梁施工状态误差分析及其标准研究 [D]. 重庆交通大学，2014.

[2] 刘文涛．桥梁施工安全风险评估与应用研究 [D]. 长安大学，2015.

[3] 李扬寰．山区高墩桥梁建设期风险评估 [D]. 长沙理工大学，2014.

[4] 姜虹．高速公路桥梁施工安全评价及对策研究 [D]. 北京工业大学，2015.

[5] 陈翔．施工过程标准化对高速公路桥梁工程质量的影响研究 [D]. 兰州交通

大学，2015.

[6] 刘相龙．国道烟上线珠岩大桥改造工程质量管理研究 [D]. 中国海洋大学，2014.

[7] 张振华．桥梁工程标准化施工管理 [D]. 长安大学，2012.

[8] 王铖铖．桥梁工程生命周期环境影响评价与成本分析集成方法研究 [D]. 武汉理工大学，2012.

[9] 张伟．桥梁施工临时结构安全评价研究 [D]. 重庆交通大学，2013.

[10] 葛俐莉．桥梁工程建设中对船撞桥的主动防御措施研究 [D]. 吉林大学，2013.

[11] 李伟华．大汶口桥梁工程施工质量管理研究 [D]. 山东大学，2013.

[12] 殷坤宇．山区陡坡桥梁桩基施工标准化技术研究 [D]. 长安大学，2012.

[13] 郝振宇．长沙市公路桥梁建设公司公路工程计量支付管理系统的设计与实现 [D]. 山东大学，2013.

[14] 周正宇．地铁邻近既有桥梁施工影响分析及主动防护研究 [D]. 北京交通大学，2012.

[15] 高纯．铁路站房桥建合一式结构体系的桥梁施工关键技术研究 [D]. 武汉大学，2013.

[16] 林立．大型桥梁建设项目的鉴识工程制度与方法研究 [D]. 福州大学，2011.

[17] 谢功元．山区桥梁建设期多因素风险评估方法研究 [D]. 长安大学，2013.

[18] 刘英富．桥梁施工风险评估方法研究 [D]. 长安大学，2005.

[19] 刘祥君．桥梁建设中有限单元法应用的研究 [D]. 天津大学，2005.

[20] 宋士新．大跨度连续刚构桥梁施工控制关键问题分析与研究 [D]. 华南理工大学，2012.

[21] 金文生．桥梁施工过程中危险源识别技术及评价研究 [D]. 河北工业大学，2012.

[22] 姚昌荣．大跨度桥梁的施工控制理论与实践 [D]. 西南交通大学，2004.

[23] 张传燕．桥梁施工安全管理及评价系统研究 [D]. 重庆大学，2008.

[24] 付兴元．桥梁工程建设风险评价方法的研究与实践 [D]. 西南交通大学，2011.

[25] 高伟．基于层次分析与灰色模糊理论的桥梁建设风险评估研究 [D]. 西南交通大学，2012.

[26] 张长青 . 盘锦市桥梁工程建设风险管理研究 [D]. 吉林大学，2015.

[27] 马军海 . 基于全寿命的桥梁设计过程及其在混凝土连续梁桥中的应用 [D]. 同济大学，2008.

[28] 福建省高速公路桥梁标准化指南，2009 年 11 月。

三、学术专著

[1] 全国一级建造师执业资格考试用书编写委员会编写 . 公路工程管理与实务 [M]. 中国建筑工业出版社，2004

[2] 全国一级建造师执业资格考试用书编写委员会编写，石中柱主编 . 市政公用工程管理与实务 [M]. 中国建筑工业出版社，2004

[3] 丁士昭主编，全国一级建造师执业资格考试用书编写委员会编写 . 建设工程项目管理 [M]. 中国建筑工业出版社，2004

[4] 陈传德编著 . 施工企业经营管理 [M]. 人民交通出版社，2000 [5] 陈传德，吴丽萍编著 . 公路项目施工管理 [M]. 人民交通出版社，1996

[5] 中国企业评价协会《广东西部沿海高速公路珠海段和崖门大桥管理创新模式研究》课题组，编 . 高速公路建设的全面精细化管理应用研究 [M]. 中国经济出版社，2009

[6] 胡才修，陈宝智主编 . 安全生产管理培训教程 [M]. 东北大学出版社，2005

[7] 佟春生主编 . 系统工程的理论与方法概论 [M]. 国防工业出版社，2005

[8] 曾珍香，顾培亮著 . 可持续发展的系统分析与评价 [M]. 科学出版社，2000

[9] 西安建筑科技大学绿色建筑研究中心编 . 绿色建筑 [M]. 中国计划出版社，1999

[10] 李春田主编 . 标准化概论 [M]. 中国人民大学出版社，2005

[11] 闫莫明等主编 . 岩土锚固技术手册 [M]. 人民交通出版社，2004

[12] 刘金砺主编 . 桩基设计施工与检测 [M]. 中国建材工业出版社，2001

[13] 赵明华编著 . 桥梁桩基计算与检测 [M]. 人民交通出版社，2000

[14] 徐攸在 主编 . 桩的动测新技术 [M]. 中国建筑工业出版社，1989

[15] 交通运输部工程质量监督局，编著 . 公路桥梁和隧道工程施工安全风险评估制度及指南解析 [M]. 人民交通出版社，2011

[16] 董大旻，著 . 建设施工危险源研究与管理 [M]. 中国劳动社会保障出版社，2007